IN GOD'S IMAGE
An Anthropology of the Spirit

『하나님의 형상으로 창조된 인간 : 영(靈) 인간학』은 우리가 우리의 문화를 인간의 영과 하나님 영에 개방된 문화로 바꿈으로써, 번영하는 인간의 삶에 나타난다고 널리 인정되는 네 가지 특징, 즉 정의, 자유, 진리, 그리고 평화를 어떻게 갱생시킬 수 있을지를 논한다. 오래된 종교적 문헌들과 고전들에 의해 영감을 받았을 뿐만 아니라, 과학자들, 철학자들, 경제학자들, 법 사상가들, 그리고 정치 사상가들로부터 자극을 받은 미하엘 벨커는 하나님의 형상대로 살아가고 행동할 수 있는 가능성들을 창조하는 '다극양태적인 영'에 대한 사상을 전개한다.

자연신학에 대한 벨커의 새로운 접근은 왜 인간의 영과 하나님의 영이 단순한 양극적 관계들로 충분히 파악될 수 없으며 왜 인간의 영은 합리적 이성으로 축소되어 이해되어서는 안 되는지를 설명한다.

후기 현대 다원주의적 사회들이라는 맥락에서 *인간의 소명이 무엇인가*라는 질문을 제기하면서, 벨커는 사람들이 하나님의 형상으로 창조되었으며, 정의, 자유, 진리, 그리고 평화의 영에 추동되는 것이 무엇을 의미하는지를 기독교인들과 비기독교인들 모두에게 설명하려고 의도한다.

2019년 기포드 강연들을 묶어낸 이 책에서 미하엘 벨커는 인간의 문화 속에 활동하는 하나님의 영의 활동을 포착하는 자연신학을 전개한다. 비록 인간들에 의해 투쟁대상이 될지라도, 하나님의 영은 정의, 평화, 자유, 그리고 진리를 지향하는 운동들 안에 부단히 활동한다. 학제적 대화를 통해 얻은 풍성한 깨달음에 의거하여 벨커는 인상적으로 유연하며, 역동적이며, 역사적인 접근을 전개한다. 자연신학에 대한 확장된 개념과 영에 대한 포괄적인 교설을 제시하는 이 책은 자연신학 분야에서 이정표 같은 연구로 자리잡게 될 것이다.

_ 데이빗 퍼거슨(에딘버러대학교)

벨커는 하나님과 교통하는 인간의 영에 대한 진실로 육화된 시좌를 제시한다. 그러나 그는 다양한 학문 분야들이 이 땅에서 영위되는 삶의 위험들과 가능성들에 대하여 말해주는 학문적 성과의 맥락 안에서 인간의 영에 대한 신체적인 시좌를 제시한다. 그는 자연신학을 다시 흥미진진하고 토론유발적인 주제로 만들었다.

_ 프랭크 D. 마키아(남캘리포니아 밴가드대학교)

이 책은 오래 숙성된 벨커 사상의 열매로서 놀라운 책읽기를 선사한다. 벨커의 학문 세계를 아는 사람들은 익히 알려진 벨커의 확신들, 통찰들, 그리고 사유의 궤적들이 이 책에서 무르익어 열매를 맺고 있음을 알아차릴 것이다.

벨커는 '아래로부터의 귀납적 사유'를 통해 혁신적인 자연신학을 제시하면서 인간을 하나님의 형상이라고 보는 통속적 견해들은, 우리 시대가 목격한 너무 고통스러운 인간의 영적 파탄에 비추어 볼 때 거의 설득력이 없다고 주장한다. 대신 벨커는 인간이 하나님의 형상으로 창조되었다는 선언의 참된 의미를 추구한다. 그것은 정의, 자유, 진리, 그리고 평화를 추구하는 소명을 받았다는 것을 의미한다는 것이다. 벨커에 따르면, 인간은 이 소명을 수행함으로써 하나님의 형상으로 성숙해 간다.

_ 더크 T. 스미트(프린스턴신학대학원)

저자가 중심개념으로 소개하는 '하나님의 다극양태적 영'이라는 말은 낯설다. 이 말을 '하나님은 손이 많으시다.'라는 은유를 통해 이해해도 좋을 것 같다. 하나님이 일하시는 방식은 실로 다양하다. 세상에 존재하는 어떤 것도 그분과 무관한 것은 없다. 하나님의 형상으로서의 인간은 하나님의 꿈을 가슴에 품은 존재인 동시에 그 꿈을 이루기 위해 분투해야 할 소명 아래 있다. 인간은 하나님의 영의 다극양태적인 활동에 마음을 열고 참여할 때 사유는 확장되고 세상과의 연관성은 깊어진다. '당신들의 천국'이라는 오명을 쓰고 있는 한국교회가 살아나기 위해서는 우리가 어떤 존재인지에 대한 성찰이 먼저 일어나야 한다. 성찰은 실천으로 이어져야 한다. 세계-내-존재로서의 인간은 자유와 정의, 진리와 평화의 세상을 열기 위해 분투함으로 하나님의 일에 동참한다. 하나님의 영에 접속될 때 인간의 영과 육은 하나님의 꿈을 구현하는 소중한 통로가 된다. 이 책이 길을 잃고 방황하는 많은 기독교인들에게 아름다운 이정표로 우뚝 서기를 바란다.

_ 김기석 목사(청파교회)

미하엘 벨커 교수의 『하나님의 형상으로 창조된 인간 : 영 인간학』은 오늘날 세계를 뒤덮고 있는 물질주의적, 유물론적 인간학과는 크게 차이가 나는 신학적 인간학이다. 벨커 교수는 '하나님은 영이시다.'라는 대명제에 상응하는 인간학을 이 책에서 전개하고 있다. 인간이 하나님의 형상이라는 성경의 말씀은 인간이 하나님께 상응하는 영적인 존재라는 말이다. 벨커 교수는 인간이 영적인 존재이며, 역사 속에서 영적인 활동을 하도록 부름받았음을 이 책에서 강조하고 있다.
인간이 영적인 존재라는 의미는, 벨커 교수에 의하면 인간이 정의와 자유와 진리와 평화를 위한 소명을 지니고 있다는 의미이다. 벨커 교수는 이 소명의 중요성과 이 소명의 내용과 과제를 이 책에서 자세히 언급하고 있다.
이 책은 물질주의적, 유물론적 인간학을 극복하고, 성경의 말씀에 입각한 신학적 인간학을 전개하고 있는 점에, 또한 인간이 하나님의 형상이고 영적인 존재라는 것은 정의와 자유와 진리와 평화를 위한 소명과 관련되어 있음을 밝히는, 매우 귀중하고, 진리를 담고 있는 인간학이다.

_ 김명용 교수(장로회신학대학교 전 총장/명예교수)

벨커의 기포드 강연의 특성은, 기존의 신학이, 창세기 1 : 26을 근거로, '하나님 형상'을 다른 피조물에 대한 '인간의 통치권'으로 이해해 온 것을 전적으로 전복시키고 있다. '하나님의 영'(참조. 창 2 : 7)에 의해서 창조된 인간에 관한 그의 '영-인간학'은, 헤겔의 관념론적 인간정신도, 칸트의 윤리주체도, 슐라이어마허의 인간의 감정도, 그리고 신비주의적 영적 실체도 아니다. 그의 '영-인간학'은 인문-사회학 및 철학과 종교의 다양(多樣)한 양태(multi-model)의 최고 이념, 곧 '진리', '정의', '규범', '사랑', '자유', '생명' 등을 추구하는 영적 주체로서의 인간 이해이다. 따라서 그의 '영-인간학'은 실존적 삶의 경험에서 소외된 추상적 인간 이해가 아니다. '영-인간학'은 역사 속에서 '하나님의 영'과 '함께' 그리고 '그에 상응하게' 최선의 목표를 추구하는 인격적 주체로서 인간이다. 이를 통하여 그는 '영(靈)-육(肉)'의 이원법적 인간 이해를 넘어서 '영과 육'의 일원론적 인간 이해의 초석을 놓았다. 새로운 '하나님 형상'론에 기초한 '영-인간학'에 대한 이해를 위해서 적극 일독을 추천한다.

_ 김재진 교수(케리그마 신학연구원[KTA] 원장)

인간이란 어떤 존재인가? 인간에 대한 이해는 철학만이 아니라 신학에서도 근본적인 질문이다. 하나님에 대한 신앙에는 인간에 대한 이해가 필수불가결하게 포함되어 있다.

이 책은 세계적인 석학 미하엘 벨커가 일생 동안 일궈 온 신학 연구 성과들을 집대성하여 기포드 강연에서 발표한 신학적 인간론을 담고 있다. 벨커는 이 책을 통해서, 인간의 영이 하나님의 영에 의해 촉발되어 다양하고 복합적인 방식으로 정의와 자유, 진리 그리고 평화를 추구할 때 인간은 하나님의 형상으로 창조된 본질적 모습에 도달할 수 있다고 주장한다.

벨커의 인간론은, 그동안 그가 진지한 관심을 기울여 왔던, 자연과학, 사회과학, 인문학 석학들과의 다양한 학제적 대화 및 협업 연구 결과를 바탕으로 현실적인 인간 이해를 제시하고 있으며, 또한 일평생 신학자로서 충실하면서도 사려 깊게 연구한 성서신학, 조직신학, 기독교윤리적 통찰들을 집대성하여 신학적 인간 이해를 대가답게 보여주고 있다.

_ 오성현 교수(서울신학대학교)

이 시대의 대표적 신학자인 벨커는 기독교 신학을 토대로 자연과학, 사회과학, 인문학 등과 간학문적 대화를 통해 기독교 인간론을 변증한다. 그는 우리 시대의 인간성에 대한 절망을 극복하게 만드는 결정적인 게임체인저로서의 다극양태적인 인간의 영이 필요하다고 역설한다. 하나님과 타자와 보편적으로 연대하고 소통할 수 있는 영적 존재로서 영 인간론은 자연법의 지평을 확장시키고 그 가능성을 넓히고 있다. 벨커는 인간에게 주신 도덕률을 통해 이 땅을 치유하는 정의, 자유, 진리와 평화는 역사 속에서 법, 도덕, 교육, 시민사회 등을 통해 육성되고, 종교라는 자양분을 통해 자라고 있음을 보여주려고 한다. 이 책은 종교와 세상이 어떻게 대화할 수 있는지, 그리고 그러한 대화가 왜 필요한지를 증명해 준다. 다원화된 세상 속에서 희망으로서의 종교는 어떤 역할을 해야 하는가? 그리고 세상의 번영을 위해서 신학과 교회공동체는 무엇을 할 수 있는가를 고민하는 이들에게 이 책은 규범적 역할을 할 것이라 기대된다.

_ 임성빈 교수(장로회신학대학교 전 총장)

하나님이란 무엇인가. 인간이란 어떤 존재인가. 영이란 무엇인가.
하이델베르크의 세계적인 석학 미하엘 벨커는 칼 바르트, 폴 틸리히, 알프레드 노스 화이트헤드, 위르겐 몰트만, 부르노 라투르에 이어 2019년 진행된 영예로운 기포드 강연에서 학제적인 관점으로 이 질문에 대답한다.
평생을 철학, 문화학, 사회과학, 자연과학의 협업과 집대성을 통하여 간학문적 신학을 창조적으로 구축한 미하엘 벨커는 이 강좌에서 "영의 인간론"을 새롭게 제안한다. 이 책은 하나님의 영과 인간의 영이 어떻게 다면적으로 만나고 세계에 임하는가를 박진감 있게 드러낸다.
미하엘 벨커는 그리스도교의 유산과 통찰이 21세기 문명의 무대에서 어떻게 현재화 될 수 있는지를 탁월한 신학적 균형 감각으로 설득력 있게 재구성한다.
이 역작은 인간의 영과 하나님의 심원한 의미를 갈망하는 이들에게 깊은 신학적 통찰과 넓은 인문학적 안목을 제공할 것이다.

_ 전철 교수(한신대학교 신학대학원 원장)

2019/2020년 에딘버러대학교 기포드 강연록

IN GOD'S IMAGE
An Anthropology of the Spirit

하나님의 형상으로 창조된 인간:
영(靈) 인간학

미하엘 벨커 지음
김회권, 이강원 역

ⓒ 2021 by Michael Welker

Originally published simultaneously in German as *Zu Gottes Bild : Eine Anthropologie des Geistes* by the Evangelische Verlagsanstalt in Leipzig, Germany, 2021, and in English as *In God's Image : An Anthropology of the Spirit* by Wm. B. Eerdmans Publishing Co., Grand Rapids, MI, USA.

This Korean edition is translated and used by permission of Michael Welker through rMaeng2, Seoul, Republic of Korea.

This Korean translation edition ⓒ 2022 by Publishing House, The Presbyterian Church of Korea, Seoul, Republic of Korea.

이 한국어판의 저작권은 알맹2 에이전시를 통하여 Wm. B. Eerdmans Publishing Co.와 독점 계약한 한국장로교출판사에 있습니다. 저작권법에 의하여 한국 내에서 보호를 받는 저작물이므로 무단 전재와 무단 복제를 금합니다.

2019/2020년 에딘버러대학교 기포드 강연록

하나님의 형상으로 창조된 인간:
영(靈) 인간학

울리케, 수잔 그리고 크리스티안 벨커에게 바침

Dedicated to Ulrike, Susanne, and Christiane Welker

차례

저자 서문 8
한국어판 저자 서문 14
역자 서문 22

1강 인간존재의 폭과 심연(深淵)들 25

서론 : 기포드 강연의 취지는 무엇인가? 26
1. 인간의 카리스마와 광채를 발하는 능력, 그리고 감정적으로 치우친 대중정서의 위험들 31
2. 위험, 비참, 그리고 파멸로 빠져들어 가는 길들(한나 아렌트) 35
3. 해방과 자유에 대한 사실주의적 시각(視角)들? 42
4. 결론 45

2강 인간의 영과 하나님의 영 49

서론 : 영(靈) 인간학에 대한 자연신학적 기획 50
1. 거룩한 영에 대한 우리 시대의 자연신학(요한 바오로 2세) 51
2. 영(靈) : 다극양태적이며 다극적인 힘 54
3. 초기 아동기의 다극양태적 정신 발달에 대한 평가 61
4. 종교와 영 : 젊은 헤겔의 비옥한 자연신학 68
5. 결론 75

3강 정의 추구의 소명 79

서론 : 사회적 국가와 법치주의 국가 80
1. 정의와 약자 보호 : 수천 년이나 된 오래된 윤리적 감수성 83
2. 자연법의 장엄한 약속들과 결핍들 90
3. 다극양태적인 정의의 영(靈) 96
4. 결론 105

4강 자유 추구의 소명 107

    서론 : 정의의 영과 동역하는 자유의 영 108
    1. 초보적인 자유의 형식들 109
    2. 사회적 다원주의와 도덕적 자유의 취약성 118
    3. 종교의 힘 : 도대체 무슨 종류의 힘인가? 127
    4. 결론 133

5강 진리 추구의 소명 135

    서론 : 다극양태적이고 다극적인 영 이해 136
    1. 정확성 추구부터 국제적으로 조직화된 과학적 및 학문적 진리 추구까지 다 포함하는 포괄적인 활동에서 말하는 '진리'란 무엇인가? 137
    2. 진리에 대한 학제적 추구와 그 결과인 세분화된 자연신학적 인간학의 발견 146
    3. '영이신 하나님' : 계시신학의 진술을 자연신학에 상응하는 진술로 번역하는 과업 152
    4. 결론 161

6강 평화 추구의 소명 163

    서론 : 전쟁 준비에 몰두하는 황량한 세계 164
    1. 영구평화에 관하여 : 칸트 대(對) 베게티우스 165
    2. 인간과 문명 안에 내면화된 성향으로서의 평화 171
    3. 인류에 대한 자애와 공유된 기쁨 : 참된 내적 평화에 관하여 175
    4. 전체 결론 184

부록 : 요약과 해설, 그리고 논평_김회권 188
참고문헌 목록(BIBLIOGRAPHY) 230
인물과 주요 용어 및 개념 색인(INDEX) 248

저자 서문

이 책은 내가 2019/2020년에 에딘버러대학교에서 열린 기포드 강연자로 초청받아 강의하면서 기획되었다. 나는 기포드 강연자의 영예를 준 스코틀랜드 동료 학자들에게 깊이 감사드린다. 특히 기포드 강연 위원회, 에딘버러대학교 신학대학 학장 피터 매티슨(Peter Mathieson) 교수, 스튜워트 제이 브라운(Stewart Jay Brown) 교수, 데이빗 퍼거슨(David Fergusson) 교수, 작고한 래리 후타도(Larry Hurtado) 교수, 모나 시디키(Mona Siddiqui) 교수, 앨리슨 엘리어트(Alison Elliot) 교수, 엠마 와일드-우드(Emma Wild-Wood) 교수에게 감사드린다. 또한 기포드 세미나에서 논찬과 비평을 해 준 사라 레인-리치(Sarah Lane-Ritchie) 교수와 조수아 랄스톤(Joshua Ralston) 교수에게 감사를 표한다.

나는 또한 강연 순서를 면밀하게 준비해 준 에딘버러대학교의 행정직원 마크 뉴먼(Mark Newman)과 그의 동료들, 멋진 포스터와 강연 안내책자를 만들어 준 수잔 핼크로(Susan Halcro), 이 강연들을 외부에서도 시청할 수 있도록 소셜미디어 운영책임자로 봉사해 준 앤드류 존슨(Andrew Johnson)에게 감사를 표한다. 나는 이 강연들을 유튜브를 통해 시청할 수 있게 해 준 에딘버러대학교와 하이델베르크대학교에 감사한다.

여기 발표한 "영(靈) 인간학"은, 이 강연의 창설자인 아담 기포드 경이 1885년에 자연신학의 기여들에 관한 그의 유언에서 공식적으로 천명한 지침들과 기대들을 수용하려고 한다(이것에 관해서는 1강을 보라).

무엇보다도 본 강연이 주창하는 인간학은, 자연신학과 신학 일반을 위한 견고한 토대로서 인간의 영과 하나님의 영에 대한 보다 깊고 정교한 이해를 추구하고자 한다. 이 영의 능력 안에서 인간은 정의, 자유, 진리, 그리고 평화 추구의 소명을 수행함으로써 현실적으로 고상해질 수 있으며, 그럼으로써 즐겁고 사랑스러운 '하나님의 형상'으로 변화될 수 있다. 종교뿐만 아니라, 정치, 법, 공공 시민-사회적 도덕들, 학계와 더 넓은 범위의 교육계, 가정, 언론, 그리고 보건의료 기관들도 모두 이 강력한 영을 수용하고 활성화시킬 수 있다. 동시에 이 영(靈) 인간학은 그동안 자연신학의 목적에 봉사하려고 했으나 허무하게 실패했던 개념들, 이념들, 그리고 이론들, 즉 하나님의 전능에 대한 어설픈 이해('모든 결정의 주체로서의 하나님')에 고착된 추상적인 유신론에 문제를 제기한다. 이 영(靈) 인간학은 또한 '자연법'에 대한 이론들을 문제시한다. 위르겐 하버마스(Jürgen Harbermas)와의 그 유명한 대화에서 요셉 라칭거(Joseph Ratzinger, 역자주 : 교황 베네딕트 16세가 된 가톨릭 추기경)가 진술했듯이, "자연법이라는 이 수단은 무뎌졌을 뿐만 아니라" 534년에 로마 황제 유스티아누스가 편찬한(역자주)『로마법 대전』(*Corpus Iuris Civilis*)은 첫 부분에서부터 '자연법'을 규정하는 데 어려움을 겪었다. 예를 들어『로마법 대전』은, '자연과 생명'을 구원의 개념들로 이해하려고 했던 시도들에서 드러난 내적 일관성 결여를 극복하기 위해 고투했어야 했다. 자연법과 관련된 냉정한 진실은, 자연적 생명체들은 필수불가결하게 다른 생명체를 희생시킴으로써 존재하며, 따라서 정직하고 엄정하게 일관성 있는 '자연법'이란 어쩔 수 없이 '강한 자들의 법'이라는 사실이다. 이 영(靈) 인간학은 영(靈)을 지성으로 축소시켜 이해하는 것이 또한 아무리 효과적이었다고 하더라도, 영(靈)의 지성화(知性化)에 도전하며, 따라서 영과 육체라는 추상적 이원론도 비판한다. 본 강연이 말하는 영(靈) 인간학은 이제까지 인간의 사고를 지배해 왔던 사고체계와 지각들에 대한 전통적인, 이진법적이며 이원론적 형식들을 비판하며, 사유와 현실에서 공히 창의적이고 다극양태적인[1] 영의 군집(群集, constellations) 활동에 대한 인지적, 윤리적, 그리고 종교적 감수성들로 그것들을 대체해야 한다고 제안한다.

이 영(靈) 인간학은 세 가지 요소에 의해 착상되었다. 첫째, 21세기 독일 역사에서 경험한 심오한 낙담이다. 둘째, 뒤이어 이어진 해방 경험들이다. 셋째, 내가 독일 대학교에서 그리고 수십 년에 걸친 국제적이고 학제적인 연구 협력에서 경험한 신학과 철학교육이다. 이 인간학은 또한 "정치와 종교 영역에서 점증하는 반(反)지성적 감정주의에 직면해 정의와 자유를 증진시키고 보호하는 자유 민주주의 체제에 대한 느슨한 태도 혹은 심지어 적대적인 태도는, 인간 문명사회의 바로 그 토대와 핵심을 위험에 빠뜨린다."는 나의 확신에 의해 형성되었다. 넓은 의미에서 나의 교육배경은 독일 전통에 뿌리박은 교육이었으나, 내 배움과 교육은 수많은 초청 교수들, 초청 강사들, 특히 하이델베르크, 시카고, 프린스턴, 케임브리지(영국), 그리고 애틀랜타에서 수년간 계속된 국제적이고 학제적인 연구 프로젝트들에 의해 향상되었다.

여기 출간된 강연들은 지난 수년에 걸쳐 이뤄진 많은 토론과 협력연

---

[1] 이 책의 핵심개념인 다극양태적인 영 이해를 위해서는 역자 김회권의 해설(책의 188쪽)이 도움이 될 것이다(편집자주).

구 기회로부터 엄청나게 많은 혜택을 누렸다. 특히 열다섯 나라에서 온 나의 하이델베르크대학교 박사 과정 학생들, 하이델베르크대학 동료교수들, 그리고 수많은 외국 대학 동료교수들과의 토론과 협동연구들의 혜택을 크게 봤다. 이 강연을 위해 영감을 주고 배움의 기회를 제공한 원천 중에는 여러 개의 학제 간 프로젝트도 있었다. 그것들은 과학과 신학 대화, 법과 종교 대화, 종교 간 담론, 신학과 경제학의 협력을 개시한 초기 연구였다. 이런 점들에서 나는 특히 존 폴킹혼(John Polkinghorne, 케임브리지), 존 위트(John Witte Jr., 에모리), 윌리엄 슈바이커(William Schweiker, 시카고), 그리고 위르겐 폰 하겐(Jürgen von Hagen, 독일 본)에게 감사를 드린다.

하이델베르크대학교 신학부 내 동료교수들 밖에서도 나는 최근 수년 동안 소중한 자극과 연구동력을 공급받았다. 나에게 소중한 자극과 동력을 준 학자들은 다음과 같다. 한스-위르겐 압로마이트(Hans-Jürgen Abromeit), 얀 아스만(Jan Assmann), 하인리히 베드포드-슈트롬(Heinrich Bedford-Strohm), 마이클 베르군더(Michael Bergunder), 뤼디거 비트너(Rüdiger Bittner), 아민 폰 보그단디(Armin von Bogdandy), 전철(Chun Chul), 사라 코클리(Sarah Coakley), 실리아 딘-드룸몬드(Celia Deane-Drummond), 마르쿠스 드뢰게(Markus Dröge), 한스-요아힘 엑슈타인(Hans-Joachim Eckstein), 그레고르 에첼뮐러(Gregor Etzelmüller), 요하네스 오이리히(Johannes Eurich), 산도르 파자카스(Sándor Fazakas), 데이빗 퍼거슨(David Fergusson), 엘리자베스 쉬슬러 피오렌자와 프란시스 피오렌자(Elisabeth Schüssler Fiorenza and Francis Fiorenza), 마이클 피쉬베인(Michael Fishbane), 알론 고쉔-고트슈타인(Alon Goshen-Gottstein), 베른

트 함(Berndt Hamm), 토니오 휠셔(Tonio Hölscher), 볼프강 후버(Wolfgang Huber), 요르그 휘프너(Jörg Hüfner), 래리 후타도(Larry Hurtado), 베른트 야노브스키, 크리스틴 야노브스키(Bernd and Christine Janowski), 안드레아스 켐멀링(Andreas Kemmerling), 김재진(Kim Jae Jin), 김명용(Kim Myung Yong), 마티아스 콘라트(Matthias Konradt), 코르넬리우스 반 더 쿠이(Cornelius van der Kooi), 안드레아스 크루제(Andreas Kruse), 피터 램프(Peter Lampe), 노베르트 로핑크(Norbert Lohfink), 프랑크 마키아(Frank Macchia), 크리스토프 마르크쉬에스(Christoph Markschies), 패트릭 D. 밀러(Patrick D. Miller), 위르겐 몰트만(Jürgen Moltmann), 피에 노데(Piet Naudé), 프리데리케 뉘셀(Friederike Nüssel), 베른트 오베르도르퍼(Bernd Oberdorfer), 만프레드 외밍(Manfred Oeming), 오성현(Oh Sung-Hyun), 스티븐 피카르드(Stephen Pickard), 한나 라히셸(Hanna Reichel), 리스토 자리넨(Risto Saarinen), 콘라드 슈미트(Konrad Schmid), 에베하르드 슈미트-아스만(Eberhard Schmidt-Assmann), 잉그리드 쇼베르트(Ingrid Schobert), 안드레아스 슐레(Andreas Schüle), 헬무트 슈비에르(Helmut Schwier), 크리스토프 슈베벨(Christoph Schwöbel), 더크 스미트(Dirk Smit), 하이케 스프링하르트(Heike Springhart), 얀 스티베르만(Jan Stievermann), 필립 슈퇼거(Philipp Stoellger), 크리스토프 슈트롬(Christoph Strohm), 가이 스트룸사(Guy Stroumsa), 캐서린 탄너(Kathryn Tanner), 클라우스 탄너(Klaus Tanner), 게르트 타이센(Gerd Theißen), 귄터 토마스(Günter Thomas), 크리스안 티에츠(Christiane Tietz), 미로슬라브 볼프(Miroslav Volf), 구스 포르스터와 니코 포르스터(Koos and Nico Vorster), 헨코 반 더 붸스투지엔(Henco van der Westhuizen), 이음가르드

베트와 루돌프 베트(Irmgard and Rudolf Weth), 큐 슈통(Qu Xutong), 그리고 피터 침멀링(Peter Zimmerling).

특히 이 책을 쓰는 동안 내내 매일 생산적인 토론 상대가 되어 주며 지치지 않는 지지를 보여준 내 아내 울리케 벨커(Ulrike Welker)에게 감사를 표한다. 또한 많은 기술적 도움을 준 나의 동역자들인 한스-요아힘 켄켈(Hans-Joachim Kenkel), 크리스틴 뵈크만(Christine Böckmann), 데이빗 라이스만(David Reißmann), 다니엘 쉬틸(Daniel Stil), 그리고 비올라 폰 뵌(Viola von Boehn)에게 감사를 표하고 싶다.

나의 독일어 원고를 탁월한 영어로 번역해 준 더글러스 W. 스토트(Douglas W. Stott)에게 깊은 감사를 표하고자 한다. 우리의 공동 작업을 지탱하고 성취하게 해 준 개인적이고 신학적인 우정이 바바라 보요호스키(Barbara Wojhoski)와 울리케 벨커에 의해서 건설적으로 공유되고 향상되었다.

나는 이 기포드 강연들을 책으로 만드는 과정에서 긴밀하게 협력해, 본질적으로 거의 같은 시기에 영어판과 독일어판을 각각 출판해 준 그랜드 래피즈의 어드만 출판사(Eerdmans in Grand Rapids)와 라이프치히의 개신교 출판사(Evangelische Verlagsanstalt in Leipzig)에 감사드린다.

나는 이 책을 세 사람, 아내와 두 딸에게 헌정하고자 한다. 수년 동안 내가 읽었던 어떤 학술논문과 책에서보다 그들로부터 인간학 분야에서 더 많은 것을 배웠다.

2020년 5월, 하이델베르크에서
미하엘 벨커(Michael Welker)

한국어판 저자 서문
2019/2020년 기포드 강연 한국어판
"하나님의 형상으로 창조된 인간 : 영(靈) 인간학"

　2019년 가을 에딘버러대학교에서 열린 나의 기포드 강연이 한국어로 번역되어 출간된다는 소식을 듣고 굉장히 기뻤습니다. 열두 명의 하이델베르크대학교 박사 제자들과 수많은 신학 동료들을 통해 한국은 내 마음에 친근한 나라가 되었습니다. 나는 특별히 이 책을 번역하고 출판하는 일을 앞장서서 주도하며 이 책에 유익한 논평을 제시해 준 김회권 교수에게 감사드립니다. 많은 세월 동안 우리는 구약신학과 조직신학의 매우 풍성한 학제적 대화를 이어오고 있습니다. 나는 또한 이 책의 일부를 번역해 준 나의 박사 제자 이강원 박사에게도 심심한 감사를 드립니다.

　2017년에 2019/2020년 기포드 강연을 해 달라고 초청받았을 때, 상당히 곤혹스러운 질문들이 떠올랐습니다. 2016년에 칼 바르트 저작상을 받았던 어떤 사람이, 바르트가 날카롭게 비판했다고 알려진 '자연신학'에 대해 여섯 차례 강연해 달라는 초청을 받았다면, '어떻게 반응할 수 있었을까?' 실제로 칼 바르트 자신도 1937/1938년 기포드 강연들을 했으며, 에밀 브룬너와 위르겐 몰트만 같은 '계시신학자들' 또한 몇 년 후에는 기포드 강연을 했습니다.

　내 신학의 초점은 종교개혁 전통에 뿌리를 내린 성서신학과 기독론이었다는 사실에도 불구하고, 나는 자연신학에 관한 강연들을 해 보라는 도전을 받아들이는 데서 아무런 문제를 느끼지 못했습니다. 세속적 입장들과 타종교들과의 대화와 토론은 자연신학을 착상할 때 전적으로 필수적입니다. 물론 우리 자신의 신학적, 고백적, 그리고 교회적 전통을 포기하지 않고도 이런 대화와 토론은 얼마든지 가능합니다! 그러한 입장들과 관점들이 대화와 토론의 자리에서 별무리처럼 군집되어 있는 상황에서는 보다 철학적으로 형성된 '자연신학'이 크게 도움이 될 수 있습니다.

이런 나의 노선은 나를 나의 신학 공부 초기 시절로 되돌아가게 했습니다. 나는 신학과 철학의 관계에 대하여 두 개의 박사학위(철학박사, 신학박사) 취득 논문과 박사 후 논문(독일대학교 대학교수 자격 논문)을 썼습니다. 내가 쓴 신학박사 논문은 위대한 독일 고전철학자들(칸트, 피히테, 셸링, 헤겔)과 20세기의 위대한 독일 신학자들(바르트, 고가르텐, 틸리히)이 공통적으로 다루었던 자율성(자기결정권)의 개념을 천착했습니다. 나의 철학박사 학위논문은 철학자 헤겔의 계시신학 연구를 집중적으로 천착했습니다. 나의 박사 후 교수 자격 취득 논문은 영국의 수학자이자 자연과학자이며 철학자였던 알프레드 노스 화이트헤드와 그가 주창한 과정철학과 과정신학을 집중적으로 연구했습니다.

확실한 사실은, 나의 기포드 강연들을 형성하는 또 다른 실로 매우 강력한 토대는, '영이신 하나님'과 인간의 영에 대한 나의 계속된 연구였다는 사실입니다. 내가 '영이신 하나님'과 인간의 영이라는 주제를 공부하면서 받은 영감은 기포드 강연들을 준비하는 데 큰 도움이 되었습니다.

내가 기포드 강연을 했던 당시의 에딘버러대학교 신학교수였고, 지금은 케임브리지대학교 국왕자문교수인 데이빗 퍼거슨은 나의 문제의식을 예리하게 요약했습니다. "미하엘 벨커는 그의 기포드 강연들에서 우리 서구문화 속에 활동한 하나님의 영과 인간 영들의 운동들을 추적하는 자연신학을 개진한다. 비록 하나님의 영과 인간 영들의 발현들은 항상 도전받고 위협받을지라도, 하나님의 영과 인간 영들은 시공간을 넘어 정의, 자유, 진리, 그리고 평화를 성취하려는 목적을 위해 활동한다. 벨커의 이 작업은 새로운 자연신학이다. 그동안 있었던 자연신학들은 질서, 우발성, 그리고 종교적이며 도덕적 경험의 초월적 혹은 자연주의적 원천을 발견하려고 애썼던 시도들이었다. 하지만, 벨커는 고전적인 형이상학이나 자연에 대한 집착보다는 '영'(靈)의 언어를 선호한다. 그래서 그는 보다 더 유연하고, 역동적이면서도 역사적으로 교시된 접근을 제공한다. 이 접근은 다극양태적인 영이라는 개념에 구현되어 있다. 다극양태적인 영은 하나님의 형상대로 살고 행동할 수 있는 가능성들을 창조하는 영이다."

'자연신학'에 대한 나의 기여는 전체주의적인 형이상학을 지지하지도 않으며 아울러 자연과 자연적인 삶이 마치 구원의 힘들이라도 되는 것처럼 자연을 낭만화하는 우리 시대의 만연한 자연 숭배도 지지하지 않습니다. 나의 자연신학은 하나님의 영과 인간의 영에 집중하는 접근을 옹호합니다. 하나님의 영과 인간의 영은 성서적 전통들과 심오한 철학적 전통들에서 식별될 수 있습니다.

거룩한 하나님의 영 ― 정의, 자유, 진리, 평화, 박애와 자애의 영 ― 을 통하여 인간들은 하나님의 형상 ― 성서적-신학적 전통들과 기독론적 신학 노선들에 나온 계시신학들이 증거하는 그 형상 ― 으로 행동하고 사는 것이 가능합니다. 하나님의 영의 창조적이고 풍요로운 활동에 대한 강조는 결정적으로 기독교적인 접근들과 다른 종교들과 세속적 맥락들에서 이뤄진 영적이고 윤리적인 방향 추구들을 연결시키는 가교를 제공합니다.

2022년 가을, 하이델베르크에서

미하엘 벨커

Preface to the Korean translation of the 2019/2020 Gifford Lectures :
"In God's Image : An Anthropology of the Spirit"

It is with great pleasure and deep gratitude that I received the information that my Gifford Lectures held in Edinburgh will now be published in South Korea. Through twelve former doctoral students and numerous theological friends and colleagues, South Korea has become dear to my heart. I am particularly grateful to Professor Kim Hae Kwon who strongly initiated the publication, worked on the translation and offered helpful comments to the book. We have been in very fruitful conversations between Old Testament and Systematic Theology over many years. I also warmly thank my former doctoral student Dr. Lee Kang Won for his part of the translation.

When in 2017 I was invited to give the 2019/2020 Gifford Lectures, there were quite a number of puzzled reactions : How can someone who received the Karl Barth Prize in 2016 accept the invitation to give six lectures on "Natural Theology," a theology which Barth was known to have sharply criticized? Actually, Karl Barth himself had given the Gifford Lectures in 1937/1938, and the "theologians of revelation" Emil Brunner and Jürgen Moltmann had also held them in later years.

Despite the fact that the focus of my theology has been on

biblical theology and Christology in the tradition of the Reformation, I saw no problem in taking up the challenge of lecturing on natural theology. For dialogue and debate with secular positions and with other religions are of utter necessity-obviously without giving up our own theological, confessional and ecclesiastical profiles! In such a constellation, a more philosophically shaped "natural theology" can be of great service.

This approach took me back to my academic beginnings in theology. I had written two doctoral theses and a post-doctoral thesis on the relationship between theology and philosophy. The theological doctoral thesis dealt with the concept of autonomy (human self-determination) in great German philosophical classics (Kant, Fichte, Schelling, Hegel) and leading German theologians of the 20th century (Barth, Gogarten, Tillich); the philosophical doctoral thesis centered on the philosopher Hegel's treatment of the theology of revelation ; and the post-doctoral thesis focused on the English mathematician, natural scientist and philosopher Alfred North Whitehead and the process philosophy and process theology he initiated.

To be sure, another and indeed very strong basis for producing the Gifford Lectures was my continued work on "God the Spirit" and the human spirit. The inspiration I derived from this topic was seminal for the lectures.

David Fergusson, then Professor of Divinity at the University of

Edinburgh, now Regius Professor of Divinity at the University of Cambridge, perceptively summed up my concern : "Michael Welker, in his Gifford Lectures, develops a natural theology that traces the movements of the divine Spirit and the human spirits in our cultures. Though their emanations are always contested and threatened, they work across time and space in their focus on justice, freedom, truth, and peace. This is a new natural theology. Other Gifford lecturers have attempted to find a transcendent or naturalistic source for order, contingency, religious and moral experience. Michael Welker, however, prefers the language of the Spirit to that of classical metaphysics and fixation on nature. He thus offers a more fluid, dynamic, and historically informed approach. This is embodied in the concept of a multimodal Spirit, a Spirit that creates possibilities for living and acting in the image of God."

My contribution to "natural theology" supports neither totalitarian metaphysics nor the currently fashionable romanticizing understanding of nature that regards nature and natural life as salvific powers. It argues for a concentration on the divine Spirit and the human spirit. They can be identified in the biblical traditions and in deep philosophical traditions.

Through the divine Spirit — a Spirit of justice, freedom, truth, peace, philanthropy and charity — human beings are enabled to act and live in the image of God, an image to which the theologies of revelation bear witness in their biblical-theological and Christological orientations. The emphasis on the creative and rich activity of the divine Spirit provides a bridge between decidedly Christian perspectives and the searches for spiritual and ethical orientation in other religious and in secular contexts.

Heidelberg, in the fall of 2022

Michael Welker

역자 서문

본서는 독일의 세계적인 신학자 미하엘 벨커가 2019년 가을에 스코틀랜드 에딘버러대학교에서 여섯 차례 행한 2019/2020년 기포드 강연들을 묶어 만든 책의 영어판본(2021년 2월 미국 어드만사 출간) *In God's Image : An Anthropology of the Spirit*을 번역한 책이다. 이 책은 얇지만 그 안에서 다루는 신학의 세계는 깊고 광대하며 다차원적이다. 기독교신학이 중심이 되어, 자연과학, 사회과학, 그리고 인문과학 등 여러 분야와 깊은 학제적 대화를 이끄는 이 책은, 인간의 본질이 하나님의 형상이라고 보는 기독교 전통의 인간학을 변증법적으로 옹호한다. 저자는 먼저 인류역사에서 환히 드러난 잔혹한 인간성의 어둡고 절망적인 심연과 오늘날 목도되는 인류의 자기파멸적 집단 광기와 어리석음에 비추어 볼 때, 인간이 하나님의 형상으로 창조되었다는 명제는 더 이상 존립되기 어려운 주장임을 인정한다. 하지만 여섯 차례 강연을 통해 저자는 인간이 하나님의 형상으로 여겨질 수 있는 맥락들과 조건들을 자세히 분석한다. 이 책의 핵심 논지는, 인간성에 대한 절망을 극복하게 만드는 결정적인 게임체인저가 바로 다극양태적인 하나님의 영과 그 영에 조응하는 다극양태적인 인간의 영이라는 주장이다. 저자에 따르면, 이런 희망적인 영(靈)인간학을 가능하게 하는 결정적 조건은, 인간은 물리적·신체적 개별자이면서 동시에 타자와 하나님과 보편적으로 연대할 수 있는 영적 존재라는 사실을 정확하게 인정하는 것이다. 신체적 개별자이지만 하나님의 영(靈)에게 열려 있는 영적 존재로서의 인간은 자신 밖의 존재들과 소통하고 연대하며 의미 가득 찬 역사를 창조하는 공동체적 의미추구의 주체이다.

1~3강에서 이 책이 말하는 영(靈) 인간학의 핵심은, 신체와 영이라는 이원적 요소들을 통일시킨 인간이 스스로 다극양태적인 하나님의 영과 호응하고 소통하는 다극양태적인 영의 영향 아래 있다는 것을 인정하면, 그는 하나님의 형상으로서의 자기 소명에 부응할 수 있다는 주장이다. 4~6강은 개별적 인간의 마음 안에 빛나는 도덕률을 통해 인간존재를 교화하고 고양시키는 하나님의 다극양태적인 영이 인간의 다극양태적인 영과 연대해서 역사 속에서, 그리고 인간 공동체 안에서 정의, 자유, 진리, 평화를 추구하는 인류의 집체적인 운동을 주도한다는 사실을 논증한다. 전체 결론은 인간이 인간 역사를 알파와 오메가 방향으로 행진하는 이 다극양태적인 하나님의 영에 붙들리고 그 영에 협력할 때, 인간은 하나님의 형상으로 창조되어 부여받은 자신의 장엄한 소명을 성취할 수 있다는 것이다.

그러나 이 책의 중심논지를 이렇게 간단하게 요약하기에는 이 책은 넓고 깊으며 광대하다. 저자 벨커는 서구 2,000년 역사와 기독교회의 역사를 때로는 종단으로, 때로는 횡단으로 가로지르며 자신의 논지를 뒷받침하는 허다한 증인들을 자유자재로 소환하고 있다. 증인이 하나씩 소환될 때마다 그 증인을 둘러싼 사상의 역사가 동시에 소환된다. 여기에서 서구 역사에 익숙하지 않은 독자들이 당황할 수 있다. 그래서 이 책이 다소 어렵다고 느낄 수 있는 독자들을 위해서 역자를 대표해서 김회권은 이 책의 끝에 요약과 해설을 부록으로 첨부함으로써 벨커 교수의 중심 논지를 논리적이고 순차적으로 이해하도록 돕고 있다. 누구든지 이 책을 읽기 전에 이 길잡이 글을 먼저 읽어 본다면, 책 전체를 훨씬 풍요롭게 즐길 수 있을 것이다. 또한 영어판 저자 서문과 한국어판 저자 서문도 책 전체의 중심논지를 단숨에 파악하는 데 도움을 준다.

마지막으로 이 책을 출간하기 위해 공동작업한 이강원 박사에게 고마움을 전한다. 이 책 번역의 1~3강 초역은 벨커 교수의 하이델베르크 대학교 박사 과정 제자인 이강원 박사(이하 이강원)가 맡았으며, 4~6강과 영어판본과 한국어판본의 저자 서문은 김회권 박사(이하 김회권)가 맡았다. 역자들은 영어판본과 독일어판본을 꼼꼼하게 대조하며 번역의 정확성을 기하였다. 이강원의 초역은 독일어판본을 저본으로 사용했기에, 김회권은 영역판을 저본 삼아 1~3강을 4~6강의 문체로 수정하고 보완할 수밖에 없었다. 두 역자는 자신이 맡은 장(章)에 필요한 경우 역자주를 추가했다. 여기서 역자들은 한 가지 저자와 독자의 양해를 구하고자 하는 것이 있다. 원서 제목에 없는 '창조된 인간'이라는 어구를 덧붙인 것이다. 우리는 한국 독자들에게『하나님의 형상으로』보다는『하나님의 형상으로 창조된 인간』이 더 친숙하게 다가갈 것이라고 믿는다.

이 어렵고 다소 난해한 책을 출간하기로 결정해 준 한국장로교출판사, 그리고 책 출간의 실무책임을 맡아 준 이슬기 과장과 편집팀에게 감사드린다. 끝으로 이 책의 마지막 저자 교정 원고본을 철저하게 읽고 유익한 수정 제안을 해 준 아내 정선희에게도 감사드린다.

2022년 10월
역자를 대신하여
김회권

1강

인간존재의
폭과 심연(深淵)들

서론 : 기포드 강연의 취지는 무엇인가?

기포드 강연 창설자인 아담 기포드 경의 유지(遺旨)에 따르면, 기포드 강연의 목적은 "자연신학에 대한 연구를 증진시키고, 발전시키며, 가르치고, 확산하는" 것이다. 즉, 기포드 강연은 '하나님에 대한 참된 앎'을 촉진시키고, '인간이 하나님에 대해 맺고 있는 관계에 대한 앎'과 '자연과 윤리 혹은 도덕의 토대'와 '그것들로부터 파생되는 모든 법적 의무들과 도덕적 의무들에 관한 앎'을 발전시키려고 한다. 게다가 여기에서는 '자연신학'이라는 용어에서 암시되듯이, "어떤 특별한 예외적이거나 소위 기적적인 계시에 대한 어떤 호소나 의존도 하지 않는", 엄격하게 학문적 접근만이 요구된다. 물론 이 지점에서 기독교 신학자들은 잠시 동안 기독교신앙의 근본신념인, "하나님은 예수 그리스도 안에서 인간에게 계시되었다."[1]라는 주장을 제쳐두어야 한다. 마지막으로 이 강연들은 종교에 대해 비판적이거나 혹은 무관심한 사람들을 포함한 '일반적이고 대중적인 청중'을 상대로 한 강연이어야 한다.

---

1 계시신학에 기초하여 인간학을 탁월하게 기술하고 있는 다음과 같은 책들이 있다: David Kelsey, *Eccentric Existence : A Theological Anthropology*, 2 vols. (Louisville : Westminster John Knox, 2009); Gerhard Sauter, *Das verborgene Leben : Eine theologische Anthropologie* (Gütersloh : Gütersloher Verlag, 2011). 판넨베르크는 탁월한 그의 인간학에서 계시신학적 관점과 자연신학적 관점을 결합하고 있다. Wolfhart Pannenberg, *Anthropology in theological Perspective* (Edinburgh : T&T Clark, 1985; Philadelphia : Westminster, 1985); 동일저자, *Systematic Theology*, vol. 2 (Grand Rapids : Eerdmans, 1994), 175-324. 판넨베르크 인간학에 대한 비판을 보려면 다음을 참조하라 : Thomas Pröpper, *Theologische Anthropologie*, 2 vols. (Freiburg : Herder, 2011), 414-436.

나는 이 도전적인 요구들을 만족시키는 데는 두 가지 근본적인 길이 있을 수 있다고 생각한다. 첫째는 과학적이고 역사적인 연구를 통해서 다양한 방식으로 표현된 인간의 '믿음들'과 '신앙들'에 도달하는 길이다. 이 방식은 당연히 경험적 현실과의 접촉을 상실해서는 안 된다. 아구스틴 푸엔테스(Agustín Fuentes, 프린스턴대학교 인류학자)의 2018년 기포드 강연들, "왜 우리는 믿는가 : 진화, 의미 창조, 그리고 인간의 발전"(Why We Believe : Evolution, Making Meaning, and the Development of Human Nature)은 학적으로 접근 가능한 자연과 역사로부터 시작해서 종교와 신학의 영역으로 우리를 이끌어 가는 접근의 탁월한 사례이다.[2]

내가 이번 강연에서 채택하려고 하는 다른 길은 문화적, 사회적 현실에서 출발하여 풍성한 철학적, 종교적, 그리고 신학적 자극들을 논의에 통합하는 것이다. 하지만, 나는 처음부터 끝까지 '자연신학'의 프로그램의 틀 안에서, 상식적 지각뿐만 아니라, 경험적이고 역사적인 연구와 탐구와의 관련성을 확보하는 일에도 더없이 깨어 있을 것이다. 나는 이러한 접근을 '실재적 신학'이라고 부른다. 30년에 걸친 자연과학자들과의 대화 덕분에 나는 신학 연구와 학제 간 협력의 풍부한 가능성에 대한 이해를 제고할 수 있었다.

나는 기포드 경의 유지와 지침은 21세기 초인 오늘날에도 여전히 그 적실성이 줄어들지 않는 도전이라고 본다. 과거에 종교와 신학의 중심 내용이 진정 어느 정도로 모든 사람에게 이해될 수 있는지를 연구했던

---

[2] Agustín Fuentes, "Why We Believe : Evolution, Making Meaning, and the Development of Human Nature," http://www.giffordlectures.org/lecturers/agust%C3%ADn-fuentes.

수많은 저명한 사상가들의 관심은 결코 케케묵은 관심이 아니다. '이성의 한계 안에서만'[3] 종교를 이해하고자 한 임마누엘 칸트의 거대한 프로그램은 심지어 오늘날까지도 적어도 적실성 있는 토론 주제로 울림을 준다. 종교 간 그리고 학제 간 소통과 진리 탐구 및 평화의 조건들에 대한 공동 탐구를 강화하고자 하는 불타는 열망은 그러한 프로젝트의 적실성을 부각시킨다.[4]

본 강연들의 총괄적 주제는 "하나님의 형상으로 : 영(靈) 인간학"이다. 여기서 제기하는 기본적인 질문은 자연적, 사회적, 문화적 존재로서의 인간이 과연 하나님의 형상(Imago Dei)으로 이해될 수 있는지 없는지와, 이해될 수 있다면 어떻게 이해될 수 있는지이다. 아마도 희한하게도, 첫 번째 강연은 인간이 실로 하나님의 형상으로 창조되었다는 바로 그 전제가 맞는지를 반드시 의심해야 한다. 첫 번째 강의는 한편으로 인간 실존의 연약성과 비참함, 또 다른 한편으로는 인간의 거대한 능력과 장엄한 사명 사이에 있는 긴장을 밝혀 줄 것이며 또한 유혹에 쉽게 굴복하는 인간의 경악스러운 모습, 폭력적이고 공격적이며 파괴적인 인간 성

---

3 Immanuel Kant, *Religion within the Boundaries of Mere Reason*, trans. Allen Wood (Cambridge : Cambridge University Press, 1998).

4 자연신학으로부터 파생되는 관점들은 세속사회에 퍼져 있는 '암시적 종교'(implicit religion) 개념에 관한 학제적 연구뿐 아니라 종교 간 이해를 추구하는 학문적 투신들에도 영향을 미칠 수 있다. 예를 들어 다음을 참조하라 : Günter Thomas, *Implizite Religion : Theoriegeschichtliche und theoretische Untersuchungen zum Problem ihrer Identifikation*, (Würzburg : Ergon, 2001) ; Michael Welker and William Schweiker, eds., *Images of the Divine and Cultural Orientations : Jewish, Christian, and Islamic Voices* (Leipzig : EVA, 2015) ; Alon Goshen-Gottstein, ed., *Friendship Across Religions : Theological Perspectives on Interreligious Friendship* (Eugene, OR : Wipf & Stock, 2018).

향, 그리고 인간의 노골적인 사악함을 들춰낼 것이기 때문이다. 하지만 '인간의 연약성'과 '인간의 장엄한 운명'을 간단하게 언급하는 것을 통해 인간실존의 경악스러운 가변성의 폭을 강조한다고 해서, 그것이 우리가 인간실존의 두렵고 혐오스러운 심연들도 동등하게 주목해야 한다는 것을 결코 면책시켜 주는 것은 아니다.

인간실존의 인상적인 가변성의 폭이 갖고 있는 부정적 측면들에는 스스로를 거대한 위험에 빠뜨리고, 대규모로 뿌려지는 증오와 폭력에 대해 건조하고 무감각적인 인간들의 자기만족이 있다. 특히 오늘날 우리는 많은 사회적 수준들에서 자행되는 잔악한 행위에 대한 무반성적 혹은 그저 무기력한 태도에 압박당하고 있다. 혹자는 여기서 특히 생태계에 행해지는 폭력을 언급할 수 있을지도 모른다. 예를 들면, 공공연한 생태계 파괴부터 위험한 자연 개발에 대한 부인과 은폐, 심지어 전 세계적인 수준의 건조한 무관심 모두 생태계에 가해지는 잔혹 행위이다. 실로 인간실존의 이러한 심연들은 인간을 하나님의 형상으로 상정하는 그 어떤 담론도 무의미하게 만들어 버리는 것은 아닐까? 더욱 안타까운 상황은 이것이다. 만일 심지어 이런 심연들을 안고서라도 인간이 하나님의 형상으로 간주되어야 한다면, 도대체 우리가 여기서 말하는 '하나님'은 어떤 하나님이라는 말인가? 이런 점들을 잘 고려하고, 인간 자신으로부터 자연-신학적 출발점을 취한다면, 과학적으로 견실하고, 보편적으로 이해 가능하면서, 그리고 윤리적으로 건설적인 하나님 이해를 명료하게 천명하려고 했던 기포드 경의 기획은 처음부터 실패할 수밖에 없는 운명이 아니었을까?

임마누엘 칸트는 다음과 같은 매우 예리한 말로 그의 『실천이성비판』을 마무리하고 있다. "두 가지 현상이 언제나 새롭고 점증하는 경탄과 경외심으로 마음을 채운다. 더 자주 그리고 더 꾸준히 우리는 그것들에 대해 성찰한다 : *위에서 빛나는 하늘의 별들과 내 안에 있는 도덕률.*" 칸트는 계속해서 이렇게까지 말한다. "무수한 세계들(별들)"로 위에서 빛나는 하늘은 "말하자면 동물적 피조물로서의 내 중요성을" 소거(消去)해 버린다. "동물로서의 인간은 잠시 동안 생명력을 제공받았다가 ─ 사람들은 어떻게 그렇게 되는지에 대해서는 모른다 ─ 다시 자신의 몸을 형성했던 그 질료를 그 질료가 거주하는 별(우주의 단지 작은 점)로 되돌려주어야 한다." 반면에 칸트를 경탄과 경외로 채운 두 번째 토대는 "내 가치를 인격성을 가진 *지성*으로 무한하게 고양시킨다. 그 인격성 안에서 도덕률은 동물성과 심지어 모든 감각 세계와는 독립적으로 존재하는 삶을 계시해 준다".[5]

구약성경 시편 기자는 칸트보다 더 극적으로 연약함과 고매함, 유한함과 위대한 운명을 공히 포함하는 인간실존의 변동 폭을 묘사한다. 한편으로 인간은 '단지 먼지일 뿐이다'. "…… 인생은 그날이 풀과 같으며 그 영화가 들의 꽃과 같도다 그것은 바람이 지나가면 없어지나니 그 있던 자리도 다시 알지 못하거니와……"(시 103 : 14-16). 하지만 인간은 그럼에도 불구하고 "단지 하나님보다 조금 못하게 만들어졌으며…… 영화와 존귀의 관을 덧씌움 받았다"(시 8 : 5, 역자 사역).

이어지는 강연들은 이러한 진술들을 다양한 각도에서 다루겠지만,

---

[5] Immanuel Kant, *Critique of Practical Reason and Other Works on the Theory of Ethics*, trans. Thomas Kingsmill Abbott, 5th rev. ed. (London : Longmans, Green, 1898), 260. 여기서는 칸트의 이 책과는 다르게 번역되었음을 밝힌다.

지금은 잠시 그것들은 옆으로 제쳐두고 방향을 바꾸어, 대신 '일반적이고 대중적인 청중'에게 초점을 맞추고자 한다. 여기서 우리는 청중을 기포드 강연자가 나눠줄 지식을 받을 자로 보라고 제안하는 기포드 경의 제안을 따르기보다는, 스스로 주체적인 질문을 제기함으로써 함께 지식을 생산하는 파트너로 상정하고자 한다. 그래서 오히려 우리는 21세기 초 시점에서 그들에게 어떻게 그들 자신 스스로가 인간실존의 폭에 대해 어떻게 이해하고 있는지에 대해서 질문하고자 한다. 아마도 단 한 사람도 한편으로는 자신의 의미와 실존의 거의 불가피한 파괴와, 또 다른 한편으로는 도덕률을 통한 존재 고양 사이에 있는 긴장 ― 칸트가 느꼈던 그런 긴장 ― 을 언급할 생각조차 하지 못할 것이다. 우리는 아무도 '단지 먼지일 뿐'이라는 필사적(必死的) 존재로서의 인간 위상과 동시에 '하나님보다 약간 못하게 만들어진' 인간 위상 사이에 있는 긴장을 언급할 것이라고 거의 기대하지 않는다.

1. 인간의 카리스마와 광채를 발하는 능력, 그리고 감정적으로 치우친 대중정서의 위험들

인간존재의 긴장과 폭이 명료하게 인식되는 대중문화 영역 중 하나로 미디어를 통해 전 세계에 방송되는 엘리트 육상 선수들의 경쟁을 들 수 있다. 경쟁적 스포츠에 의해 유발되는 거대한 대중적 흥분은 깊은 인간학적 근거들을 가지고 있다. 이 스포츠들은 오로지 인간존재의 신체적 영역에 강렬하게 집중하는데, 엘리트 스포츠 선수들은 신체와 정신을 극한으로 사용하여 전 세계가 보는 앞에서 비상한 수행력을 산출해 낸다. 한 가지 예를 들면, 신체적으로나 정신적으로 재능 있는 엘리트 운동선수들은 그 자체로만 보면 앞으로 움직이는 단순한 동작, 즉 대부분의 사람들도 행할 수 있는 동작을 최상의 경기 실연(實演)으로 변화시킨다. 미디어는 그것을 본 수백만의 관중들이 감정적으로 그리고 격정적으로 여기에 참여하고, 그들로 하여금 그런 운동선수들과 자신들을 동일시하는 것을 가능하게 한다. 이런 스포츠 영웅들이 촉발시키는 매혹적인 인간적 매력은 그들이 같은 시간에 우리 가까이 있으면서도 거대한 카리스마와 광채를 발하는 인간적 현존을 소유하고 있다는 데서 파생된다.

어느 누구도 100미터, 200미터 달리기에서 우사인 볼트만큼 빨리 달리지 못했다. 하지만 나 역시 인생의 모든 것을 걸고 달리는 것이 어떤 느낌일지 이해한다. 오늘날 어느 누구도 리오넬 메시만큼 축구를 잘하는 사람은 없다. 하지만 나 역시 어디서든 축구공을 이리저리 차고 공이 날아가는 것에서 영감을 받을 수 있다.

그러나 이러한 성공한 운동선수들의 광채를 발하는 매력은 그들이 보여준 능력뿐 아니라, 신체적·정신적 훈련, 인내와 끈기를 위한 그들의 놀라운 역량에 대한 관중들의 찬양에 근거를 둔다. 일반적으로 수년에 걸친 훈련은 꾸준한 자기절제와 금욕을 요구하기 때문이다.

올림픽에서 최고 기량을 뿜어내거나 승리한 팀에서 뛰는 엘리트 운동선수들에게 관중들이 느끼는 강렬한 감정적 애착에는 항상 동등하게 강렬한 관중들의 공동체 감정들이 따라온다. 그러한 공명을 진정으로 환영하는 것은 미디어뿐 아니라 정치 지도자들이다. 게다가 승리한 팀은 성공적인 *팀플레이*를 통해 열광하게 한다. 그러한 팀플레이는 정확하게 팀 전체를 위하여, 한편으로는 무조건적인 자기주장, 또 다른 한편으로는 창의적인 자기부인(self-withdrawal)을 행하는 팀의 개별 구성원들로부터 비롯된다. 완벽한 협력은 보상을 받고, 운동선수들 자신의 기쁨은 팬들에게 전달된다.

하지만 엘리트 운동선수들 또한 승리했을 때의 개인적 승리감과 패배했을 때의 개인적 절망 사이를 오가며 경험하는 거대한 감정 변화를 드러낸다. 그러한 급격한 감정 변화는 또한 운동선수들과 강렬하고 감정적으로 충만하게 공명하며 그들과 자신들을 동일시하는 관중들이 경험하는 양가성을 반영하기도 한다. 우리는 보다 더 대중적인 국내 및 국제 스포츠 시합들 후에 나타나는 관중들의 양가적 반응들을 목격해 왔다. 최고의 선수들이 멋진 팀플레이를 펼쳐 승리했을 때 터져나오는 환희의 기쁨에 휩쓸려 가는 것에 그 누가 저항할 수 있겠는가? 그러나 실패 — 패배한 시합이나 놓친 기회 — 는 역시 집단적 충격과 고통을 초래한다. 그런 고통은 꽤나 빨리 지나가고 실로 장차 승리할 것에 대한 희망으로 재빨리 변화된다는 사실에 의해 결코 누그러지지 않는 충격과 고통의 경험이다.

우리는 감정적으로 격앙되는 대중정서라는 친숙한 현상을 단지 엘리트 스포츠에서만 목격하는 것이 아니다. 우리는 억압적인 상황들에 처해 유용하고 창의적으로 경보를 울리는 시민사회 단체들의 행동들과 시위들에서도 동일한 현상을 목격한다. 하지만 조직화된 정치 아래에서 사람들을 정치적으로 조작하거나 심지어 자기편으로 길들이기 위해 행진, 퍼레이드, 집단시위가 기획되어 벌어질 때 이러한 현상은 쉽게 불안정한 양상을 띨 수 있다. 처음에 사람들은 여러 공공장소들이나 경기장들에서 다른 사람과 함께 즐거워하면서 자발적으로 충성심을 내보일 수 있다. 그들은 자신들이 특정한 대의명분을 위해 활동하는 집단에 속해 있음을 노골적으로 드러낸다. 하지만 그들은 너무 쉽게 특정한 대의명분을 망각하고 '주위를 어슬렁거리는 사람들'이 되어 '좋은 것을 좋다고 하고 나쁜 것을 나쁘다고 하는' 사람들과 함께 독선적으로 시위한다(니클라스 루만〈Niklas Luhmann〉).

하지만, 그러한 격앙된 정서는 정치적으로 악용되는 도덕적 공격성과 증오가 의도적으로 유발되고, 자극되며, 악용되고, 지속되면 빠르게 탈선한다. 오늘날 정치와 선전선동이 한때는 자유로운 나라였던 곳에서 언론 자유, 사법체계, 과학 연구, 그리고 학문의 자유를 어떻게 연속적으로 억압하는지를 지켜보는 일은 매우 경악할 만하다. 이 조작된 감정들은 방해받지 않은 채 손쉽게 인종주의, 공격적인 국수주의, 혹은 호전적 감정과 투쟁으로 표출될 수 있다. 비록 그러한 호전적 논쟁들이 처음에는 대중들에게 승리감을 불러일으킬 수 있지만, 그것들은 대개 불원간에 모든 사람에게 해를 끼치는 비참한 재난으로 낙착된다.[6]

증오와 공격성을 부추기는 이념들과 전쟁들은 사람들로 하여금 인간다움이라는 바로 그 이념에 맞서며, 그렇게 함으로써 인간의 존엄을 거스르는 잔혹한 범죄들을 자행하도록 몰아간다. 나치 시대 독일 강제수용소들에서 관료조직에 의해 자행된 수백만 명의 대량학살은 오늘날에도 여전히 잔혹범죄의 가장 깊은 심연을 예증한다. 제2차 세계대전 동안 20만 명의 한국 및 중국 여성을 '위안부'라는 명분 아래 집단적으로

---

6 Konrad H. Jarausch, *Broken Lives : How Ordinary Germans Experienced the Twentieth Century* (Princeton : Princeton University Press, 2018).

성노예화한 범죄를 저지른 일본의 만행은 여전히 인간의 잔인함에 대한 지속적인 이미지를 제공한다. 전쟁이 끝난 후 잿더미가 된 그 많은 독일 도시들에 의해 예해(例解)되고 있듯이, 그러한 극단적 폭력들은 일반적으로 대량 파괴 과정들을 통해서만 종식될 수 있다. 20세기가 인간이 만든 무기들을 통해 전 세계를 멸망시킬 수 있다는 암울한 가능성들을 생생하게 예시했던 계기는 원자폭탄이라는 극단적 형태였다.

2. 위험, 비참, 그리고 파멸로 빠져들어 가는 길들(한나 아렌트)

인간과 국가를 위험과 비참, 파멸로 몰아넣는 정치와 도덕의 길을 한나 아렌트(Hannah Arendt)보다 더 예리하게 연구한 사람은 아마 없을 것이다. 독일계 유대인이었던 그녀는 위협에 시달리며 여러 해 동안 미국에서 국적 없는 사람으로 살 수밖에 없었다. 아렌트는 심오한 실존적 경험에 근거해 글을 썼는데, 이러한 개인적 고난과 자신의 비범한 역사학적, 정치학적, 사회학적, 그리고 대중심리학적 소양과 한층 더 예리한 개념적 통찰력을 결합하고 있다.

1984년에 그녀는 독일에서 여섯 편의 논문을 책으로 출판했는데,[7] 이 책 서문에는 하이델베르크 교수이자 박사 과정 지도교수였던 칼 야스퍼스(Karl Jaspers)에게 바치는 헌사가 있다. 거기서 그녀는 바로 이 '가장 존경스러운 분'에게 감사를 표하며, '야스퍼스로부터' 배운 핵심적 가

---

7 Hannah Arendt, *Critical Essays*, eds. L. P. Hinchman & S. K. Hinchman (New York, NY.: State University of New York Press, 2012)(역자주).

르침을 진술한다. "(나는 그에게서) 현실에 함몰되지 않고 현실을 다루는 방법을 배웠다. 뿐만 아니라 세계관들이 아니라 진리만이 중요함을 배웠다. 또한 개방된 세계에서 살고 생각해야지, 아무리 아름답게 치장되어 있더라도 자신만의 껍질 속에서 살거나 생각해서는 안 됨을 배웠다. 필연성은 그것이 어떠한 형태든 우리로 하여금 하나의 인간이 되고자 하는 대신 어떤 한 역할을 수행하라고 유혹하는 하나의 유령일 뿐임을 배웠다."[8]

이러한 존경심에도 불구하고 그녀는 다음과 같은 언급을 빠뜨리지 않는다. "오늘날 우리 유대인이 독일인을 만나게 되면 그들에게 '1933년부터 1945년까지 12년 동안 당신은 무엇을 했느냐?'라고 묻지 않을 수 없다. 이 질문 뒤에는 피할 수 없는 두 가지 감정이 도사리고 있다. 그 하나는 이 기간 동안 독일인으로서 당신이 어떻게 살았는지를 정당화해 보라는 비인간적인 요구를 하고 있다는 상당히 불편한 감정이다. 또 다른 하나는 인명(人命) 살해 공장에서 일했거나, 정부의 괴물 같은 끔찍한 범죄들에 대해 무언가 알게 되었을 때에도 "계란을 깨지 않고는 오믈렛을 만들 수 없다."는 논리로 변명했던 누군가와 마주치지 않을까 하는 마음 한편에 도사리고 있는 의구심이다."[9]

한나 아렌트의 기념비적 작품인 『전체주의의 기원』[10]의 독일어판 '서

---

8 Hannah Arendt, *Essays in Understanding, 1930-1954*, ed. Jerome Kohn, trans. Robert Kimber and Rita Kimber (New York : Harcourt Brace Jovanovich, 1994), 212-214.

9 Arendt, *Essays in Understanding*, 214.

10 Hannah Arendt, *The Origins of Totalitarianism*, 2nd ed. (New York : Harcourt Brace Jovanovich, 1958). 이어지는 논의에서 괄호 안쪽 숫자는 영어 번역본의 페이지

문'에서 칼 야스퍼스는 '진실 추구 정신'과 '인간의 존엄'(13)을 위한 그녀의 헌신을 높이 평가한다. 또한 그는 아렌트의 글은 "뿌리 없는 우리 시대의 혼돈의 한가운데서 인간의 자기주장을 가능하게 하는 인식을 통해 도덕-정치적 사고에 기여하려고 한다."(12)라고 말한다.

한나 아렌트는 독일 국가사회주의와 스탈린주의를 보고 공포정치의 출현과 그 역사와 그로 인해 초래된 극단적 형태의 독재를 철저히 연구하였다. 전체주의적 통치와 힘은 실정법을 무시한다. 전체주의는 모든 형태의 반대세력을 조직적으로 솎아내어 박멸하려는 목표를 달성하기 위해 공포를 조성한다. 아렌트는 "합법적인 국가의 시민들 사이에 존재하는 자유의 공간이" 폭력적으로 파괴되고, 또한 상상하기 어렵겠지만, 심지어 "독재정부에나 있는 상호 의심과 그리하여 서로 소통할 길 없는 황무지" 같은 파멸적 상황을 분명하게 보여준다(466).

공포는 "마치 많은 대중들이 자신의 개성을 상실해 거대한 한 단일한 인물 속으로 사라져 버리는 것처럼" 그렇게 대중들을 선동당하는 군중으로 조직한다(465-466). "세상에서 인간이 익숙한 방향감각은 초자연적, 자연적 혹은 역사적 세력들에 의해 휩쓸려가도록 자신을 방치하는 충동으로 대체된다."[11] 이때 공포에 사로잡힌 대중은 결국 자기보존 본능을 포기한다.

거의 모든 저서에서 아렌트는 심지어 정치적 폭력이 형태를 갖추기 전이나 출발 단계에서 이미 총체적 지배와 공포에 인간이 얼마나 취약

이다.

11 독일어 판본: *Elemente und Ursprünge totaler Herrschaft: Antisemitismus, Imperialismus, totale Herrschaft*, 20th ed. (Munich: Piper, 2017), 966.

한지를 분석하고 어떻게 하면 이를 막을 수 있는지에 초점을 맞춘다. 그녀는 이러한 '파괴적인 모래폭풍'이나 '홍수'에 맞설 수 있는 특정한 힘이 무엇인지에 대해 날카롭게 묻는다(478). 그래서 그녀의 뛰어난 논문은 일련의 극적(劇的)인 정치적 탄압을 예시적으로 분석할 뿐 아니라, "혼돈을 안정으로, 부패를 정직으로, 퇴폐와 붕괴를 정부에 대한 권위와 신뢰로"[12] 대체할 힘을 상실한 채 서서히 진행되는 사회적 퇴보 과정을 분석한다.

아렌트가 묘사하고 있는 위험과 파멸에 이르는 길이란, 사람들을 곧장 무디고, 몽매하고 야만화되도록 길들이는 그런 길이다. 그녀는 전후 독일인이 폐허더미 주변을 서성이며 쏟아내는 짓누르는 듯한 무관심을 읽어낸다. 아렌트는 예루살렘에서 열린 아이히만 재판을 현장에서 목격하면서 나치 독재의 심연을 대면한 후, '악의 평범성'이라는 말로 세계 대중을 도발한다. 1973년 아버딘에서 있었던 기포드 강연의 도입부에서[13] 그녀는 다음과 같이 언급한다.

"나는 이 범죄자의 명백한 천박함에 충격을 받았다. 이 천박함 때문에 나는 그의 행위에 숨어있는 부인할 수 없는 악의 뿌리와 동기를 더 깊이 추적해 갈 수 없었다. 그의 범죄는 괴물 같았지만 그 범죄자는 — 적어도 지

---

12 Hannah Arendt, "The Freedom to Be Free," in Hannah Arendt, *Thinking without a Banister : Essays in Understanding*, vol. 11, ed. Jerome Kohn (New York : Schocken Books, 2018), 369.
13 Hannah Arendt, *The Life of the Mind*, vol. 1, *Thinking* ; vol. 2, *Willing* ; 2 vols. in 1 (New York : Harcourt Brace Jovanovich, 1978), 1 : 4.

금 재판 중에 있는 바로 그 실행자 ─ 아주 평범했고, 일상적이었으며 악마 같지도 괴물 같지도 않았다. …… 그의 과거 행동뿐 아니라 재판 동안 그리고 재판 전 경찰 조사 내내 그의 행동에서 발견할 수 있는 유일하게 눈에 띄는 특징이 있었는데, 그것은 완전히 부정적인 것이었다. 그것은 어리석음이 아니라 생각 능력의 상실이었다. …… 그에게서 나온 상투적인 언어…… 그것은 일종의 음울한 코미디였다. ……"[14]

그녀는 이 가해자가 현실과 연결된 그 어떠한 사고도 완전히 포기한 것이라고 진단하며 놀라서 다음과 같이 질문한다.

"선악의 문제, 옳고 그름을 구별하는 우리의 능력이 우리의 사고하는 능력과 관계가 있을 수 있을까?"[15]

아렌트는 기포드 강연에서 칸트의 세 가지 비판, 즉 '사유', '의지' 그리고 미완의 부록인 '판단'으로 강연 방향을 분명히 설정함으로써 이 질문에 대한 답을 찾아간다.

여기에서 그녀에게 분명해진 사실이 있는데, 그것은 윤리적인 파멸을 초래하는 만연한 '생각 능력 상실'이 전체주의라는 정치적 재난과 그로 인해 생겨나는 결과에만 국한되지 않는다는 것이다. 아렌트는 예언자적 혜안으로 후기 현대의 다원적 소비사회에서는 이른바 자유 시민사

---

14 Arendt, *The Life of the Mind*, 1:4.
15 Arendt, *The Life of the Mind*, 1:5.

회 연대 자체가 산산이 부서질 수 있음을 내다보고 있다. 시민사회 연대가 대규모로 만연한 이기주의 때문에, 또 회색적 순응주의 때문에 전멸될 수 있다는 것이다. 아렌트는 정치적으로나 도덕적으로, 다원적 민주주의가 가진 생명력에 대해 매우 큰 회의를 품으며, 민주주의 사회를 구성하는 공공단체들과 사회집단들과 그것들이 누리는 잠재적 자유들이 완전히 파괴될 수 있다는 충격적 공포감을 드러내고 있다. 불협화음과 단일하게 조율된 행동이 계속해서 유입되는 가운데 한나 아렌트는 확실히 후기 현대사회가 공적 영역에서 잠재적인 자유들을 정치적으로 형성할 수 있고 그러한 특별한 시민사회 연합체들을 항상 새롭게 창출할 만한 능력을 가지고 있다고 믿지 않는다. 그녀는 공적인 정치 영역이 황폐해지고, 종국에는 이기적이고 산만한 개인주의 때문에 와해될까 두려워한다.[16]

극적이면서도 은밀하게 진행되는 정치적 붕괴를 진단하면서, 아렌트는 '힘'과 '폭력', 또는 '힘'과 '지배'를 의식적으로 구별한다. 막스 베버(Max Weber)는 '힘'을 자신의 의지를 다른 사람의 행위에 강요할 수 있는 가능성으로 정의했다. "'힘'이란 어떤 행위자가 사회적 관계 안에서 저항에도 불구하고 자신의 의지를 실행할 수 있는 가능성이다."[17]

아렌트는 베버가 정의한 힘을 '폭력'으로, 즉 억압적 '지배'로 이해한다. 그에 반해 그녀는 '힘'을 공동의 행동을 위해 자발적인 소통을 통해

---

16 Hannah Arendt, *The Human Condition*, 2nd ed. (Chicago : University of Chicago Press, 1998), 특히 38-40 ; Michael Welker, *Kirche im Pluralismus*, 2nd ed. (Gütersloh : Kaiser Verlag, 2000), 18-24.

17 Max Weber, *Economy and Society : An Outline of Interpretive Sociology*, ed. Guenther Roth and Claus Wittich (Berkeley : University of California Press, 1978), 53.

합의에 이르고 일치를 이루는 인간의 능력이라고 높이 평가한다. "힘은 단지 행동하거나 무언가를 하는 능력이 아니라, 다른 사람과 합의하여 행동하는 인간의 능력이다."[18]

위르겐 하버마스는 "한나 아렌트의 힘 개념"(1976)[19]이라는 통찰력 있는 논문에서 우선 그녀의 주지(主旨)에 동의하면서 다음과 같이 논평한다. "(힘이 작동하는) 기본 현상은 자신의 목적을 위해 다른 사람의 의지를 도구화하는 것이 아니라, 합의에 이르는 소통에서 공동의지를 형성하는 것이다."[20] 하버마스는 몇몇 저서에서 한나 아렌트의 뛰어난 정치적 감각을 인정하고 있다. 1992년에 이미 그는 다음과 같이 언급했다.

"'국가 없는 사람, 난민, 권리를 박탈당한 사람들이 20세기를 상징하게 될 것이다.'라는 한나 아렌트의 진단이 놀랄 만큼 정확하다는 것이 입증되었다. 제2차 세계대전이 황폐하게 된 유럽에 남긴 '강제 추방자들'이 오래전부터 남쪽과 동쪽으로부터 평화롭고 번영한 유럽으로 쏟아져 들어오는 망명자들과 이민자들로 대체되고 있다. 오래된 난민 캠프는 홍수처럼 밀려드는 새로운 이민자를 더 이상 수용할 수 없다."[21]

동시에 하버마스는 정치적 현실주의자로서 아렌트 정치이론의 한계들을 개탄한다. 그는 한나 아렌트가 경제와 행정을 통합하는 것을 거칠

---

18 Hannah Arendt, *On Violence* (New York: Houghton Mifflin Harcourt, 1970), 44.

19 Jürgen Habermas, *Philosophical-Political Profiles* (Cambridge, MA: MIT Press, 1983), 171-188.

20 Harbermas, *Philosophical-Political Profiles*, 172.

21 Jürgen Habermas, *Between Facts and Norms: Contributions to a Dicourse Theory of Law and Democracy* (Cambridge, MA: MIT Press, 1996), 507-508.

게 비난하고, 정치에서 힘을 전략적으로 행사할 필요성을 배제함으로써, '현대적 상황에는 더 이상 적용할 수 없는 진부한 정치개념의 희생물'[22]이 되었다고 주장한다. "정치적인 것이 무엇인가에 대한 개념은 또한 정치적 힘을 얻기 위한 전략적 경쟁으로도 확장되어야 하며, 정치체제 자체 안에 이 힘을 적용하는 데까지 확장되어야 한다."[23] 즉, 힘을 전략적으로 행사하는 것은 정치적으로 필수불가결하다는 것이다. 이것을 폭력이라고 비난하고 배제한다면, 생생한 정치적 현실과의 접촉점을 상실할 수밖에 없게 된다는 것이다.

3. 해방과 자유에 대한 사실주의적 시각(視角)들?

폭력과 공포에 기반한 통치체제의 출현과 이와 결부된 인도주의의 해체, 야만화, 대다수 국민들에게 강요된 고통과 같은 일련의 과정에 대한 한나 아렌트의 진단은 극단적으로 날카롭고 교훈적이다. 그러나 그녀가 제안하는 건설적이고 해방적인 대안과 저항운동에 대한 시각에도 동일한 평가를 내릴 수 있을까? 그녀가 제안하는 시각은 의심의 여지없이 매우 감동적이지만, 마치 일생 처음 대도시에 유입되어 '이 대도시는 이제 당신 소유입니다.'라고 확신하는 가난한 시골 사람들에 대한 그녀의 이미지와 같다. 하지만 그런 이미지는 오히려 위험천만하게 전개되고 있는 사회적, 도덕적 상황에 직면하여 이러한 시각이 느끼는 무기력

---

22 Harbermas, *Philosophical-Political Profiles*, 239.
23 Harbermas, *Philosophical-Political Profiles*, 245.

감을 강화하는 사회적 낭만주의를 일부분 반영하는 것이 아닐까?

비록 아렌트가 자유와 평화에 기반한 공동체가 실제로 어떻게 형성되는지를 파악하는 것이 어렵다는 것을 인정하지만, 그럼에도 불구하고 그녀는 다양한 비판적 유보사항들과 건설적 자극들을 제시하며 자신을 비판하고 의심하는 사람들과 맞선다. 그리고 그녀는 반복해서 비판에 참여한다. 그녀는 철학자들이 다원적 환경에서 살아가는 인간들에 대해 그동안 관심을 거의 기울이지 않았다고 주장한다. "정치적 자유는 다원적인 인간의 영역에서만, 그리고 이 다원적인 인간의 영역은 단지 '나와 나 자신'이 '복수인 우리'로 확장된 결과 생긴 것이 아니라는 전제에서만 가능하다."²⁴

아렌트는 사회 진단과 윤리에서 사용되는 불충분한 양극적 사고를 비판함으로써 인간의 다원적 삶에 대한 철학자들의 무관심에 대해 이러한 질책을 강화한다. 아렌트는 단지 일반적 의미에서 그리고 '건강한 인간 이해'라고 불릴 수 있는 사유와 관련해서 이런 불충분한 양극적 사고를 비판할 뿐만 아니라, 철학자들과 사회학자들 사이에 있는 불충분한 양극적 사고도 비판한다. 실로 많은 탁월한 사상가들 역시 인격 대(對) 인격 관계라는 이 개념적 틀을 사용해 왔다(예를 들면 "아리스토텔레스의 '친구', 야스퍼스의 '연인', 부버의 '너'").²⁵ 아렌트는 심지어 내가 나 자신에

---

24 Arendt, *The Life of the Mind*, 2:200.

25 Arendt, *The Life of the Mind*, 2:200. 프로이트의 자아와 초자아 그리고 최근의 심리학과 철학 이론에서의 이 파생어들 또한 여기에서 언급될 수 있을 것이다. 최근의 여러 연구에서의 '주체' 구성과 '양극대립'(binary oppositions)에 대한 버틀러의 다음 비판, 특히 프로이트로부터 영감을 받은 비판을 보려면 다음을 참조하라: Judith Butler, *Bodies That Matter: On the Discursive Limits of "Sex"* (London: Routledge

게 '호소하거나' '타자'에게 호소하는 '내적 행동' 형식으로도 그러한 양극적 이해는 '진리의 보증자'도 아니고 '정치적 영역에 전범적(典範的)'이 되지도 않는다고 반대한다.²⁶

비록 개인 대(對) 개인 관계들은 개인의 일상적 삶에서 매우 중요함에도 불구하고, 이 관계들이 복합적인 사회적 상황들을 파악할 수는 없다. 가설적으로 상정된 다수의 양극적 관계들은 실제 사회적 군집(群集) 체계가 작동하는 방식에 대한 어떤 현실성 있는 개념도 산출해 내지 못한다. 그러한 사정은 또한 모든 사람이 이성적 대화를 통해 사회적 환경을 변혁할 수 있다는 숙의(熟議) 민주주의들을 이상화하는 개념들에게 적용된다(하버마스 등). 이에 대한 대안으로 아렌트는 자유의 원천으로서의 '새로 태어남'²⁷을 제시한다. 즉, 새로 태어난 모든 사람은 스스로 새로운 시작을 할 능력을 부여받는다는 것이다. 세계를 구할 가능성은 추정컨대 인류가 자신을 끊임없이 새롭게 창조하는 역량 외에는 그 어디에도 없다는 것이다. 아렌트는 '탄생의 마법'에 들어있는 이 갱생의 힘을 사회적 발전들 안에서도 발견한다. "그리고 인간에게 부여된 이 신비한 은사, 즉 무엇인가를 새로 시작하는 이 능력은 분명 우리 모두가

Classics, 2011); 동일저자, "My Life, Your Life : Equality and the Philosophy of Non-Violence," 2018 Gifford Lectures, Glasgow, https://www.giffordlectures.org/lecturers/judith-butler-o.

26 Arendt, *The Life of the Mind*, 2 : 200.

27 Arendt, "Freedom to Be Free," 383. '출생성'(出生性)은 영어로는 'natality'로 표현된다. "그리고 '전적으로 예측할 수 없음'이라는 이 천부적 복은 전적으로 그 유일성에 근거한다. 이 유일성으로 인해 모든 존재는 존재했고, 존재하고, 존재할 모든 존재와 구별된다. 태어남 덕분에 각각의 인간은 유일무이한 새로운 존재로 이 세상에 한 번 나타나는 것이다"(Arendt, *The Human Condition*, 167)(이 해설은 역자주).

탄생을 통해 새로운 참여자로 이 세계에 들어왔다는 것과 관계가 있다. 즉, 우리는 출발하는 자이며 이로써 시작하는 자이기 때문에 무엇인가를 시작할 수 있는 것이다."[28]

자신의 이 견해를 뒷받침하기 위해 아렌트는 다양한 인류학적, 종교적, 정치적 사례들을 인증(引證)한다. 『하나님의 도성』에 나오는 아우구스티누스의 모호한 언급도 인증한다. 영혼의 영원한 순환이라는 잘못된 개념을 타파하기 위해, 아우구스티누스는 다음과 같이 집요하게 주장한다. "우리는 '모종의 출발점에서 시작해야 한다. 이 시작은 이전에는 결코 존재한 적이 없다. 그러므로 그 시작이 존재할 수 있기에, 첫 사람도 창조되었다'."[29] 그녀는 또한 베르길리우스의 네 번째 목가시에 나오는 "강력한 연도(年度)들이 줄지어 새롭게 시작된다."라는 매우 유명한 구절을 높이 평가한다. 이 구절은 미국의 거대한 국가인장(印章) 뒷면에 '세기의 새로운 질서'(Novus ordo seclorum)라는 금언으로 새겨졌다.

4. 결론

오늘날 영양실조에 걸린 5세 미만의 아동 1억 4천 9백만 명이 여전히 발육부진으로 고통당하고, 4천 9백 5십만 명의 아동이 '쇠약'하다고 진단받는 이 참혹한 사실에 직면하여, 이러한 새로운 출발이라는 희망적

---

28 Arendt, "Freedom to Be Free," 383.
29 Augustine, *The Works of Aurelius Augustine*, ed. Marcus Dods, vol. 1, *The City of God* (Edinburgh : T & T Clark, 1871), 513.

인 비전에 대해 어떻게 반응해야 할까?[30] 유네스코(UNESCO)의 보고에 따르면 6억 1천 7백만 명의 어린이와 젊은이들은 읽거나 셈하지 못한다. 국제노동기구(ILO)의 최근 통계에 따르면 1억 5천 2백만 명의 남녀 어린이가 필수불가결한 모든 기본권과 기회를 박탈당한 채 노동을 강요받고 있다.[31] 유니세프(UNICEF)의 추정에 따르면 세계적으로 3~4백만 명의 어린이와 젊은이가 아동 성매매를 강요당하고 있으며, 이 집계에 포함되지 않은 경우도 매우 많다. 2017년에는 약 25만 명의 어린이가 군인으로 적어도 19개국에 파병되었다(Terre des Hommes International Federation).[32] 범세계적으로 성직에 있는 사람들에 의해 수많은 어린이가 성 착취를 당했다는 보도는 우리를 충격에 빠뜨린다.

상위 10대 수출국가 중 5개 국가의 출생률이 지구상의 모든 국가 중 가장 끝에 위치한다는 사실은 낙관적이었던 '탄생'이라는 찬가에 대해 회의를 품게 한다. 한편으로 충분하고 안정된 경제적, 교육적 가능성이 없다면 높은 출생률의 축복은 곧바로 저주가 된다. 다른 한편으로, 특히 경제적으로 더 안정된 국가에서는 가족확립과 어린이 복지를 증대하기 위해 강력한 영적 자극과 함께 제도적 장치를 마련할 필요가 있다. 출생

---

30 참조. UNICEF, "UN의 보고에 따르면 3년이 지난 지금도 세계 기근은 여전히 감소하지 않고 있으며, 비만은 계속해서 증가하고 있다." https://www.unicef.org/press-releases/world-hunger-still-not-going-down-after-three-years-and-obesity-still-growing-un.

31 참조. UNICEF, "범세계적 아동노동," https://www.unicef.de/informieren/aktuelles/blog/kinderarbeit-fragen-und-antworten/166982.

32 "아동군인," https://www.tdh.de/was-wir-tun/themen-a-z/kindersoldaten/?gclid=CjoKCQjwuZDtBRDvARIsAPXFx3CUJfOyDkhHxq-uGvdftS9e6EkVS9fUMjzL_vn37KOzcr6Mbxfd-xEaAuuuEALw_wcB.

성의 자연신학 또는 출생성 이데올로기로는 충분하지 않다.

한나 아렌트는 그녀 사후 출간된 기포드 강연『정신의 삶』의 두 번째 책인『의지』(Willing)에서 긴급하게 요청되는 지적 자극들의 결핍 상황을 주목하고 있다. 이 책에서 그녀는 마음과 영에 대한 유심론적이며 양극적 영 이해의 한계들에 대해 자기비판적으로 성찰하고 있다. 그녀는 사유하는 자아의 끔찍한 고립과 또한 단지 유아론적 의지가 누리는 자유의 비참함도 묘사하고 있다.[33] 말하자면, 여기서도 저항하는 힘으로서의 사유(思惟)와 의지는 붕괴되는 것처럼 보인다. 문제는 이 황량한 상황을 벗어날 길이 있는가 하는 것이다.

---

[33] "사고는 자아가 방관자의 역할을 하도록 준비시키는 반면, 의지는 사고를 모든 유일한 의지행위를 추동하는 '지속하는 자아'로 만든다. 의지는 자아에 그 특징을 창조하고 그 때문에 그때마다 특수한 개체적 동일성의 근원으로 이해된다. 하지만 의지를 통한 바로 이 개체화 때문에 자유의 개념에 있어서는 새롭고 진지한 난관이 된다. …… 어느 것도 유아론적 자유라는 개념보다 더 공포를 불러일으키는 것은 없다. - 나의 독존, 타자로부터의 고립됨은 자유의지에서 나온다는 이 '감정'. 어느 것도 어느 누구도 나 자신 외에는 거기에 대해 책임이 없다는 이 '감정'. 자신의 고유한 미래에 대한 계획을 가진 의지는 필연성에 대한 믿음으로 인해 흔들리며 그가 동질성이라 부르는 세계 관계를 떠맡음으로 인해 흔들린다." Arendt, *The Life of the Mind*, 2:195.

2강

인간의 영과
하나님의 영

서론 : 영(靈) 인간학에 대한 자연신학적 기획

이번 강연은 먼저 우리 시대의 사례를 들어 하나님의 영에 대한 하나의 자연신학을 개진할 것이다. 여기서 발견되는 사실은, 이 거룩한 영에 대한 순전히 지적이며 이성적인 이해나, 혹은 이 거룩한 영은 우리의 이해를 벗어난 범접불가적 실체라고 보는 애매한 관념들에 매달린다면 이 거룩한 영과 그 사역들을 충분히 파악할 수 없다는 것이다.

이 강연의 두 번째 단원에서 나는 하나님의 영과 인간의 영이 주로 양극적 관계들에 의해 특징적으로 규정되는 실체들로 축소될 수 없는 다극양태적인 힘들이라는 사실을 논증한다.

세 번째 단원에서 소개되는 초기 아동기 정신발달에 대한 관찰들은 인간의 마음은 지적이고 이성적인 영보다 상당히 더 폭넓고 복합적이라는 사실을 보여준다. 인간의 영에 대한 충분한 이해를 얻기 위해서는, 인간의 몸과 그 몸의 자연적이고 사회적인 환경들과 협력하는 심미적이고 도덕적인 힘들도 포함되어야 한다는 것이다.

마지막 단원에서 나는 영(정신) 철학의 거장인 철학자 헤겔의 사상을 검토함으로써 영과 관련된 사회적, 정치적, 그리고 종교적 문제들에 대한 관점들을 넓힌다. 심지어 초기부터 헤겔은 인간의 영과 하나님의 영에 대한 모종의 자연신학을 착상하는 데 흥미를 가졌다. 그는 다극양태적 방식으로 하나님의 영과 인간의 영에 대한 신학적이고 도덕적인 개념을 발전시켰다. 하나님의 영과 인간의 영에 대하여 헤겔이 발전시켰던 신학적이고 도덕적인 개념은 궁극적으로는 자유와 정의에 초점을 두고 있다. 좀 더 늦은 시기의 헤겔 철학은 영에 대한 형이상학적이고 전체주의적인 개념으로 돌아섰다. 헤겔의 형이상학적이고 전체주의적인 영 이해는 자유의 영을 손상시킬 수밖에 없다.

1. 거룩한 영에 대한 우리 시대의 자연신학(요한 바오로 2세)

1978년 10월 폴란드 출신인 카롤 보이틸라(Karol Wojtyła) 추기경이 교황으로 선출되었다. 8개월 후인 1979년 6월 그는 조국을 방문했다. 이 방문은 백 번이 넘는 그의 여행 가운데 두 번째 여행이었는데, 이때 그는 바르샤바 승리광장에서 폴란드에서의 첫 미사를 집전했다. 그는 폴란드 동포들을 전율시킨 다음과 같은 기도로 이 미사를 마무리한다. "저는 부르짖습니다. 폴란드 대지의 한 아들이자, 또한 교황 요한 바오로 2세이기도 한 저는 이 시대의 깊은 심연에서 부르짖습니다. 저는 오순절이 시작되는 저녁에 부르짖습니다. '당신의 성령이 강림하게 하소서! 당신의 성령이 강림하사 이 땅 지구를 새롭게 하소서! 아멘.'"[1]

아마도 공산정권을 제외한 폴란드 사람이라면 누구나 그의 기도를 이해했을 것이다. 당시 폴란드 공산주의 정부는 그가 "누구에게 호소했지? CIA인가?"라며 의아해했다는 말이 들렸다. 이듬해인 1980년 이 나

---

[1] 1979년 6월 2일에 바르샤바 승리광장에서 행한 교황 요한 바오로 2세의 설교: https://w2.vatican.va/content/john-paul-ii/en/homilies/1979/documents/hf_jp-ii_hom_19790602_polonia-varsavia.html. 참조. Michael Welker, "Holy Spirit and Human Freedom: A John Paul II Memorial Lecture," *International Journal of Orthodox Theology* 8 no. 1(2017): 9-30; 폴란드어 역: Michael Welker, "Duch święty iludzka wolność," *John Paul II Memorial Lectures* (Warsaw: Centrum Myśli Jana Pawła II / Konrad Adenauer Stiftung, 2018), 181-196.

라에서 총파업이 일어났고, 그 결과 '연대'(Solidarity, 역자주 : '자유노조')라는 노동조합이 창립되었다. 수많은 폭력 진압에도 불구하고 이 파업은 결국 폴란드뿐 아니라 세계 각지에서 자유에 기반한 수많은 사회적, 정치적 변혁들을 촉발시켰다.[2] 20년 후 세 번째 폴란드 방문에서 요한 바오로 2세는 전설적인 첫 미사를 드렸던 그 광장에서 다음과 같이 말했다.[3] "우리 조국에서 시작되어 근래 유럽과 세계에서 일어난 모든 일들이 하나님의 응답이 아닐까요? 우리 눈앞에서 정치적, 사회적, 경제적 체제 변화들이 일어났으며, 그 변화들은 각 개인과 각 나라로 하여금 자신들의 빛나는 존엄을 새롭게 볼 수 있게 했습니다. 진리와 정의가 그들의 고유한 가치를 회복시키고 있으며, 이 상황은 자유라는 선물의 가치를 제대로 평가할 수 있는 자들에게는 당면한 도전이 되고 있습니다."[4]

이 강론에 언급된 정의, 진리, 자유는 평화와 사랑과 더불어 태고로부터 많은 문화권에서 사람들의 마음들을 일관되게 각성시켰던 주제들이다. 그것들은 또한 성서의 중심 관심사들이기도 하다. 실로 바울과 다른 성서 기자들은 이 개념들을 하나님의 영의 활동과 명시적으로 연결시킨

---

2 Michał Łuczewski, *Solidarity : Step by Step* (Warsaw : Centre for Thought of John Paul II, 2015); Tomasz Zukowski, ed., *Values of Poles and the Heritage of John Paul II : A Social Research Study* (Warsaw : Centre for Thought of John Paul II, 2009).
3 1999년 6월 13일 바르샤바에서. 이 광장은 그사이 필수드스키 광장으로 이름이 바뀌었다.
4 1999년 6월 13일 일요일 바르샤바에서 교황 요한 바오로 2세가 행한 설교 : https://w2.vatican.va/content/john-paul-ii/en/homilies/1999/documents/hf_jp-ii_hom_19990613_beatification.html.

다.[5] 구약성경에서 이 거룩한 영의 '부어 주심'을 말하는 고전적인 증언은 선지자 요엘의 요엘 3 : 1~5(히브리어 성경과 독일어 성경 3 : 1-5 ; 개역개정 2 : 28-32)이며,[6] 이것은 신약성경 사도행전 2 : 1~13에서 인증(引證)된다.

하나님의 영 부어 주심을 기록하는 성경 기사들이 당시 공동체에서 전통적으로 최종 발언자의 권위를 누렸던 남성뿐 아니라, 여성과 심지어 여자 노예와 젊은이들까지 '거룩한 영 부음'을 경험할 것이라고 명시적으로 선언하고 있다는 사실은 대단히 인상적이다. 이에 더하여 요엘 3장의 예언 성취를 증언하는 신약성경 사도행전의 기사도 또한 수많은 민족과 인종, 그리고 서로 다른 언어를 사용하는 사람들에게 이 영 부음이 가져온 유익한 영향들에 대해 언급하고 있다. 물론 교황은 남성우월적이고 이방인에게 적대적이며 인종차별적 태도에 침묵하는 가부장적이고 나이든 남성 중심의 사회 환경에서, 그리고 여성의 지위와 존엄한 대우를 옹호하고 젊은이를 예속시키는 것에 맞서는 상황에서 이 성경 기사들이 가져올 고도로 격앙되고 심지어 혁명적인 결과들은 언급하지는 않는다. 국수주의적이고, 외국인 배척적이며, 인종차별적인 환경들에 대해서도 역시 언급하지 않는다.

그러나 우리는 잠시 거룩한 영의 부음 자체에 집중하자. 이 현상은 이 거룩한 영의 강림이 '요청될 수 있다'는 것을 함의한다. 즉, 이 거룩한 영

---

5 예를 들면, 롬 8 : 10(정의), 고후 3 : 17(자유), 살후 2 : 13과 요한복음의 여러 곳(진리), 롬 14 : 17 및 갈 5 : 22(평화).

6 히브리어 성경과 독일어 성경은 요엘서가 네 장으로 되어 있으나, 한국어 개역개정은 세 장으로 되어 있다(역자주).

은 사람들에 의해 자신들에게 강림해 달라는 요청의 대상일 뿐만 아니라, 이 거룩한 영 부음을 받은 사람들 또한, 이제는 역으로 삶 전체의 변화를 경험하는 방식으로 이 영에 응답하도록 부름을 받는다는 것이다. 이 영 부음은 특별히 인간의 상황들에 작용한 그 효과들에 의해 자연신학의 맥락에서 전달될 수 있는 현실적 사건이다. 또한 요한 바오로 2세는 각 개인뿐 아니라 한 나라 전체, 그리고 심지어 국제관계에서 일어난 가시적인 변화와 함께 사회적, 정치적, 경제적, 도덕적 변혁들에 대해 언급했다. 그리고 그는 미덕과 가치의 직조물(織造物)이 영에 의해 매개됨을 설명하기 위해 진리, 정의, 자유, 인간의 존엄이라는 장엄한 개념으로 시선을 돌렸다.

그는 이 일의 전개를 성례적인 사건과 연관된 청원적 '호소'에 대한 '하나님의 응답'으로 간주했다. 동시에 그는 이러한 사회적, 정치적 발전들이 폴란드 사람들과 전 세계 모든 지지 세력들에게 자신이 선포한 호소들의 열매임을 명확하게 의식하고 있었다. 사회적, 정치적 변화는 폴란드 방문 동안 그의 많은 강론들이 강조한 주제였다. 더 정확히 말하자면, 이 인상적인 발전들은 사실 그 청원적 호소와 요청들에 응한 수많은 사람들의 투신들에 의해 실현되었다. 어떻게 우리가 이런 관점에서 하나님의 영과 인간의 영의 협력적 활동들을 보다 명확하게 이해할 수 있을까?

2. 영(靈) : 다극양태적이며 다극적인 힘

'다극양태'라는 표현은 오직 20세기 이후, 특히 디지털 혁명 이후부터 일반적으로 사용되어 오고 있는데, 주로 언어학, 미디어학, 심리학, 철학,

경제학 분야에서 사용된다. 예를 들어 기업홍보와 광고에서 다극양태성은 소비자와 기업 사이의 문자 메시지(SMS), 인터넷 채팅, 소셜미디어 같은 여러 가지 접촉 가능성들(contact possibilities)을 제공함으로써 소비자 만족도를 높일 수 있다. 예를 들면, 만일 언론기관들이 문자와 같은 단일 매체뿐 아니라, 전달하고자 하는 메시지를 보다 명료하고 구체적으로 표현하기 위해 사실상 그 메시지를 구성하는 데 유용한 말이나 이미지들 같은 다른 매체들도 활용한다면, 그런 미디어는 다극양태적인 미디어인 셈이다.

반면에, 우리는 하나의 펼쳐진 군집(constellation, 사람의 군집, 사회단체들의 군집, 혹은 심지어 신경세포들의 군집)이 여러 개의 중심이나 극점들을 가지는 경우에는 언제든지 '다극적' 군집(群集)이라고 말한다. 예를 들면 다극적 세계 질서라는 개념이 있는데, 그것은 다수의 권력 중심들을 가진 정치 구조이다. 이 다극적 세계 질서 때문에 세계는 상이한 나라들과 권력집단들에 의해 안정화되기도 하고 그 안정이 손상당하기도 한다.[7]

그러나 왜 우리는 인간의 영과 하나님의 영, 그리고 그 둘 사이의 협력적 활동에 관한 우리의 당면한 탐구에서 다극양태적이고 다극적 접근을 채택해 도움을 받을 수 있을까? 다극양태적이며 다극적 접근을 통해 영을 이해함으로 얻는 유익이란, 지금까지 지배적이었던 전통적 영(靈) 이해와 달리 영(靈)과 그 활동에 대해 전적으로 새로운 통찰들을 제공한다는 데 있다. 말하자면, 영과 그 활동들에 대한 앞선 시기의 관점들은, 무엇보다도 문화적으로 깊이 뿌리박힌 양극적 사고를 통해 이해하려고 했

---

[7] 이 두 표현의 의미있는 사용을 두고 나와 토론해 주었던 안드레아스 켐멀링(Andreas Kemmerling)에게 고마움을 전한다.

던 시도들에 의해 왜곡되었다.[8] 영과 그 활동들에 대한 개념들은 단순한 관계들로 축소되는 경향이 있었다(예를 들면, 인간과 하나님의 관계, 한 인간과 다른 인간의 관계, 나의 내적인 지적, 도덕적, 종교적 대화의 다양한 측면들의 관계, 사고 행위와 사유된 것의 관계). 영은 어쩌면 양극적 환원들에 의해 명쾌하게 규정될 수 있는 것 '이상'이라고 지각되는 상황들에서, 많은 종교적 공동체들이나 세속적 공동체들에서 공히 찾아냈던 해결책은 단지 영을 보다 신비하고, 모호하며, 불가해하고, 범접불가한 힘으로 보는 것이었다. 말하자면, 사람들은 분명한 양극성에서 모호한 다원성으로 초점을 옮기며 하나님의 영을 바람과 비처럼 초월영역으로부터 피조물들에게 강림하는 신비하며 거룩한 초월적 힘으로 전제한다. '위에서부터 부어지는 성령' 이미지 ― 느슨하게 착상된 ― 와 성경의 많은 진술들은 이러한 모호한 개념들을 지지하는 것처럼 보인다. 하지만, 1979년에 요한 바오로 2세가 바르샤바에서 성령의 현존을 요청하여 불렀던 그 사건을 성찰해 보면, 우리는 하나님의 영에 대한 상당히 다른 관점을 만나게 된다.

비록 교황은 하나님이 실로 바르샤바 집회에서 자신이 드린 청원적 요청에 응답하셨다고 확신했을지라도, 그 응답은 어떤 유령 같은 출현이나 불확실한 방식으로 오지 않았다. 오히려 그 자리에 있던 많은 사람들이 구체적으로 그리고 심오하게 감화를 받아 새롭게 그리고 실로 새

---

8 참조. Michael Welker, *God the Spirit* (Philadelphia: Fortress, 1994; repr. Eugene, OR: Wipf & Stock, 2013), 279-302; Michael Welker, "The Spirit in Philosophical, Theological, and Interdisciplinary Perspectives," in *The Work of the Spirit: Pneumatology and Pentecostalism*, ed. Michael Welker (Grand Rapids: Eerdmans, 2006), 221-232.

로운 방식으로 생각하고, 의사소통하고, 그리고 행동하도록 영감을 고취받았다. 우리가 논하고 있는 이 역사적 사례에서는 하나님의 능력에 대한 명확한 의식뿐만 아니라 로마 카톨릭교회 수장으로부터 공개적 지지를 받고 있다는 명확한 의식도 상당한 역할을 했다. 그러나 과거와 현재를 막론하고 영의 부음을 수반하는 모든 상황들에서 결정적인 요소는, 영이 임하여 사람들 사이에 생겨난 상호작용이 모호했다거나, 영이 목적도 없이 사람들 위에 머물러 있는 것은 아니라는 사실이다. 영 부음으로부터 출현한 것은, 목적의식이 뚜렷한 운동이다. 많은 개인들이 함께 행동하며, 의심의 여지없이 때로는 서로 갈등하기도 하지만 항상 서로에 대해 '반응'한다. 이렇게 함께 집단적인 상호작용을 통해 그들의 행동들은 장엄한 결과들을 산출한다. 단순한 인과관계로 그 기원을 추적할 수 없는 이러한 다원적 발전들은 '창발'(創發)이라고 묘사된다. 영 부음을 통해 개시된 창발적 발전들은 단순한 간섭으로 향도되거나 중단될 수 없고, 자유로운 결정들과 행동들이라는 건강한 수단에 의해 깊이 영향을 받으며, 그래서 때로는 놀라운 반전을 취하기도 한다.

하나님의 영 부음이 주도하는 이런 발전들은 항상 특정한 목적에 초점을 맞춘다는 것을 명심하는 것은 아주 중요하다. 하나님의 영은 이런 혹은 저런 임의적인 자극들을 분여(分與)하지 않기 때문이다. 비록 심지어 한스 큉이나 찰스 테일러 같은 영향력 있는 사상가들이 사람들이 하나님의 영 부음을 받기 위해 '일종의 종교적으로나 도덕적으로 이미 조율된 감수성'이 필요하다고 반복적으로 주장했을지라도,[9] 이 견해는 영

---

9 Charles Taylor, *Sources of the Self: The Making of the Modern Identity*

들의 분별에 대한 중요한 관념을 무시하고 있다. 자유-추동적인 영들만 있는 것이 아니라 악하고 파괴적이며 왜곡하는 영들도 있기 때문이다. 한 나라에 증오를 퍼뜨리는 악한 영을 생각해 보라! 영과 영의 활동이 처음부터 오로지 선하다고 보는 견해는, 도덕과 종교가 항상 그리고 모든 가시적 활동들에서 항상 자비롭고 선하다는 견해만큼이나 순진하고 어리석다. 여기서 끊임없이 생명을 촉진하고 부요하게 하는 하나님의 영과 그 활동이 선할 수도 악할 수도 있는 다른 영들의 차이는 본질적이다.

최근에 그리고 인간 스스로 자초한 범지구적 생태 위기 아래 느끼는 압박 속에서 우리는 하나님의 영이 반드시 '생명의 영'으로 이해되어야 한다고 확신 있게 외치는 주장을 들었다.[10] 역사적으로 보면, 실제로 '자연'과 '생명'이라는 용어들은 자주 구원론적 함의를 띤 채 사용되어 왔지만, 이런 이해의 결과로 '영'과 '생명'과 관련된 대단히 많은 환상적인 개념들 또한 유통되었다. 만일 영이 본질적으로 제한되지 않는 방식으로 '생명'을 산출한다면, 그러면 영은 또한 종양 세포의 성장과 공포 정치의 갑작스러운 출현과 발전을 촉진시키는 셈이 된다.

(Cambridge : Cambridge University Press, 1989), 28. 도덕 영역에서의 방향 설정이 자연 영역에서의 방향 설정과 유사하게 전개된다는 그의 잘못된 가정도 주목하라(48). Hans Küng, *Global Responsibility : In Search of a New World Ethic* (Chestnut Ridge : Crossroad, 1991) ; 이에 대한 나의 비평을 보려면 다음을 참조하라 : "Hans Küngs 'Projekt Weltethos' : Gutgemeint-aber ein Fehlschlag," *Evangelische Kommentare* 26 (1993), 354-356.

10 Jürgen Moltmann, *The Spirit of Life : A Universal Affirmation* (Minneapolis : Fortress, 1992). 몰트만은 "자연 속에서, 식물 속에서, 동물 속에서, 지구 생태계 속에서" (10) 영을 찾고자 한다. 또한 그는 하나님 체험과 생명의 체험을 통합하고자 하며, 모든 것 안에서 하나님을 경험하고자 하며(34-36), 신학적으로 생기론을 정당화하려고 한다 (85-87).

'자연'과 '생명'은 양면적 개념이기 때문에 이것들은 하나님의 영을 이해하는 데 적절하지 않다. 결국 모든 자연적인 지상 생명체는 예외 없이 필연적으로 다른 생명을 희생시키면서 살아간다. 그래서 알프레드 노스 화이트헤드의 어구(語句)는 적확하다. "생명은 약탈이다."[11] 정확히 바로 이 통찰 덕분에 사도 바울은 육과 영의 이분법을 강조했다. 인간의 육적인 생물학적 실존은 필연적으로 약탈적일 수밖에 없고, 종종 헛된 망상들에 의해 지탱된다. 인간은 다른 생명을 희생해서 살아갈 뿐 아니라 먹고 번식하는 육적 활동을 통하여, 자기를 영원히 유지할 수 있다고 믿는다는 점에서 그렇다. 육적 실존에 대한 바울의 급진적 부정은 사람들을 도발했는데, 그들은 역으로 바울을 육체와 성, 그리고 동성애에 대해 적대적인 견해들을 장려한다고 정죄한다. 하지만 그런 반대를 제기하는 사람들은 실상 바울이 육과 신체(몸)를 아주 세밀하게 구분하고 있음은 보지 못한다.

인간 신체의 특성은 덧없는 것이며 약탈적인 육에 의해서만이 아니라, 혼(psyche)과 영에 의해서도 규정된다. 실로 신체는 그것을 구성하는 많은 지체들과 그것들의 상호작용, 그것들 사이에 이뤄지는 상호감응, 그리고 그것들의 다양 다기한 발현(radiation) 때문에 매혹적 실체인

---

11 Alfred North Whitehead, *Process and Reality: An Essay in Cosmology*, Gifford Lectures 1927-1928, 수정판 (New York: Free Press, 1978), 105. "따라서 모든 사회는 그 환경과의 상호작용을 필요로 한다. 살아있는 사회의 경우, 이 상호작용은 약탈이라는 형태를 띤다. 살아있는 사회는 그것이 분해하는 자양물보다 더 높은 유형의 유기체일 수도 있고, 그렇지 않을 수도 있다. 그러나 일반적인 선을 위한 것이든 그렇지 않은 것이든, 생명은 약탈이다. 바로 이러한 생명 정당화 과정에서 도덕이 예민한 문제로 등장하게 된다. 약탈은 정당화를 요구한다."

것이다. 신체는 '성령의 전'(고전 6 : 19)으로 간주되며 영적으로 자유로운 공동체들의 존재를 정위(定位)하는 이미지로도 인증(引證)된다.[12]

그래서 사람이 하나님의 영의 강림을 청원하고, 스스로가 이 영에 충만하게 사로잡히도록 허용해 달라고 하나님의 영을 부르는 것은 '자연' 그 자체나 불분명한 '생명'의 힘들에 의존하는 것이 아니다. 이 청원들과 간구는 오히려 생명의 제한된 창조적 힘들에 초점을 맞춘다. 의심의 여지없이 바울에게서 영감을 받은 요한 바오로 2세는 인간의 존엄성뿐 아니라, 정의, 자유, 진리의 힘들에 대해서 말했다. 실제로, 보편적 인간존엄을 강조함으로써 그는 모든 각각의 개별 인간을 둘러싸는 일종의 보호구역을 세우며, 그렇게 함으로써 어떤 개인의 삶도 — 예를 들어, 지구상의 대규모 '인구 과잉'에 직면해서 — 그 자체로 그리고 본질적으로 잉여적이라거나 유해한 존재로 보려는 견해를 봉쇄한다. 오늘날 난민들을 수용하고 해상 난민들을 구조하는 국제적 의무에 대한 격렬한 논쟁은 이 주제가 얼마나 고도로 예민한 문제인지를 생생하게 보여준다.

하나님의 영에 강습(強襲)당하여 사로잡힌 사람들은 한편으로 다극양태적 연결망을 형성하고, 다른 한편으로는 균형과 균등화를 필요로 하는, 다극적이지만 유동적인 집합체들을 구성한다. 즉, 이것들은 '일사불란한' 동질적 공동체들은 아니라는 것이다. 실로 그것들은 오히려 고착

---

12 Michael Welker, ed., *The Depth of the Human Person : A Multidisciplinary Approach* (Grand Rapids : Eerdmans, 2014). "Introduction", 1-12; Michael Welker, "Flesh-Body-Heart-Soul-Spirit : Paul's Anthropology as an Interdisciplinary Bridge-Theory," 45-57; Gerd Theissen, "*Sarx, Soma*, and the Transformative *Pneuma* : Personal Identity Endangered and Regained in Pauline Anthropology," 166-185.

된 위계질서들을 회의적으로 보는 경향을 보이며, 특히 이 고착된 위계질서들이 자신들을 통제하거나 개혁하려는 시도들에 저항할 때 그렇다. 그러한 연합적 공동체들은 정치적으로나 법적인 양면에서 권력분배 형식들을 발전시킨다. 그렇다면 이런 기회들과 위기들이 뒤엉킨 상황에서 우리가 진정으로 의지하는, 인간의 영이 가진 실제적 힘들은 무엇인가? 개별적 인간의 마음과 영에 대한 평가를 통해 이 연구를 시작해 보자.

3. 초기 아동기의 다극양태적 정신 발달에 대한 평가

서구문화는 오랫동안 특히 인간 영(정신)의 지성적 역능(力能)들을 높이 평가해 왔다. 인간의 영은 주로 개인의 개별적 사고능력으로 이해되어 왔다. 찰스 테일러는 그의 뛰어난 저서인 『자아의 원천들 : 현대적 정체성 형성』(Sources of the Self : The Making of the Modern Identity)에서 "내향성"(內向性)과 "일상적 삶의 긍정"[13]이라는 소제목들하에 ─ 지성화된 영 이해를 뛰어넘어 ─ 정신적 영의 훨씬 더 풍요로운 다극양태적인 힘들을 조명했다. 여기서 그는 '도덕적 영역에서의 자아'와 '본성(nature)의 목소리'가 자아와 '현대적 정체성'[14]을 형성하는 데 맡고 있는 역할을 이해하려고 시도한다.

그는 과학의 힘들이나 개인을 특정 방향으로 몰아가는 집단 도덕들의 힘을 너무 신뢰하는 이데올로기들을 비판적으로 바라보는 것이 중요

---

13 Taylor, *Sources of the Self*, 111-207, 211-302.
14 Taylor, *Sources of the Self*, 25-107, 결론적 평가, 305-390.

하다는 점을 강조한다. 어떻게 인간의 영이 최적으로 발전되면서도 잘못된 길로 빠지지 않을 수 있는 것일까?

인간의 영의 활동 중 제일 중요한 것은 사유하는 것이라고 생각하는 이 입장, 즉 인간의 영에 대한 지성주의적 이해의 배후에는 웅대한 철학 전통이 있다. 이 전통은 감각적 지각들도 지적으로 처리하는 철학부터 이성의 활동들을 중시하는 철학까지 다 아우른다. 이 철학전통을 이해하는 데 열쇠가 되는 책은 아리스토텔레스의 『형이상학』(Metaphysics) 제12권이다. 여기서 아리스토텔레스는 이성의 정신적 활동이 어떻게 대상에 초점을 맞추고, 대상을 파악하며, 대상에 대하여 생각하는지를 기술한다. 하지만, 바로 이 활동 안에서 추론하는 사유는 정확하게 대상들을 자신 안에 수용함으로써 또한 사유 그 자체가 된다. 즉, 사유는 외적 대상과 그 환경들을 자신의 생각 대상으로 삼을 뿐 아니라 스스로 그 자체의 역동적 활동에 참여한다.

여기서 사유는 완성과 강화(强化) 과정 안에서 움직이며, 정확하게 그러한 완성을 위한 지각과 분투(공감적이든 아니든)가 이 사유행위를 뒤따른다. 즉, 대상들과 그 주변 상황들에 대한 더 섬세하고 더 풍요한 지각이 그 사유의 개념적 힘들을 완성시키는 방향으로 사유를 움직인다. 그래서 역으로 향상된 그 힘들은 이제 세계에 대한 사유의 보다 넓은 노출을 심화시키고 확장한다. 아리스토텔레스는 이 최상의 강화, 즉 이 과정의 완성을 '신적 특성'이라고 지칭하며, 그것을 최상의 존재에게 귀속시킨다.[15]

---

15 참조. Aristotle, *The Works of Aristotle*, vol. 8, *Metaphysica*, trans. W. D. Ross

초기 아동기 발달에서, 우리는 갓 태어난 지적인 영의 힘에 대한 생생한 예시와 그것을 넘어 한나 아렌트가 '출생성'(出生性)이라는 용어로 기렸던 새 생명에 부여된 심미적이고 도덕적인 마음의 풍요를 발견한다. 어린아이는 처음으로 한 장소나 가까이 있는 한 사물을 가리키는 몸짓을 보이며 소리를 지르기도 한다. 부모들은 자녀가 자신이 접촉하는 환경과 세계와 처음으로 소통하는 것을 보고 자연스럽게 기뻐한다.[16] 그런데 자녀가 이런 행동을 무수하게 되풀이한 후에는 부모들도 "저기!", "저기!", "저기!"를 외치는 그 소리에 마침내 지치게 된다. 그러면서도

(Oxford : Clarendon, 1928), 1072b ; Welker, *God the Spirit*, 283-285.

16 Michael Tomasello, Malinda Carpenter, Ulf Liszkowski, "A New Look at Infant Pointing," *Child Development* 78(2007) : 705-722 ; Holger Diessel, "Deixis and Demonstratives," in *An International Handbook of Natural Language Meaning*, vol. 3, ed. Claudia Maienborn, Klaus von Heusinger, and Paul Portner (Berlin : de Gruyter, 2012), 2407-2431 ; http : //www.personal.uni-jena.de/~x4diho/Deixis%20and%20demonstratives.pdf, 1-25 : "서양철학에는 인간의 인식을 추상적 상징들에 대한 형식적 작용들로 정의하는 긴 역사가 있다. …… 그러나 최근의 인지 심리학, 철학, 언어학은 이것이 인간의 인식을 특징짓는 데 부적당하다고 주장한다. 특히 인식과정은 환경과의 실제적인 신체 경험을 통해 '체현'(體現)되는 것이라는 주장이 있다. …… 이런 관점에서 신체의 감각작용과 운동작용은 인간 인식의 중요한 결정자이다. 이것들이 차례차례 언어의 구조와 활용에 영향을 준다. 지시어보다 우리 신체 경험에 그렇게 근본적으로 뿌리내리고 있는 다른 언어 현상은 아마 없을 것이다"(2). "지시어, 지시자가 빈번하게 결합하고 있는 것은 이른 시기의 어린이 언어에서 특히나 두드러진다. …… 15개월 정도의 아이들은 첫 단어를 발화하기 시작할 때 사람, 사물 및 주위의 물체들을 가리키는 내용어를 전형적으로 사용한다. 그러나 이러한 단어들 외에 지시어는 초기 어린이 언어에서 항상 첫 번째로, 그리고 가장 빈도 높은 표현들이었다. 지시어는 공동의 관심을 끌고, 그들과 관계를 맺기 위한 (소통 기능으로) 지시적 손가락질을 하는 것에서 처음 등장한다. 아이들이 손가락으로 가리키는 동작은 언어를 사용하기 몇 개월 전에 처음 나타나고 아이들이 삼자적 관계에 들어가는 능력이 생겨남을 뜻하는 것으로 볼 수 있는데, 이것은 소통과 언어 발달의 필수조건이다"(11).

그들은 이 기회를 교육 기회로 삼아야겠다고 결심한다. "저건 공이야!" 하고 가르칠 때 아이가 실제로 이 정보를 제대로 이해하면 부모에게는 기쁨과 환희가 새롭게 분출된다. 그러나 다시 "공이야!", "공이야!", "공이야!"라는 단조로운 소리는 부모를 피곤하게 하며, 새로운 가르침이 시작된다. "공은 둥글다!", "공은 붉다!" 자신들의 눈앞에서 언어 습득이 일어나는 것을 볼 때 부모에게는 또다시 커다란 기쁨이 터져나온다. 영(정신)의 인지적이며 언어적 완성, 그리고 그로 인한 세계에 대한 더 확장된 노출이 이제 진지하게 시작될 수 있다.

하지만, 인간의 영(정신)은 본질적으로 보통 대상 관계와 자기 관계(이것의 원시적 형태는 단순히 주체-객체, 즉 주체와 객체 사이의 관계이다.)라는 상호작용의 형식으로 이뤄지는 양극적 사유 완성(completion) 혹은 기껏해야 삼극적 사유 완성으로 생각되는 것보다 훨씬 더 풍요롭고 더 복합적이다. 우리는 이 복잡성을 외견상 초기 아동기에 나타나는 가장 간단한 지시 활동들에서 관찰할 수 있다. 이때 무슨 일이 일어나고 있는 것일까?

초기 아동에게 가까운 주변환경들이 개방되는 상황을 그려 보자. 예를 들면, 무엇이 어린아이의 관심을 불러일으켰을까? 어떤 자연적 혹은 문화적 공간들과 사물들이 아이의 관심에 들어오는 것일까? 심지어 이런 초보적 단계에서도 (어린아이의) 영(정신)은 강력한 심미적이고 지적인 활동들에 참여한다. 아이에게 있어서 이러한 집중된 지각, 즉 쏟아져 들어오는 시각적 인상들 중에서 특별한 대상을 골라내는 이 선택은 아이의 영이 반드시 수행하고 관련시켜야 하는 많은 활동들 중 오직 하나일 뿐이다. 이 시각적 선택과 집중 뒤에 팔을 들어 내뻗거나 혹은 집게

손가락이 짝 펴진 손을 움직이는 등 몸에 대한 세분화된 부분 통제가 뒤따른다.

이 아동에게 시각, 청각, 촉각운동 작용과 상상활동들은 모두 서로 유기적으로 조율(調律)되어야 한다. 어떤 특정한 상황들 아래서 아이는 이미 훨씬 이전에 발달된 후각과 미각으로부터 냄새와 맛이라는 개념을 추상화해낸다. 추상화와 심리-육체적인 종합이라는 이 대단한 활동이 '원시적 단계'로 추정되는 지시 동작 형태로 나타나기 전에, 과도한 자극을 받은 아이의 몸에서 반드시 일어나는 다극양태적인 연결과 세분화과정의 복합성을 생각해 보면 놀랍다.

마이클 토마셀로(Michael Tomasello)가 '제9개월 혁명'[17]이라고 부르는 생장 과정에서 몸의 다극양태적 지각 반응들의 내적 복잡성은 비슷하게 다극양태적인 의사소통에 의해 보완된다. 안타깝게도 토마셀로는 양극적 군집(群集)들에서 주변 환경 대상들과의 관계에 '또 하나의 동반자'를 관여시키는 삼각적 군집들로 바뀌는 혁명적 전환에 대해서는 환원주의적 방식으로 말한다. 그러나 실제로 이 관계들은 훨씬 더 복잡하다. 무언가를 가리키는 몸짓을 동반하는 지시적 표현인 "저기!"라는 발설(發說)행위는 다양한 으뜸 관심사들로 주의를 집중시킬 수 있다. 으뜸

---

17 Michael Tomasello, *The Cultural Origins of Human Cognition* (Cambridge, MA : Harvard University Press, 2001); Stefanie Höhl, "Frühkindliches Lernen in sozialen Interaktionen. Welche Rolle Spielt Verkörperung?" in *Verkörperung : Eine neue interdisziplinäre Anthropologie*, ed. Gregor Etzelmüller, Thomas Fuchs, Christian Tewes (Berlin : de Gruyter, 2017), 33-55. 샤운 갤러거(Shaun Gallagher)의 더 일반적 접근을 보려면 다음을 참조하라 : *How the Body Shapes the Mind* (Oxford : Clarendon, 2006).

관심사들의 예는 확실히 무엇인가를 찾았다는 것, 다른 사람의 관심을 불러일으키는 것, 그리고 몇몇 학자들이, 반응을 연결시킬 것에 대한 아이의 '명령적' 기대 — 칭찬과 보상, 혹은 그 아이에게 주어질 물건 자체 등 — 라고 부르는 것 등이다.

이 수준에서는 신체적 지각의 다극양태적 교직(交織)이 이뤄진 후에 초보적인 사회적 환경이 형성된다. "이런 점에서 무엇인가를 가리키는 행위는 협력적 자발성과 사회적 의도라는 토대 안에 관여하는 행위로서, 분산된 주의집중에 의해 그 성격이 규정되는 상호작용들을 끌어들인다."[18] 언어 습득을 처음으로 가능하게 하는 것은 바로 이 분산된 주의집중이다. 이것이 또한 초보적 도덕적 의사소통의 토대이다.

도덕적 의사소통 역시 꽤 거리낄 것 없이 시작되는 것처럼 보인다. 부모는 아이의 어떤 특정한 행동을 인정하며 웃는다. 아이가 다르게 행동하거나 부적절하게 행동할 때는 꾸짖거나 심지어 침묵한다. 언어 의사소통적 수준에서 다음과 같은 신호들이 주어진다. "네가 이것을 하면 엄마가 기뻐할 거야!" 또는 "네가 이것을 하지 않으면 할아버지가 매우 슬

---

[18] Nicole Weidinger, *Gestik und ihre Funktion im Spracherwerb bei Kindern unter drei Jahren*, Wissenschaftliche Texte (Munich : Deutsches Jugendinstitut, 2011), 9-10 ; Michael Tomasello, *Origins of Human Communication* (Cambridge, MA. : MIT Press, 2008) ; Jana M. Iverson and Susan Goldin-Meadow, "Gesture Paves the Way for Language Development," *Psychological Science* 16 (2005) : 367-371 ; "종합하자면 우리의 발견에 따르면, 심지어 가장 이른 언어학습 단계에 있는 어린아이에게 있어서조차 몸짓과 언어가 매우 긴밀하게 연결되어 있음이 분명하다. 적어도, 발달이 늦게 일어나는 다른 인지체계에서처럼, 몸짓은 아이들의 언어체계 발달에 있어서 변화의 전조이다. …… 심지어 몸짓이 이후의 언어발달을 위한 길을 만드는 것인지도 모른다"(370).

퍼할 거야!" 자신의 현재 상황에 대한 아이의 지각은 아이에게 부모의 주의가 주어지거나 주어지지 않는, 혹은 약속이 제시되거나 위협이 주어지는 연결망 안에서 조정된다. 이런 기본적인 도덕적 의사소통 뒤에는 의도되었든 자연스럽게 시작되었든 상관없이 출현하는 다양한 교육과정들이 뒤따른다.

따라서 인간의 역능(力能)들의 조직화와 관련된 영(정신)의 다극양태적 힘을 파악하기 위해서는 반드시 사고, 의지, 주변 환경들에 대한 복합적인 심미적 지각의 직조체계에 *지시어(deixis)와 연결된 의사소통 과정*을 종합적으로 추가해야 한다. 그제야 비로소 우리는 가장 기본적인 신체화된 정신 수준에서 관찰된 인간 영의 압도적인 역량들에 대하여 제대로 이해할 수 있게 된다.

하지만, 여기서도 으뜸이 되는 관계점과 그 틀은 시종일관 한 인간의 개별적이고 구체적인 신체적 실존으로 남아 있다. 그 신체적 실존은 한편으로는 다극양태적인 감각적 연결망에 의해 인도되며, 또 다른 한편으로는 사회적 상호작용에 기반한 의사소통 과정 및 언어적으로 매개된 소통과정 및 자연적이고 문화적인 환경들이 발하는 영향에 의해 인도된다.

정신적 활동의 이 다양한 스펙트럼은 또한 다채로운 관심들과 완성을 향한 추진력을 수반한다. 느끼고, 사유하며, 상호작용하는 활동들을 통하여 자아와 세계를 노출시키는 것은 또한 심미적 및 신체적 발달, 두 가지 모두의 가능성들에 대응하는 것이다.

어떻게 이런 다극양태적인 영의 힘이 사회적, 정치적, 학문적, 그리고 종교적 영역들에서 착상될 수 있을까? 여기서 정신(영) 철학의 거장인 젊은 헤겔이 풍성한 통찰들을 제공한다.

4. 종교와 영 : 젊은 헤겔의 비옥한 자연신학

"우리는 과학, 사회, 의식, 세계에 대한 이론을 통합할 수 있었던 마지막 사상인 헤겔의 사상에서 진정 무엇이 일어나고 있는지 여전히 말할 수 없음을 알고 있다. 비록 어느 누구도 헤겔 사상의 중요성을 의심하지 않을지라도, 그의 사상이 내린 진단은 여전히 탁월하다."[19] 독일 관념론을 연구한 독일어권 중심 사상가인 디터 헨리히(Dieter Henrich)가 1971년에 말한 이 주장은 여전히 유효하다. 사유 속으로 파고들어 간 헤겔의 여정들의 섬세한 깊이들과 그의 엄밀한 영(정신) 이론을 천착(穿鑿)하는 과업은 헤겔이 베른(1793-1796)과 프랑크푸르트(1797-1801)에서 가정교사로 일할 때 저작된 초기 저작들부터 연구하면 좀 쉬워진다.

한 세기가 넘는 기간 동안 학자들은 이 초기 저작들을 거의 주목하지 않았으며, 이것들은 빌헬름 딜타이(Wilhelm Dilthey)의 주도로 1907년이 되어서야 출간되었다.[20] 이 저작들이 1989년과 2014년에 헤겔 저작전집의 일부로 포함되어 두 권의 표준본으로 출간되기까지 또 다른 한 세기가 지났다. 이 두 책은 헤겔의 초기 철학사상 발전을 더 정확하게 이

---

19 Dieter Henrich, *Hegel im Kontext* (Frankfurt a. M.:Suhrkamp, 1971; new ed. Berlin:Suhrkamp, 2010), 7.

20 G. W. F. Hegel, *Hegels theologische Jugendschriften*, ed. Herman Nohl (Tübingen:Mohr Siebeck, 1907; repr. Verlag der Wissenschaften, 2018). 영역본: G. W. F. Hegel, *Early Theological Writings*, trans. T. M. Knox and Richard Kroner (Philadelphia:University of Pennsylvania Press, 1975, 8th ed., 1996).

해하는 데 견실한 토대를 제공한다. 거의 범죄수사학적 예리함으로 무장한 이 책의 편집자들은 헤겔의 서체 변화와 베른과 프랑크푸르트에서 사용한 수위표(水位標, watermark, 종이에 빛을 비출 때나 빛이 반사될 때 더 밝게 보이는, 인지할 수 있는 종이의 무늬나 그림, 저작권을 표시하기 위한 로고나 문양장치)를 이용해, 어느 정도 신뢰할 만큼 이 원고들의 저작연대를 추정했다. 이것들은 헤겔 자신이 다양하게 반복적으로 개작한 원고들이었으며, 부분적으로는 파편으로 남아 있는 원고였기 때문이다.

1795년 4월 16일 당시 스물네 살이던 헤겔은 베른에서 친구 셸링에게 다음과 같은 편지를 쓴다. "종교와 정치는 똑같은 은밀한 게임에서 손잡고 결탁했다. 종교는 전제정치가 원하는 것을 가르쳐 왔다. 즉, 인류에 대한 경멸, 어떠한 선도 행할 수 없는 인간의 무능력, 그리고 스스로 의미 깊은 존재가 될 수 없는 인간의 무능력을 종교는 가르쳐 왔다."[21] 헤겔은 당시 기준으로 좀 더 최근에 나온 자유의 철학(칸트, 피히테)에서 인간의 존엄을 입증하는 진전된 논의가 나오기를 기대했다. 인간의 존엄 증명과 관련해 그는 두 가지 결과를 예기했다.

"압제자들의 머리들과 이 지상의 신들을 둘러싸고 있는 위엄의 아우라가 사라지고 있네. 철학자들이 인간의 존엄성을 입증하는 중이네. 사람들은 곧 그것을 배우게 될 거야. 그들은 오랫동안 먼지 속에서 유린된 그들의 권리들을 요구할 뿐만 아니라, 스스로 그것들을 되찾을 것이며, 그것들을 자신들의 것으로 전유(專有)하게 될 것일세."[22]

---

21 G. W. F. Hegel, *Hegel : The Letters*, trans. Clark Butler and Christiane Seiler (Bloomington : Indiana University Press, 1984), 35.

22 Hegel, *Hegel : The Letters*, 35.

1795년 5월 5일부터 7월 24일까지 베른에서 머물던 몇 달 동안, 헤겔은 1907년까지 출판되지 않은 『예수의 생애』(*The Life of Jesus*)라는 책을 썼다.[23] 외견상으로 헤겔은 이 초기 작품을 그다지 자랑스러워하지 않았다. 당시 이미 꽤 정치(精致)한 사변철학 연구들을 출판하고 있던 존경하는 친구 셸링에게 보내는 1795년 8월 30일 자 편지에서 헤겔이 이 연구에 대해 언급하고 있지 않기 때문이다. 그래서 피상적으로 보면 헤겔의 이 책은 '네 복음서들의 차이를 무시하고 조화시킨 복음서'처럼 보인다. 헤겔 저작들을 스무 권의 부드러운 종이 표지(paperback)로 출간한 대중용 문고판 편집자들은 이 책에 대해 '단순하고 쉬운 말들로 예수의 생애를 서술한' 책이라고 묘사했다.[24] 그 문고판 편집자들은 한 걸음 더 나아가, "비록 '이 저작이 헤겔의 베른 시대 저작물 중 유일하게 완본이 보존된 책으로서는' 의미심장할지라도", "그럼에도 불구하고 헤겔 철학 사상 발전을 연구하는 데는 별 의미가 없다."라고 말한다."[25] 이 평가는 이 저작을 헤겔 문고판 저작선집에도 포함시키지 말도록 권고하는 의견이었다.

하지만 헤겔의 초기 저작들을 따라 헤겔 사상을 연구하는 사람이면 누구나 완전히 상이한 결론에 도달할 수밖에 없을 것이다. 1793년에 칸트의 영향력 있는 저서인 『이성의 한계 안에 있는 종교』(*Religion within*

---

[23] G. W. F. Hegel, *Three Essays*, 1793-1795: *The Tübingen Essay, Berne Fragments, The Life of Jesus*, trans. Peter Fuss and John Dobbins (Notre Dame: University of Notre Dame Press, 1984), 104-165; https://www.scribd.com/document/227694655/Life-of-Jesus-Das-Leben-Jesu-G-W-F-Hegel.

[24] G. W. F. Hegel, *Frühe Schriften, Werke 1*, Theorie Werkausgabe (Frankfurt a. M.: Suhrkamp Verlag, 1971), 622.

[25] Hegel, *Frühe Schriften, Werke 1*, 622.

the Boundaries of Mere Reason)가 출판되었다. 헤겔은 이 책을 주의깊게 읽고 칸트의 통찰들을 예수의 생애 연구에 통합해 넣었다. 헤겔의 『예수의 생애』는 예수에 초점을 맞춘 신약성경의 종교성과 당시의 윤리학 분야에서 보다 두드러졌던 철학을 결합하고 있다. 헤겔은 또한 '그의 진정한 도덕성 인식과 한층 순결한 하나님 예배'를 가르친 그리스도의 기여는 마땅히 인정되어야 한다고 주장한다.[26] 예수는 '도덕을 의무로 요구하는 이성의 빛'을 진작(振作)시켰고, 모든 사람이 '자기인식'을 통해 나아가야 할 '이성의 법정'을 찬양했으며, '신성의 영' 외에 다름 아닌 '이성적인 세계의 영'을 예찬했다고 알려져 있다는 것이다.[27]

이성과 이성의 법, 윤리와 윤리의 법, 의무, 미덕, 그리고 존엄, 도덕성과 자유의 내면법 등 헤겔의 『예수의 생애』는 칸트의 어휘와 사상, 칸트의 윤리학에 대한 대중적인 해석들로 가득 차 있다. 헤겔은 '인간의 존엄과 신성의 개념과 신의 의지에 대한 이해를 자기 자신으로부터 이끌어낼 인간의 능력'[28]을 강조하고 있다. 이런 의미에서, 예수의 하나님 나라 선포는 종교에 관한 그의 저작(『이성의 한계 안에 있는 종교』)에 있는 칸트의 해설들에 응답한다.[29] 헤겔은 '인간 이성이라는 신성한 법에 대한 믿음'[30]과 그 안에 내주하는 '미덕의 거룩한 영'[31]에 대한 믿음을 가

---

26 Hegel, *Three Essays*, 104.

27 Hegel, *Three Essays*, 108-109.

28 Hegel, *Three Essays*, 118.

29 '이성과 법만이 지배하는 선의 왕국' 선포를 가리킨다(Hegel, *Three Essays*, 129).

30 Hegel, *Three Essays*, 148.

31 Hegel, *Three Essays*, 134. 헤겔은 예수가 유대인들과의 논쟁, 특히 바리새파의 종교성과 도덕을 둘러싼 논쟁을 벌인 것에 관심을 가졌다. 헤겔의 책에서 바리새인들의 입

르쳤다.

베른 체류 시기에 쓰여진 이 저작은, 단순히 당시 헤겔에 대한 연구를 위한 메모에 불과한 것이 아니다. 심지어 보다 후기 연구와 프랑크푸르트에 머물며 베른 시기의 작품들을 개작하는 동안에도, 비록 초점들이 다르기는 했지만, 헤겔은 반복해서 다시 예수와 그의 공생애로 돌아갔다. 비록 그가 피히테와 셸링의 고매한 사변철학 저작들을 계속 따랐을지라도, 헤겔은 『예수의 생애』에서는 영의 능력 안에서 일반적 도덕과 정치를 환히 밝히는 종교의 다양한 영향력 연구에 집중했다. 그를 달구었던 질문은 "어떻게 철학적, 도덕적으로 계몽된 종교의 도움으로 혹은 종교적으로 계몽된 철학의 도움으로 자유의 영이 진작되고 사람들에게 전파될 수 있을까?"였다.

1800년 9월 24일에 나온 "기독교의 실증성"(Positivity of the Christian Religion)이라는 글에서, 헤겔은 역사 속에서 상이한 정치적 생각들을 형성하고 심지어 사회적 차이들과 긴장들을 해소하는 기독교의 위력을 강조한다. 극심하게 압제받은 사람들과 그들의 지배자들이 같은 교회에 다녔다는 사실을 적절하게 주목했다.[32]

장은 칸트의 윤리학에 따라 평가되고 희화화된다. 어쨌든 헤겔이 묘사하는 예수는 '몇몇 그리스계 유대인들'에게, "만일 그들이 이성이라는 그들의 거룩한 법에 순종한다면, 우리는 한 형제요 한 공동체에 속한 자들이다."라고 말하고 있다(147-148).

32 "기독교는 아주 다양한 관습과 신분과 정체(政體)에 잘 순응하는 종교라는 이유로 때로는 비난을 받았고 때로는 칭송을 들었다. 로마제국의 부패는 기독교의 요람이었다"(독일어 판본 3강 41쪽 각주 34에서 인용[역자주]). 기독교는 경박한 자유가 활개치던 중세의 좋은 시절에는 이탈리아 국가들의 종교였으며, 보다 진지하고 자유로운 스위스 공화국의 종교이기도 했다. 또한 기독교는 저마다 다양한 단계에 있던 근대 유럽 군주들의 종교였다. 뿐만 아니라 기독교는 가장 억압받던 농노들의 종교이면서 동시

헤겔은 계몽주의적 종교비판에 맞서 집요하게 "수세기에 걸쳐 수백만 명의 사람들이 생사를 걸었던 그 신성하고, 참되며, 준수되어야 할 확신들, 즉 수세기 동안 교리 중심의 교회에서 대변되던 확신들은 적어도 전혀 주관적인 것이 아니었으며, 터무니없는 어리석음이나 명백한 부도덕은 아니었다."라고 주장한다.[33] 헤겔은 정확하게 무엇이 하나님의 영으로 불릴 자격이 있는지를 밝히는 것이 신학적으로 치밀하게 사유된 철학의 과업이라고 본다.[34] 그는 계몽주의적 종교비판에 맞서 그 역시 비판적으로 응수한다. "만일 이성이 일시적인 요소만 주목하고 미신에 대하여 큰 소리로 외친다면, 그런 경우 이성은 피상적으로 일하느라 영원한 것은 간과해 버렸다는 비난을 받아 마땅하다."[35]

헤겔은 그의 친구들과 동시대인들 사이에 무한한 것과 유한한 것의 관계에 대한 형이상학적 고찰들이 유행했을 때 그것을 존중했음에도 불구하고, 단순히 형이상학에만 매몰되지는 않았다. 그는 자신의 연구를 통해 그가 '생명의 영'이라고 부르는 하나의 도덕적이고 정치적인 실체가 종교적, 도덕적, 정치적 영역에 발출하는 영향력에 대한 이해를 향상시키고자 했다. 즉, 그는 '인간의 행위에 대한 우리의 의식을 초월하는 큰 존재'인 영이 종교적으로 그리고 도덕-정치적으로 어떻게 자신의 현

에 영주들의 종교였다. 이 두 부류 모두 하나의 교회에 다녔다." Friedrich [sic] Hegel, *On Christianity : Early Theological Writings*, trans. T. M. Knox and Richard Kroner (New York : Harper Torchbooks, 1961), 168 ; 또한 67-181쪽도 보라.

33 Hegel, *Three Essays*, 172.
34 참조. Hegel, *On Christianity*, 176.
35 Hegel, *Three Essays*, 177.

존을 드러내는지를 탐구하려고 한다. 이 거룩한 영은 '인간의 영을 소생시키는 영'이어야 한다는 것이다.[36]

1800년 9월에 쓰인 단편들에서 헤겔은 유한한 것과 무한한 것의 관계를 단순한 반성의 산물[37]로 전락시키려는 그의 동료 철학자들의 경향에 맞서 논쟁을 벌인다. 마찬가지로 절대 자아 '나'를 내세우는 피히테에게 반대한다. 피히테의 절대 자아 주창(主唱)은, '근본 바탕에서 인간이 될 수 없는 절대적 타자에 의존하는 현상과 동등한 그 시대의 현상'이었기 때문이다.[38]

초월적 하나님에 대한 신학뿐만 아니라 절대 자아 혹은 절대 주체를 내세우는 사변철학도 배척되어야 한다는 것이다. 이 두 형식 모두 동등하게 인간을 그 자신으로부터 소외시키며 자유나 정신적 고양에 이르는 길들을 제시하지 않기 때문이다. 헤겔은 '영'을 '다양체들의 살아있는 연합'으로 이해한다.[39] 그는 이 영이 자유에 기반한 도덕적, 정치적 협정들 안에서 다수를 하나로 묶는 살아있는 통일체로 활동하고 있음을 발견한다.[40] 그리고 그는 그러한 도덕적이며 정치적인 집단들이 억압적인 종교권력 및 정치권력과 벌이는 갈등들에 아주 예민한 관심을 갖고

---

36 Hegel, *On Christianity*, 176.

37 Hegel, *Three Essays*, 153.

38 Hegel, *On Christianity*, 318-319.

39 Hegel, *On Christianity*, 311.

40 프랑크푸르트 시기까지 거슬러 올라가는 "Fragmente einer Kritik der Verfassung Deutschlands"를 보라 (in G. W. F. Hegel, *Gesammelte Werke*, vol. 5, *Schriften und Entwürfe (1799-1808)*, ed. Manfred Baum and Kurt Rainer Meist [Hamburg: Felix Meiner, 1998], 1-24).

있었다.

5. 결론

영(靈)은 종교적, 도덕적, 정치적 삶의 영역뿐만 아니라, 인간적 주체성과 그것이 가진 다양한 정신적 역량들 안에서 작용하며, 통합시키는 힘이다. 이 영은 끊임없이 변하는 문화적, 역사적 주변 상황들 한복판에서 다양한 형태들로 스스로를 드러낸다. 비록 헤겔의 영 이해가 그의 완숙기 철학에서는 상당히 정교한 논리와 건축학적 아름다움을 획득하고 있을지라도, 그 또한 극심한 손실들을 감수하고 있다. 헤겔은 내친김에 예나에서 『정신현상학』(Phenomenology of the Spirit)[41]까지 출판하려고 했다. 이로써 그는 자신의 철학과 당대의 주도적 철학자들의 철학과의 차이점을 분명하게 하고자 했다.[42] 그리고 마침내 그는 또한 초월철학과 형이상학 연구를 최적화하려는 경쟁에 뛰어들게 된다. 심지어 그때에도 그의 초기 사상들과 시좌(視座)들과의 연속성이 명확히 식별된다.

보다 후기의 헤겔 철학 발전은 계속 명확하게 세 가지 요소에 의해 성

---

[41] G. W. F. Hegel, *Phänomenologie des Geistes*, vol. 9 of *Gesammelte Werke*, ed. Wolfgang Bonsiepen and Reinhard Heede (Hamburg: Felix Meiner, 1980); 영역본: *The Phenomenology of Spirit*, trans. Terry Pinkard (Cambridge: Cambridge University Press, 2019).

[42] Hegel, "Differenz des Fichte'schen und Schelling'schen Systems der Philosophie," in G. W. F. Hegel, *Jenaer Kritische Schriften*, vol. 4 of *Gesammelte Werke*, ed. Hartmut Buchner and Otto Pöggeler (Hamburg: Felix Meiner, 1968), 1-92; Hegel, "Glauben und Wissen," in Hegel, *Jenaer Kritische Schriften*, 313-414.

취되었다. 첫째, 그것은 기독교적 종교성에 영향을 받은 영 이해에 의해 성취되었다. 둘째, 그것은 동시에 반동의 형식, 자유주의 형식, 그리고 혁명의 형식으로 각각 종교, 정치, 그리고 철학을 연결시키는 힘들에 대한 성찰에 의해 성취되었다. 셋째, 그것은 영의 문화적 및 역사적 다형성(多型性)들에 대한 의식에 의해 성취되었다.

하지만 영에 대한 헤겔의 이해는 그가 형이상학적이고 전체주의적인 언어들과 사유형식들을 그의 철학에 통합해 넣었을 때 어려움에 봉착했다. 한편으로는 이 통합에 근거해 헤겔 우파들과 다른 철학자들은 이 '세계정신'[43]의 철학자이며 아리스토텔레스 찬미자이자 고전적 형이상학의 옹호자인 헤겔을 찬양했고, 심지어 '우주적 정신'에 대한 흥미 유발도 헤겔 공으로 돌렸던 반면에, 자유를 향한 젊은 시절 헤겔의 열정을 환호했던 헤겔 좌파(포이에르바흐, 루거, 모제 헤스, 칼 마르크스 등)는 이러한 그의 사상 전개를 추종할 수 없었다. 이러한 사상 전개가 한 사회의 자유의 정신(영)을 위협했기 때문이다. 그들은 좀 더 늙은 시기의 헤겔을 권위주의적 국가의 공복(公僕)으로 간주했다. 심지어 헤겔은 국가를 지상에 현현(顯現)한 신으로 보았기 때문이다.[44]

---

43 또한 자신의 자아이론과 문화분석에 끼친 헤겔의 영향들을 언급하는 테일러의 다음 연구를 보라: Charles Taylor, *Hegel* (Cambridge, MA: Cambridge University Press, 1975).

44 "국가는 세계 속에 종횡하는 신의 행진으로 구성되며, 국가의 근거는 의지의 형식으로 자신을 현실화하는 이성의 힘이다." G. W. F. Hegel, *Elements of the Philosophy of Right*, ed. Allen W. Wood, trans. H. B. Nisbet (Cambridge: Cambridge University Press, 1991), 279 (§258); "그러나 잠시라도 우리는 자연이라는 물리적 세계가 영(정신)의 세계보다 더 고차원적이라고 생각해서는 안 된다. 영(정신)이 자연의 상위에 존재하는 것보다, 국가는 훨씬 더 물리적 삶의 상위에 존재하기 때문이다. 그러므로 우리는 국

헤겔의 영(정신) 이론의 풍요와 오늘날에도 여전히 영향력을 발휘하는 그 자극들을 지각하고 제대로 평가할 수 있는 타당한 렌즈를 제공하는 것은 헤겔 사상의 초기 역동성이다. 종교철학, 역사철학, 철학의 역사, 그리고 법철학의 요강에 대한 그의 광범위한 강의들은 모두 인간의 정신뿐 아니라 다양한 역사적, 문화적 환경들에서도 작동하는 다극양태적 영(정신)에 대한 헤겔 철학의 일관된 초점을 다채롭게 증거하고 있다.

이어지는 강연들에서 나는 다극양태적인 하나님의 영과 다극양태적인 인간의 영이 정의, 자유, 진리, 그리고 평화를 위한 사역적 윤곽들을 어떻게 획득하는지를 탐색할 것이다. 그것들은 하나님의 형상에 관한 나의 강연들 중 첫째 강의에서 제기된 인간의 비참상, 자기파멸적 위기 초래, 그리고 야수적 잔혹성에 맞서는 강력한 대항세력들을 형성한다.

가를 지상에서의 신으로 숭배하지 않으면 안 된다"(307 [§272]).

3강

정의 추구의
소명

서론 : 사회적 국가와 법치주의 국가

국가사회주의(나치)의 공포정치가 자행한 잔혹한 악행들과 제2차 세계대전 동안 독일의 광범위한 유럽 파괴를 극복하고 등장한 독일은 국내적으로는 새로운 정치 질서를 조직하고, 이로써 국제사회로부터 존중을 회복하는 길을 모색하는 데도 심혈을 기울였다. 분리된 국가의 서쪽 지역인 서독연방공화국의 헌법 초안 제28조 1항 1절에서 서독은 법치국가와 사회적 국가, 즉 '법에 의해 지배되는 사회적 국가'라는 국체(國體)를 스스로 선택했다.[1]

'법치'라는 명칭은 보편적으로 구속력 있는 법을 만들고, 모든 국가 기관들의 활동들을 이 헌법과 그것에 딸린 법들에 묶는 국가 스스로의 의무를 수반한다. '사회적 국가'라는 명칭은 모든 시민을 위해 사회 정의와 안전(즉, 균형 잡힌 사회적 평등)을 확보하고, 사회적 약자들과 기타 보호를 필요로 하는 사람들을 지원하는 국가의 정치적 자기 의무를 표현한다.

'사회적 국가'와 '법치국가'라는 이 이중적 국체 명칭을 결합한 목적은 극단적으로 어려운 문제를 제기하고 해결하기 위함이었다. 여기서 말하는 극단적으로 어려운 문제의 하나는 한편으로는 본질적으로 모든 사람들의 자유와 평등을 의미하는 정의의 이상(vision)에 충실하면서도 동시에 복잡한 정치체제에서 정의를 실현하는 과업이다. 법과 사법 기

---

1 연방법 관보(Federal Law Gazette) III부에 공표된 개정판에 들어 있는 독일 연방공화국의 기본법으로 분류번호는 100-1이다. 2019년 3월 28일의 법률 1조에 의해 마지막으로 수정되었다(연방법 관보 I, 404).

관들 앞에서 모든 사람들을 정치적으로 그리고 법적으로 평등하게 대우할 뿐만 아니라, 공적 영역에서 남자들과 여자들, 그리고 사회적 소수자들에게 평등한 권리들을 보장해 주는 법적 규정이 평등이라는 보편적 이념(ethos)과 자유라는 보편적 약속으로 발전하게 되었다. 이 원칙을 위한 토대는 1948년의 유엔 인권헌장이다. 이 헌장은 다음과 같이 선언하고 있다. "모든 인간은 존엄과 권리에서 자유롭고 평등한 상태로 태어났다. 인간은 천부적으로 이성과 양심을 부여받았으며 서로 형제애의 정신으로 행동하여야 한다."[2]

하지만 구체적 삶을 살아가는 구체적인 인간들이 극단적으로 불평등한 삶과 상황들에 노출되어 있고 자신들의 자유를 실현할 가능성들이 극단적으로 불평등한 상황에 처해 있는 한, 정치는 이런 불평등을 조장하는 거대한 문제들에 봉착하게 된다. 문제는 어떻게 이 불평등을 조장하는 문제들이 물질적, 지적 자산에 접근하는 데 있어 불평등과 제한된 자유를 지속적으로 경험하거나 심지어 그런 사태를 악화시키기보다는, 균형잡힌 방식으로 모든 사회 구성원들에게 동등한 기회들을 보장해 주는 방식으로 제기될 수 있느냐 하는 것이다.

'법에 의해 지배되는 사회적 국가'라는 이 원리는 창조의 잠재력을 가진 다극양태적인 영이 '정의롭다'라고 불릴 자격이 있는 사회적 환경들을 창조할 수 있는 기초적이지만 결정적인 틀을 형성한다. 이 틀은 전후 독일에서 도덕적 자원들, 종교적 환경들, 그리고 교육적 방향들을 갱신

---

[2] "유엔 세계인권선언문" 제1조는 다음을 참조하라: https://www.un.org/en/universla-declaration-human-rights/.

함으로써 지탱되었다.[3] 법치와 약자 보호의 결합은 사회발전을 위한 두 가지 비전, 즉 지적 비전과 제도적 비전을 제공한다. 첫째, 법적 틀은 사회의 '주변부'라고 추정되는 곳에 있는 개인도 단체도 배제하지 않는 인도적 법률군(群)으로 발전해야 한다는 것이다. 하지만 그러한 법률 집성물도 정의 실현을 위한 투신에는 정의에 걸맞은 법들을 만드는 것 이상의 것이 수반된다는 것을 이해해야 하며, 바로 여기에서 약자 보호를 위한 방향 설정이 법의 진보를 위한 창의적인 발전 가능성들을 드러낸다는 사실을 이해해야 한다는 것이다.

둘째, 더 나아가 약자 보호를 성문법으로 법제화하는 것은 한 사회가 도덕적인 개인이나 집단들에게 흔히 말하는, 약자들을 친절하고 소중한 자발성으로 도우라고 방치하는 것을 방지한다. 즉, 복잡한 사회에서 약자 보호는 한 동료 시민의 단순한 윤리적 감수성을 넘어 제도적으로 통합되고, 법적으로 보장되며, 보편적으로 받아들여지고, 보편적으로 기대되어야 한다는 것이다.

이렇게 법을 집행함에 있어 엄정하게 약자 보호 쪽으로 방향을 전환하면, 모든 법과 도덕 발전들에 대항하는 듯한 역설(paradox)이 제기된다. 여기서 무슨 일이 벌어지고 있는 것일까? 사람들과 사회기관들은 각각 자신들의 법적 권리와 도덕적 의사소통 양식들을 발전시키고 개선하고자 한다. 그러나 어떻게 그들이 법과 도덕을 규범적으로 결합하는 힘

---

3 (미국 사람들에 의해서) 심혈을 기울여 구상되었고 성공적으로 실행된 독일인 '재교육'에 관한 다음의 뛰어난 논문을 참조하라. Heike Springhart, *Aufbrüche zu neuen Ufern : Der Beitrag von Religion und Kirche für Demokratisierung und Reeducation im Westen Deutschlands nach 1945* (Leipzig : EVA, 2008).

을 위태롭게 하거나 혹은 상실하지 않고, 이 어렵지만 필수적인 과업에 착수할 수 있을까? 결국 법과 도덕은 그것들의 모든 작동들에서 반드시 신뢰를 이끌어 내야 한다. 즉, 신실하고 지속적인 유효성을 가져야 한다. 바로 여기서 법과 약자 보호의 윤리적 감수성 결합이 정의로운 법의 발전을 위한 추진력과 안정성을 제공하는 데 효과적임이 입증된다.

1. 정의와 약자 보호 : 수천 년이나 된 오래된 윤리적 감수성

'법의 지배를 받는 사회적 국가'. 1945년 이후 독일은 정의와 약자 보호라는 이 특별한 두 가지 국가의 자기의무에 투신함으로써 정치적, 법적, 도덕적으로 새롭게 출발하고자 노력하는 가운데 장구하고 장엄한 한 전통에 합류했다. 서구 기독교문명권의 많은 사람들에게는 법과 긍휼의 이 결합, 정의와 법제화된 약자 보호의 이 결합은 하나님을 정의롭고 자비로우며, 그래서 '하나님의 형상'인 인간들도 이제 곤궁하고 약한 자들을 위해 정의를 행하고 도움을 제공할 것을 기대하는 하나님이라고 제시하는 친숙한 구약성경 전통을 떠올리게 한다.[4] 그리고 우리는 유대교와 기독교뿐만 아니라, 세계의 여러 다른 종교들과 세속문학들에서도 법과 약자 보호의 결합을 발견한다. 자연신학은 4천 년도 넘는 오래전, 도덕적으로 동정심 넘치고 인도주의적인 법으로 보일 뿐만 아니라, 국가에 대한 국민들의 정치적 충성심을 정립하고 효율적인 법 문화를 세우는 데 효율적인 방식으로 법과 긍휼의 결합이 정치적인 문서로 법제

---

4 Taylor, *Sources of the Self*, 410.

화되었다는 사실을 주목하는 것이 좋을 것이다.

4,000년보다 훨씬 이전에 수메르의 통치자 우루카기나(기원전 2350년 경 통치)는 자신이 과부와 고아의 옹호자가 됨으로써 유프라테스-티그리스 강 접경지 북서쪽에 위치한 고대 근동에서 가장 오래된 도시 중 하나인 도시 라가쉬에 평화를 가져왔다고 선언한다. 즉, 여기서 통치자 자신은 모든 약자들을 옹호했고, 특히 고아들과 과부들을 옹호했다고 자랑한다. 우루카기나는 유력자들의 경제적 약자 착취에 맞서 싸웠으며, 빚으로 인해 노예가 된 도시 거주민들을 해방하였다. 우루카기나는 스스로를 고아와 과부의 보호자라고 칭함으로써 당시 명백하게 굶주림이나 다른 고통들로 특별히 위협받지도 않았던 자들로부터도 외견상으로는 정치적 충성을 이끌어 내었고, 그리하여 모든 사람을 위한 평화의 기상(氣像)을 만들었다.[5]

가장 오래된 법전으로 알려진 우르 왕 우르-남무(Ur-Nammu) 법전(기원전 2100년 경)은 심지어 그 도입부에서부터 약자 보호를 천명했다.[6] 메소포타미아 문명의 상징적 법조문인 함무라비 법전의 도입부(기원전 약 18세기)는 '경건하고, 신을 경외하는 왕인 함무라비'가 '정의가 땅에

---

5 참조. Michael Aulfinger, *Urukagina, der gerechte König* (Neckenmarkt: Edition Nove, 2007).

6 F. Ch. Fensham, "Widow, Orphan, and the Poor in Ancient Near Eastern Legal and Wisdom Literature," *Journal of Near Eastern Studies* 21 (1962): 129-139; Jan Assmann, *Ma'at: Gerechtigkeit und Unsterblichkeit im Alten Ägypten* (Munich: Beck, 1990), 245-252; James B. Pritchard, ed., *Ancient Near Eastern Texts Relating to the Old Testament*, 3rd ed. (Princeton: Princeton University Press, 1969), 524.

퍼져나가게 하고 강자가 약자를 압제하지 못하도록 하기 위해' 선택받았다고 진술한다. 종결부도 이 주제를 반복하고 있는데, 이것을 명백하게 '고아와 과부 보호'와 연결시킨다.[7]

구약과 신약성경은 이제 멸시, 압제, 착취로부터 고아와 과부를 보호하라는 주제를 근본적 중심주제로 받아들였고, 사회적 약자들(personae miserae)이라는 큰 집단을 보호하라는 법으로 확장함으로써 그 주제를 보편적 법으로 확산한다. 율법 본문들과 예언적 훈계들은 반복적으로 동포들로부터 현실적인 개인적 도움과 도덕적 도움뿐만 아니라, 법적, 사법적, 정치적, 그리고 종교적 지원을 필요로 하는 약자들의 목록들을 새롭게 열거하고 있다. 이 약자 집단에는 가난한 자, 궁핍한 자, 병약한 자, 비천한 자, 아무것도 없이 살아야 하거나 다른 결핍으로 고통당해야 하는 자, 압제당하는 자, 재난에 타격당한 자, 학대당한 자, 비참한 자,[8] 외국인들과 노예가 포함된다.

---

7 *Codex Hammurabi*, trans. Theophile J. Meek, in Pritchard, *Ancient Near Eastern Texts*, 164, 178.

8 Bernd Janowski, *Anthropologie des Alten Testaments: Grundlagen-Kontexte-Themenfelder* (Tübingen: Mohr Siebeck, 2019), 252-253; Michael Welker, "Justice-Mercy-Worship: The 'Weighty Matters' of the Biblical Law," in *Concepts of Law in the Sciences, Legal Studies, and Theology*, ed. Michael Welker and Gregor Etzelmüller (Tübingen: Mohr Siebeck, 2013), 205-224; Michael Welker, "The Power of Mercy in Biblical Law," *Journal of Law and Religion* 29, no. 2 (2014): 225-235; Jürgen Moltmann, *Sun of Righteousness, Arise!: God's Future for Humanity and the Earth* (Minneapolis: Fortress, 2010), part 3; Piet Naudé, *Pathways in Ethics: Justice-Interpretation-Discourse-Economics* (Stellenbosch: Sun Media, 2016), part 1; Dirk J. Smit, "'Hope for Even the Most Wretched?' On Remembering the Reformation," *Stellenbosch Theological Journal* 4, no. 2 (2018): 703-725.

과부와 고아가 규칙적으로 강조되고 있다는 사실은 자비실천을 명하는 법이 가족 윤리의 영과 다극양태적으로 결합되어 있음을 드러낸다. 발전적 가능성들과 삶의 환경들과 관련하여 다양한 형식의 불의와 급진적 불평등의 출현을 저지하기 위해, 사회적 국가와 법치국가를 떠받치는 신학적 틀은 반드시 오랫동안 존속된 가정 상황들에 대한 개연성 있는 고찰들을 되짚어 참조해야 한다. 말하자면, 생명의 시작 때부터 모든 인간은 이 세상에서 고립무원한 외국인들이며 그런 신분 때문에 다른 사람들의 돌봄과 지원에 의존한다. 실로 대부분의 사람들도 이따금씩 생의 어느 순간에 유사한 고립무원감을 경험하며, 그로 인해 타인의 돌봄과 지원에 의존하는 경험을 하기도 한다. 또한 일반적으로 생의 마지막 단계에서는 타인의 돌봄과 지원에 의존한다. 이런 점에서 약자 보호의 보편적 실천과 그것에 대한 투신은 명백히 가족적 윤리감수성과 연결되어 있다. 바로 이런 경험들이 급진적인 평등윤리 감수성과의 접촉점을 제공한다.

그렇지만, 오늘날 이러한 가족윤리 감수성이 정의의 영을 지지할 수 있다는 생각에 맞서는 회의주의적 견해가 나타났다. 그러한 회의(懷疑)는 가족윤리 감수성의 지속적 발전이 강력한 가부장적, 성인 남자 중심적 전통들과 범지구적으로 존재하는, 자유에 적대적인 불평등한 관습들에 의해 심각하게 제한되고 있다는 관찰에서 비롯된다. 주디스 버틀러(Judith Butler)[9]와 몇몇 사람들은, 이성(異性) 결혼과 후손 생식적 전통들

---

[9] Judith Butler, *Bodies That Matter* 그리고 그녀가 글래스고에서 행한 2018년 기포드 강연: "My Life, Your Life: Equality and the Philosophy of Non-Violence," https://www.giffordlectures.org/lecturers/judith-butler-o.

에서 벗어난 개인들과 그들의 삶의 방식들을 낙인찍으려는 전통적 가족윤리 감수성의 경향을 고려하면, 우리가 정의와 자비의 영(정신)을 증진시키고 정의와 자비의 영을 법제화하려고 노력할 때 가족윤리 감수성에서 너무 많은 것을 끌어내지 않는 것이 최선이라고 제안한다.

그럼에도 불구하고 가족윤리 감수성이 법과 정치에 끼치는 영향력을 전적으로 포기하지 않으면서도 가족에 대한 전통적인 개념들과 자유의 현대적 양식들을 화해시키려고 하는 고무적인 노력들이 있어 왔다.[10] 동시에, 전통적으로 소규모 가정들과 연결되었던 안정성의 급격한 변화들과 종교와 가정 사이에 있던 고전적인 결속감의 약화 때문에, 오늘날 많은 사람들이 점차 법과 정치에 창조적 영향을 끼치는 다른 영향력들을 신뢰하기에 이르렀다. 이런 점에서 법적 수단을 통해 실현되는 해방과 사회적 변혁 이념(ethos)이 매력적 대안으로 떠오르게 되었는데, 이 관념은 이미 고대의 사상가들이 미래적 환상의 방식으로 구상했던 것이다.

당장 명확한 사실은, 법들은 첨예한 갈등 사례들을 식별하고 다루어야 하고, 폭력과 보복 폭력의 부정적 상승을 막아야 하며, 다양한 형태의 갈등을 제한하고 예방해야 한다는 것이다. 갈등 제한만으로 법의 효과적 통치를 구현하기에는 한참 요원하다. 결국 갈등 억제는 또한 주도면밀한 위협을 통해 성취될 수 있다. 법치에 기반한 문화는 오직 갈등 유형들을 제도적으로 유형화하고, 다른 갈등 사례들을 포함하고 이해하는 데 유익하도록 그 갈등들을 심급별로 분류하는 도식에 통합할 때만 구

---

10 John Witte Jr., *Church, State, and Family : Reconciling Traditional Teachings and Modern Liberties* (Cambridge : Cambridge University Press, 2019).

현될 수 있다.

중요한 것은 개인적 위기들과 관련해 단지 흥미와 관심을 유발하기 위하여 지나간 갈등을 회상하는 것이어서는 안 된다는 것이다. 중요한 것은 구체적 위기들이 어떻게 서로 맞물려 있으며 어떻게 그것들이 다양한 삶의 상황들과 연결되어 있는지를 육하원칙의 이야기 방식으로 그리고 상상력 넘치는 방식으로 다루는 것이다. 이와 달리 법적 사고는 과거의 갈등들과 최근 갈등들을 분리하고, 그것들이 정해진 규칙들에 따라 유형별로 명확하게 규정될 수 있는 자기종결적인 제한된 갈등 사례들로 취급한다. 여기서 우리는 법학적 사고(법적 사고)의 장엄한 업적들 중 하나를 조우한다. 구체적인 갈등들을 법적 유형들로 파악함으로써, 혹자는 일반적으로 그 해결과 종결을 예상할 수 있다. 그것은 해결 가능한 문제들로 취급될 수 있다. 즉, 원칙적으로 이미 해결된 갈등들과 유사한 사례로 취급된다는 것이다.[11]

법을 위한 새로운 관점들과 잠재력을 개시하고, 정의를 위한 동력을 열어주는 진정으로 혁명적인 통찰 하나는, 정치적, 법적, 경제적인 면에서 급진적인 사회적 불평등으로 고착된 삶의 상황들을 견디는 것, 그 자체가 심지어 첨예한 갈등들로 취급될 수 있다는 것이다. 이것을 보여주는 아주 적합한 예가 구약성경의 두 율법 본문에서 노예법으로 알려진 법이다. 출애굽기 21 : 2~11과 신명기 15 : 12~13이 노예 관련 율법을 담고 있다. 이 율법의 첫 번째 기본적인 원리는 "네가 히브리 종을 사면

---

11 Michael Welker, "Security of Expectations : Reformulating the Theology of Law and Gospel," *Journal of Religion* 66 (1986) : 237-260.

그는 여섯 해 동안 섬길 것이요 일곱째 해에는 몸값을 물지 않고 나가 자유인이 될 것이며"(출 21 : 2)라고 진술한다.

이 노예법은 몇 가지 측면에서 혁명적이다.

- 그것은 고대사회에서는 의심의 여지없이 정당했으며, 경제 및 사회 질서의 일부였던 노예 소유를 법적 규제대상, 즉 갈등과 문제로 격상시킨다.
- 더 나아가 그것은 예를 들어 로마에서는 단지 '말하는 능력을 가진 도구'(Marcus Terentius Varro)로 여겨졌던 노예를 심지어 노예살이 중에도 보호되어야 할, 잠재적 자유인으로 규정한다.
- 마지막으로, 이 노예법은 그것이 장기적인 사회변혁 과정(예를 들면, 6년 후에 있을 노예 해방)까지 규정하고 있는 한, 노예 소유와 관련된 첨예한 갈등관리의 수단 기능을 뛰어넘는다.

하지만 무조건적 인간 평등과 자유를 위한 추구를 증진시키는 가족 윤리 감수성과 마찬가지로, 사회변혁의 해방적 힘으로서의 법도 또한 상당히 양면적이다. 노예 소유를 규정하는 이 구약성경의 율법 집성물들이 노예제도를 영구적으로 폐지하기보다는 일시적으로 제한하고 있기 때문이다. 그리고 비록 이 억제가 실로 인도주의의 진보(노예는 적어도 언제든지 자유민이 될 수 있으며 따라서 그만큼 보호받을 자격이 있다고 보기 때문에)를 대표할지라도, 구약성경의 노예법이 알던 세계들은, 오늘날 사람들이 쟁취하고자 분투하는 자유와 평등, 그리고 그 안에서 실현될 보편적인 정의 기상(氣相)과는 상당히 이격되어 있다. 그리고 비록 노예제 반대가 소박한 성과를 거두기까지 노예제에 대한 반대가 수세기에 걸쳐 이어졌을지라도, 적어도 오늘날 어떤 국가도 인간을 노예화하는 행동을 법적으로 승인하려고 하지 않을 것이다. 세계인권선언문은 4조항에서, "어느 누구도 노예 상태나 노예적 예속 상태에 있어서는 안 된다. 그 어떠한 형태의 노예제와 노예무역도 금지되어야 할 것이다."라고 선언한다. 하지만 오늘날에도 4천만 명 이상의 사람들이 노예 상태나 강제 노역 속에 살고 있다.[12]

그래서 변혁적인 법의 발전이 자유와 평등에 도움이 되는 사회적 상황들의 출현에 최소한 소박하게나마 기여한다는 것을 누구나 확실히 인정해야 하지만, 그런 발전들이 확실히 현저하게 더디고 불필요하게 지체되거나 심지어 흐지부지되는 경향이 있는 것도 사실이다. 놀랍게도, 아마도, 많이 예찬되는 자연법이 이 상황을 조성하는 데 기여했을 것이며, 그래서 오히려 수세기 동안 정의로운 사회 환경들을 창조해 내는 것을 방해하는 경향을 드러냈다.

2. 자연법의 장엄한 약속들과 결핍들[13]

---

[12] "유엔 세계인권선언문"을 보려면, 다음을 참조하라 : https://www.un.org/en/universal-declaration-human-rights/ ; 범세계적 노예지표는 다음을 참조하라 : https://www.globalslaveryindex.org/.

[13] 이 단원은 하이델베르크대학교에서 행한 나의 고별강연에서 처음 제시된 생각들에 기반하고 있다 : "God's Justice and Righteousness," in *Responsibility and the Enhancement of Life : Essays in Honor of William Schweiker*, ed. Günter Thomas and Heike Springhart (Leipzig : EVA, 2017), 179-190.

정치적, 도덕적으로 곤란하거나 좌초 상황들이 닥치면, "자연법으로 돌아가자."는 구호가 반복적으로 터져나왔다. 하지만 이 초기의 희망들의 불가피한 쇠락은 유사하게도 정확하게 이 방향 선회의 요점에 대한 개탄을 초래한다.[14] 당시 주교였던 요셉 라칭거 추기경은 잘 알려진 위르겐 하버마스와의 대화에서, "교회나 세속사회가 공유하는 이성에 호소하고, 세속적이고 다원주의적 세상에서 법의 윤리적 토대를 찾아내려고 교회가 세속사회 및 다른 종교 공동체들과의 대화들에 참여할 때, 자연법이 한편 여전히 (특히 가톨릭교회에서) 해소되지 않는 핵심쟁점으로 남아 있음"을 인정했다.[15] 또 다른 한편, 라칭거는 "유감스럽게도 이 도구는 무뎌졌을" 뿐만 아니라 실로, "진화론의 승리는 자연에 대한 이런 견해가 폐기되었음을 의미했다."[16]라고 인정하지 않을 수 없었다. 하지만 이 자연법이라는 도구가 우리가 어떻게 정의와 자유를 지속적으로 세울 수 있을까에 대한 질문에서 우리를 한 걸음 더 깊이 이끌어 줄지도

---

14 참조. Rudolf Weiler, ed., *Die Wiederkehr des Naturrechts und die Neuevangelisierung Europas* (Vienna: Verlag für Geschichte und Politik, Oldenbourg Verlag, 2005); 이에 대한 잉골프 달페르트(Ingolf Dalferth)의 비판적 응답을 보려면 다음을 참조하라: *Naturrecht in protestantischer Perspektive*, Würzburger Vorträge zur Rehctsphilosophie, Rechtstheorie und Rechtssoziologie 38 (Baden-Baden: Nomos, 2008). 참조. M. Welker and G. Etzelmüller, *Concepts of Law*.

15 Joseph Ratzinger, "What Keeps the World Together," in Jürgen Habermas and Joseph Ratzinger, *Dialectics of Secularization: On Reason and Religion*, ed. Florian Schuller, trans. Brian McNeil (San Francisco: Ignatius, 2006), 69.

16 Ratzinger, "What Keeps the World Together." 이와 관련된 나의 논의를 보려면 다음을 참조하라: Michael Welker, "Habermas and Ratzinger on the Future of Religion," *Scottish Journal of Theology* 63, no. 4 (2010): 456-473.

모른다는 그 어떠한 희망도 꺾어버렸고, 지금도 계속 꺾고 있는 '진화론의 승리' 때문이 아니라, 오히려 한편으로는 자연과 또 다른 한편으로는 정의로부터 출발하는 법을 견실하게 연결시키는 체계적인 견고성이 결여되기 때문이다.[17]

자연법은 대부분의 사람이 선뜻 무시하기 쉬운 한 가지 사실을 흐리게 한다. 즉, "모든 생명은 다른 생명의 희생 덕분에 살아간다."는 사실을 모호하게 한다. 수학자이자 철학자인 알프레드 노스 화이트헤드는 반복해서 이 주제를 다루었고, "생명은 약탈이다."라는 주장으로 이 요점을 꽤 간결하게 정리한다. 생명은 약탈이며, 따라서 생명은 다른 생명을 희생시키며 살아간다는 것이다.[18] 자연은 고도로 효율적으로 질서, 풍부한 생명력, 그리고 아름다움을 펼쳐 보이는 것이 사실이다. 자연은 재생과 갱신의 힘들을 통해 우리를 놀라게 하고 기쁘게 한다. 만발하는 각종 꽃, 모든 신생아의 출생, 매일 아침 내리는 이슬, 매년 찾아오는 봄, 이 모든 것들은 능히 경탄과 환희를 불러일으킬 수 있다. 그러나 지상에서 이뤄지는 자연의 삶은 또한 필연적으로 다른 생명을 희생시키며 살아갈 수밖에 없는 잔인함을 내보인다. 심지어 채식주의자조차 자신에게 영양을 공급하기 위해 생명을 파괴해야 한다. 그렇기 때문에 자연과 생명이 구원의 담지자인 것처럼 기탄없이 말하거나 확신에 넘쳐 하나님과

---

17 위트(John Witte Jr.)는 장구하면서도 좋은 의도로 만들어진 그 역사를 고려하여 자연-법 수사(修辭)법의 은유적 사용에 대해 너그럽게 볼 것을 제안했다. 이에 대한 그의 인상깊은 다음 소논문을 참조하라 : "Law, Relgion, and Metaphors," in *Risiko und Vertrauen = Risk and Trust : Festschrift für Michael Welker zum 70. Geburtstag*, ed. H. Springhart and G. Thomas (Leipzig : EVA, 2017), 177-194.

18 Whitehead, *Process and Reality*, 105.

자연을 동일시하는 것은 천진난만하고 경솔한 생각이다. 법적, 도덕적, 종교적 환상들에서 벗어나기를 원하는 사람들, 창조와 관련하여 신학적 진실을 애타게 추구하는 사람들은, 자연적 삶에 결부된 이 심오한 양면성을 인정하는 정의(justice)에 대한 이해를 요청해야만 한다.

자연법에 대한 의존(reference)이 이렇게 조직적으로 무너진 상황은 529년에 출판된, 고전적 로마법들의 결정판인 『로마법 대전』(Corpus Iuris Civilis)에 이미 분명하게 나타나고 있다. 그 첫 부분인 "법학제요" (Institutiones)는 사법(私法)을 '자연법', '국제법', '시민법'으로 세분화하고 있다.[19] 533년 동로마 황제 유스티아누스는 이 규범을 '우리 주 예수 그리스도의 이름으로' 법적으로 재가했다.

이 견해에서는, 자연법은 "자연이 모든 동물들에게 가르치는 법이다. 이 법은 오직 인류에게 배타적으로 적용되는 법이 아니라 하늘에 있든, 땅에 있든, 물에 있든, 모든 동물들에게 적용되는 법이다. 그러므로 우리가 결혼이라 칭하는 남성과 여성의 연합과 자녀 출산과 양육 또한 자연법에서 나온다".[20] 즉, 여기서 자연법을 구성하는 토대적 요소는 가족윤리 감수성(family ethos)이다. 하지만, 자연법의 효력범위와 관련하여 『로마법 대전』은 법학이란, "정의로운 것과 불의한 것을 구분하는 학문일 뿐만 아니라", "신적인 것들과 인간적인 것들에 대한 앎"이라고 주장한다.[21]

---

19 *The Institutes of Justinian*, in *The Roman World*, vol. 3 of *The Library of Original Sources*, ed. Oliver J. Thatcher (Milwaukee : University Research Extension, 1907), 100.

20 *The Institutes of Justinian*, 100-101.

21 *The Institutes of Justinian*, 100.

자연법을 정의(justice)와 공의(righteousness)와 연결시킬 때 제기되는 문제들은 우리가 더 이상 우리의 논의를 단지 가족 관계들을 사랑하는 데만 국한시키지 않는 순간 분명해진다. "법학제요"(Institutiones)의 서문은 "법의 경구적 조항들은 다음과 같다. 정직하게 살아라. 어느 누구도 해치지 말라. 모든 사람에게 자기 몫을 주어라."라고 진술한다.[22] "어느 누구도 해치지 말라."는 명령은 '육지에 살든 공중에 살든 물속에 살든, 모든 동물들'에게 그대로 적용하기에는 참으로 어렵다. 우리가 소위 '최강자의 법'(약육강식)을 '자연법'으로 수용하는 순간, "모든 사람에게 자기 몫을 주어라."라는 명령은, 이 명령이 어떤 식으로든 정의와 공의 실현을 요구한다는 함의에 깃든 신적 광채를 금세 상실하게 된다. 잘 알려진 대로 국가사회주의자들은 "모든 이에게 자기 몫을"이라는 문구를 잔인하고 냉소적으로, 부헨발트 강제수용소 정문에, 심지어 안에서도 읽을 수 있도록 붙여 놓았다.

파올로 프로디(Paolo Prodi)의 『정의의 역사』(History of Justice)는 "서구 문화에서 정의의 개념이 어떻게 실제 삶에서 구현되었으며 구상되었는지"를 재구성해 볼 것을 요구한다. 비록 이 책의 독일어 번역본은 "하나님의 법에서 현대의 법치국가로"라는 부제를 달고 있을지라도,[23] 그 책이 이용하는 원천자료들과 그것들에 대한 해석적 논의들 모두에서, 하나님의 정의, 하나님의 법, 그리고 하나님의 공의에 대한 언급들은 눈에 띌 정도로 흐릿하고 애매모호하다. 이 책을 이끄는 지도적 관점은 우

---

22 The Institutes of Justinian, 100.

23 Paolo Prodi, Eine Geschichte der Gerechtigkeit: Vom Recht Gottes zum modernen Rechtsstaat (München: Beck, 2005).

주적, 자연적 질서와 삶의 환경들에 대한 정치적, 법적 질서의 상관관계에 초점을 맞추고 있다. 여기서 자연법과 연결되어 다뤄지는 하나님의 법에 부여된 역할은 인간사회의 법들의 규범적 구속력(拘束力)과 그것들의 정당한 처분을 보증하는 역할이다.

그의 책에서 프로디는 서구 역사에서 하나님의 법, 자연법, 우주와 자연 법칙들, 그리고 또한 그 조직과 실행에 대한 다양한 도덕적 및 법적 개념들이 부단하게 바뀌어 가면서 연합하는 현상을 추적한다. 부단히 상대를 달리하면서 이뤄지는 연합적 구성체들(configurations)은 이번에는 역으로 다양한 교회적, 신학적, 정치적, 법적, 그리고 철학적 기구들과 사상가들이 부단히 번갈아가며 우세를 점하는 현상을 수반했다(초래했다). "우리는 자연법에 대해 너무나도 많이 지껄인다."(De lege naturae multa fabulamur)[24]라는 루터의 간결한 금언은, 자연법이라는 이 사상의 발전과 수용의 역사에 의해 명확하게 확증된다. 이 자연법 사상의 발전과 수용의 역사 내내 자연법은 궁극적으로 방향성을 변경하는 주장들과 권력 찬탈을 위한 명분을 제공하는 기능을 했다.[25]

자연법이라는 이 주제에 대한 현대의 집중적인 논의에서, 점차 더 많은 의미를 갖게 된 것은, 인간의 영(정신)과 인간의 이성, 인간의 양심이다. 우리는 자연법이 실제로 인간의 마음과 이성 자체에 내주한다는 말

---

24 Martin Luther, *Werke, Kritische Gesamtausgabe*, vol. 56 (Weimar : Böhlau, 1938), 355, 14.

25 자연의 양가적이고 잔혹한 측면들은 모든 살아있는 생명체들에서 발견되는 '돌보는 가족'에 대한 언급들 때문에 흐려진다. 이 '법'에 동반되는 안정성과 예측 가능성에 대한 인상은 자연적이면서 우주적인 힘들에서 유래한다.

을 점점 더 빈번하게 듣는다. 이제 개인의 양심과 도덕적 의사소통에 대한 개념들이 하나님의 법, 국가의 법, 제후의 명령들과, 실정법 사이의 다면적인 갈등들에서 중요한 역할수행자들이 된다. 궁극적으로 나타나는 현상은, 한편으로는 양심과 실정법이 종교로부터 해방되었다는 사실이며, 또 다른 한편으로는 종종 하나님의 이름으로, 마음 내면의 재판관으로서의 양심이 사회의 위탁을 받아 재판하는 전문적 재판관들과 양극적으로 대립하기에 이르렀다는 것이다. 그러나 자연법, 하나님의 정의와 공의, 인간의 정의와 공의에 대한 의존적 참조가 여기서 사회적 권력관계들의 현상 유지와 더불어, 도덕과 정의에 대한 주관적 감수성들과 감정을 단지 강조하고 강화시키기 위해 의도된 암호들로 변질되는 것은 아닐까?

3. 다극양태적인 정의의 영(靈)

정의를 위한 토대로서 자연법에 대한 의존적 참조들이 그렇게 불확실하고 심지어 기만일 수 있다는 사실을 깨닫는 것은 그렇게 전적으로 낙심할 일은 아니다. 자연법을 상정하지 않는다면, 우리는 어떤 토대 위에서 인간의 평등과 자유를 확립하고 방어할 수 있는가? 자연법에 대해서 급진적으로 회의적인 철학자들은 우리의 모든 법적, 정치적, 그리고 도덕적 선이해들을 재평가하기 전에, 자연법과 완전히 결별할 것을 제안해 왔다. 철학자 뤼디거 비트너(Rüdiger Bittner)가 주목하듯이 "우리는 오랫동안 우리의 행동, 특히 우리의 정치적 행동이 더 높은 권위, 예를 들면, 자연법, 하나님의 법, 인권법 사상 등 — 그런 권위가 어떻게 이해되든지에 상관없이 ― 에 종속된다고 이해하는 데 익숙해져 왔다. 하지만 이것들이 실제로는 아무것도 아니라는 깨달음은 우리를 매우 혼란스럽게 한다. 그러나 그럴 필요는 없다".[26]

비트너는 개인적 경험, 인간적 사려분별, 그리고 종교적 개념들뿐 아니라 웅대한 정치적, 법적, 도덕적 개념들과 방향결정적 기대들을 엄정하게 제쳐두는 교육훈련으로 겸손하게 물러갈 것을 제안한다. 포이에르바흐, 마르크스, 니체 같은 고전적 철학자들이 제시한 급진적인 철학적 종교 비판을 계승하고 강화하면서, 비트너는 또한 법적, 정치적 사유와 활동과 관련하여 이 고답적인 개념세계(종교)의 효능에 대해 근본적으로 의문을 제기한다. 비트너는 보편적 인간존엄의 선포가 인간 개개인의 삶을 둘러싸서 보호하는 신성한 아우라를 세우는 데 전적으로 실패했다고 주장한다.[27]

그러나 우리가 자연법에 대한 믿음을 상실하게 된 이 지경까지 이른 것이 진정 오직 급진적인 윤리적 회의주의 탓일까? 이번 기포드 강연들에서 나는 수많은 역사적이고 경험적인 맥락들에서 이미 명백하게 활동하는 다극양태적 영(정신)과 같은 힘을 받아들이고 신뢰하자고 제안하고 있다. 이 종합하고 구별하는 영(정신)의 힘은 무수한 인지적, 도덕적, 심미적 지각과 의사소통 과정들에 이미 작용하고 있기 때문이다. 그러나 누가 이 힘이 얼마나 강력한 힘일까라고 상상할 수 있는지와는 상관

---

26 Rüdiger Bittner, *Bürger sein: Eine Prüfung politischer Begriffe* (Munich: de Gruyter, 2017), 144.

27 Rüdiger Bittner, "Without Laws," in Welker and Etzellmüller, *Concepts of Law*, 339-353.

없이, 이 힘은 단지 모종의 인간적 정신역량으로 축소될 수는 없는 것이다. 인간의 정신활동들을 형성하고 지탱하는 것은 '자연'도 아니요, '문화'도 아니며, 오히려 수많은 자연적, 문화적 상황들과 사건들이며, 역으로 이제는 인간의 정신활동들이 이 다극양태적인 영에 의해 형성되고 한 단계 더 발전된다. 영(정신)의 활동들로서 이런 인간적 과정들은 또한 본질적으로 완수(完遂)와 완성 ― 비록 개별적인 경우들에서 그 지향이 꽤 소박하고 심지어 건조할 수 있을지라도 ― 을 지향한다.

하지만 아직은 정신적 삶의 보다 소박한 정체적(停滯的) 경향성들이 누군가로 하여금 영(정신)의 강력한 창조성을 평가절하하도록 유혹해서는 안 된다. 여기서 우리는 오랫동안 발전되고 실로 수천 년 동안 철저하게 검증되고 인간의 인지적, 도덕적, 그리고 심미적 역량들과 부단히 상호작용해 온 법 문화, 정치 문화, 가족윤리 기풍, 그리고 사회적 혁신 기풍 안에서 발견되는 그러한 특별한 다극양태적 영의 상호연결적 관계들을 주목해야 한다. 그래서 모든 인간에게 향유되는 자유와 평등의 의미에서 인간존엄, 인권, 정의라는 보편적 윤리 기풍과 실천을 선포하고 그것에 상응하도록 일하는 것은, 대담하지만 결코 허황된 일은 아니다.

물론 고매하지만 순진하게 확장적인 주장들("자연은 요구한다."; "문화는 의도한다.")이나 구원의 원리들을 향한 정신없이 분주한 추구도 여기에서는 충분하지 않다. 대신 자연적 및 문화적 영역들이 어디까지나 인간의 영에 의해 새롭게 형성될 가능성이 있다는 한에 있어서, 우리가 이 두 영역 모두에서 공히 윤리적 상호지지 과정들을 발견하고 보양해야 한다. 법치, 정치, 그리고 이 둘 사이의 지적 연결은 정의를 추구하는 데 있어서 필수불가결하다. 하지만 그것들의 잠재력을 충분히 발전시키기 위해서는 다른 힘들이 또한 동원되어야 한다. 그 다른 힘들이란 자유에 적대적인 세력들을 제한하고 해방을 선호하는 사람들을 지지하기 위해 애쓰는 가족윤리 기풍과 시민-사회적 윤리 기풍의 영역들로부터 오는 자극들이다. 이상적으로 이 다른 힘들은 이제 역으로 동정심 넘치는 구조(救助)에 헌신된 문화와 만인의 자유와 평등에 대한 불굴의 집중을 보양하는 폭넓은 공감대(empathy)로부터 도출된다.

하지만 이렇게 확장된 공감대는 가장 다양화된 공감실천의 가능성들을 제공하는데, 단순한 동정심 표현("당신이 잘 지내지 못한다니 마음이 무겁습니다.")에서부터 개인적 공감실천과 어떤 복지단체를 통한 구조(救助) 활동을 거쳐, 그리고 약자들과 여러 면에서 혜택받지 못한 자들을 돕는 데 일생을 바치는 장기적 투신에 이르기까지 다양하다. 1992년 에딘버러 기포드 강연 "사상의 융기(隆起)들 : 감정들의 지성"(Upheavals of Thought : The Intelligence of Emotions)[28]에서 마르다 누스바움(Martha Nussbaum)은 낙담에서 오는 고통과 개인 상호 간의 공감에 대한 수많은 개인적 감정들을 수집하여 평가하였다. 그녀가 문학과 철학적 성찰록에서 수집하고, 사적 및 공적 삶에서 추출한 이런 감정들에는 자비심, 공감, 이타심, 자애, 동정심, 긍휼, 연민, 편애, 걱정, 원통함이 포함된다.

이 개인적 감정들의 수집목록은 도덕적이며 사회적인 의사소통 과정들뿐만 아니라, 개인적 감정들 혹은 공유된 감정들을 명료하게 표현하는 데 필요한 용어들의 강력한 저수지를 제공한다. 이 감정적-도덕적

---

[28] Martha C. Nussbaum, *Upheavals of Thought : The Intelligence of Emotions* (Cambridge : Cambridge University Press, 2001). 이어지는 논의를 보려면 특히 297-454쪽을 참조하라.

용어들의 저수지는 정의, 평등, 그리고 자유라는 사회적 기풍(ethos)을 발전시키고 고양하기 위한 법적, 정치적, 의학적, 학문적, 교육적 연구들을 위해 필수적인 원천과 토대를 대표한다. 이 도덕적 자원은 특히 약자를 보호하고, 정의와 평등주의적 자유를 위한 비폭력 투쟁에 투신했던 위대한 인물들에게서 발견된다. 그들의 모범적 삶은 이제 국가경계를 넘어 세계 만민들 가운데 지워버릴 수 없는 문화적 기억이 되었다. 심지어 살아있는 동안에 알베르트 슈바이처, 마틴 루터 킹, 그리고 마더 테레사는 노벨 평화상을 수상했다.

하지만 종교는 정의 추구 과정에서 어떤 방식으로 이러한 윤리적 감정 자원들과 저 위대한 모범들을 지속시키는 것일까? 인간을 바라보는 — 나 역시도 포함해서 — 하나님의 시각에 초점을 맞춤으로써, 종교는 인간이기에 가지는 공통성과 유사성들 그리고 거기에 따르는 잠재적 힘들과 함께 인간실존 전체를 이 하나님의 시각으로 바라보는 것이다. 이렇게 함으로써, 종교는 정의 추구 과정에서 이러한 윤리적 감정 자원들과 저 위대한 모범들을 지속시킬 수 있다.

각각의 개별적이고 구체적인 관점에서 보면, 우리 인간은 독특하고 다 다르다. 그러나 우리가 일단 우리들 자신을 아주 느리게 움직이는 영상을 보듯이 관찰해 보면, 우리 모두가 다 다르고 독특하다는 이 관점은 변한다. 즉, *우리 가운데서* 뿐만 아니라, *우리 각자 안에서도* 우리는 어린아이, 병자, 약한 자, 늙은 자를 주시하게 된다는 것이다.

우리는 우리의 구체적인 신체적 실존을 부인하지 않고도, 다른 사람들이 계속적으로 살아가는 삶들과 수많은 접촉점들과 교차점들을 가진 무수히 다른 실존적 정황들에 처한 우리 자신들을 상상할 수 있다. 종교적으로 형성된 지각과 사고는 이 종교적 지각과 사고가 없었다면 그저 상당히 개인적인 현실이라고 여겨질 일을 만민의 경험이라고 여겨질 정도로 *보편화한다*. 실로 몇몇 종교 전통들은 이 지각 확장을 하나님이 인간을 만들 때 부여한 위대한 힘들과 연결시킨다. 즉, 하나님은 인간이 많은 일을 할 수 있다고 간주하기 때문에 인간에게 많은 것을 기대하신다는 것이다. 이는 하나님이 주어진 특정한 시간 안에서 이뤄지는 개인들의 삶을 훨씬 넘어서는 장기적인 관점에서 인간을 바라보기 때문이라는 것이다.

심지어 구약성경의 법적, 정치적 법령들은 길게 확장된 시간의 지평들을 배경으로 이해되고 있다. 하나님이 선행에 대해 보상하고, 악행이나 의무 불이행에 대해서는 '부모들의 죄 때문에 삼사대 후손까지 징벌하는'(창 50 : 23 ; 비교. 출 20 : 5 ; 34 : 7 ; 민 14 : 18 ; 신 5 : 9) 이 일은 삼사대에 이르는 확장된 시간 지평들에서 이뤄진다. 법적, 정치적, 그리고 도덕적 성취들과 악행들은 그것들을 행한 인간이 살아있는 동안에 느끼는 도덕적이고 법적인 감수성들과 경험들을 훨씬 뛰어넘는 관점에서 평가된다는 것이다. 성경은 인간이 하나님의 형상(Imago Dei)으로 창조되었다는 교리와 또한 그것과 관련된 통치 위임으로 알려진 인간의 사명 천명 본문에서 정확하게 인간실존의 범위와 인간이 맡은 책임의 범위를 자세히 주목하고 있다. 인간이 받은 통치 위임을 말하는 가장 중요한 문서 증언은 창세기 1 : 26~28이다.

[1:26]하나님이 이르시되 우리의 형상을 따라 우리의 모양대로 우리가 사람을 만들고 그들로 바다의 물고기와 하늘의 새와 가축과 온 땅과 땅에 기는

모든 것을 다스리게 하자 하시고 ²⁷하나님이 자기 형상 곧 하나님의 형상대로 사람을 창조하시되 남자와 여자를 창조하시고 ²⁸하나님이 그들에게 복을 주시며 하나님이 그들에게 이르시되 생육하고 번성하여 땅에 충만하라, 땅을 정복하라, 바다의 물고기와 하늘의 새와 땅에 움직이는 모든 생물을 다스리라 하시니라

바르트와 몰트만 같은 저명한 학자들을 포함하여 많은 해석자들은 하나님의 형상에 대한 이 언급이 남자와 여자의 동반자 관계, '나'와 '너'의 관계, 또는 평화로운(다원적) 사회를 창조하는 인간의 사명에 적용된다고 이해해 왔다. 그렇게 함으로써 그들은 이 구절들로부터 땅과 동물들의 세계를 힘으로 지배하는 인간의 통치개념을 제거해 버렸다.[29] 필리스 버드(Phyllis Bird)[30]의 영향력 있는 논문에 영감을 받아, 나는 이미 1991년에 프린스턴 신학대학원에서 행한 나의 워필드 강연(the Warfield Lectures)에서, 마크 해리스(Mark Harris)가 정확하게 명명했던 창세기의 '하나님 형상(Imago Dei)의 기능적 설명'을 옹호했다.[31] 쌍방 사이의 대

---

[29] 이와 관련된 칼 바르트와 위르겐 몰트만의 견해에 대한 나의 평가를 보려면, 다음을 참조하라: Michael Welker, *Creation and Reality* (Minneapolis: Fortress, 1999), 65-69.

[30] Phyllis Bird, "'Male and Female He created Them': Gen 1:27b in the Context of the Priestly Account of Creation," *Harvard Theological Review* 74(1981):129-131, 특히 155.

[31] Mark Harris, "The Biblical Text and a Functional Account of the *Imago Dei*," in *Finding Ourselves after Darwin: Conversations on the Image of God, Original Sin, and the Problem of Evil*, ed. Stanley Rosenberg (Grand Rapids: Baker Academic, 2018), 48-63.

화와 감수성이 아니라, 창조세계의 실제적 보존이 '통치 사명'의 중심 요점이라는 것이다. 하지만 다른 해석자들은 이 통치위임을 생태적 폭력주의를 지지하는 증거본문으로 인증(引證)한다. 다른 동료 피조물들과 비교해 볼 때 실로 이 본문이 인간에게 특권적 지위를 부여하고 있는 것은 사실이다. 이 본문은 심지어 예속(隸屬)과 관련되며, 정복자들과 노예 소유자들의 행동을 묘사하는 데 사용되는 동사들(RDH와 KBŠ)을 사용하고 있다. 그래서 이 본문은 자신의 생명을 유지하기 위해 다투는 다른 피조물들과의 관계에 있는 인간에 대해 냉철하고도 현실주의적 설명을 제공하고 있다. 이 본문은 지구상의 모든 피조물이 비현실적인 조화를 이루며 사는 모습에 대한 아늑하고 낭만적인 그림들을 제시하지 않는다(심지어 많은 사람들이 인간에게 적용하기 좋아하는 이미지인 '좋은 정원사들'도 전정가위 같은 도구들 없이는 결코 정원에 들어가지 않는다). 정복자들과 노예 소유자조차도 자신들이 복속시킨 사람들을 돌보아야 했다는 사정을 고려해 보면, 이 본문이 생태계를 파괴하는 폭력주의를 분명하게 반대하는 것은 사실이다. '다스리라는 명령'은 인류에게 특권적 지위를 부여하지만, 동시에 남자와 여자로 구성된 인류가 지속적인 보호와 돌봄의 방식으로 그 통치권을 행사할 의무를 부과하기 때문이다.[32]

생태적으로 위기에 빠진 우리 자신의 시대가 이 통치위임의 수행실패를 한탄하는 최초의 세기는 아니다. 심지어 고대의 증언들도 이 임무수행의 실패 때문에 낙담한 상황을 기록하고 있기 때문이다. 바로 이런 이유 때문에 인간을 하나님의 형상이라고 말하는 어떤 언급도 끊임없는

---

32 Welker, *Creation and Reality*, 60-73.

자기평가와 자기비판을 필요로 한다. 동시에 인간은 하나님의 영과 인간의 영을 통해 참으로 이 장엄한 소명에 부응하여 사는 데 필요한 능력들을 부여받았음을 반드시 유념해야 한다. 나는 "하나님의 형상(Imago Dei)이라는 개념은 인간의 삶에 대한 하나님의 섭리적 질서 부여에 의해 정립되는 복합적 정체성을 가리키는 개념이라고 해석하는 것이 가장 좋은 해석이다."라고 주장했던 데이빗 퍼거슨(David Fergusson)의 주장에 설득당했다. 퍼거슨은 하나님의 형상을 규명하려고 할 때 '기능적, 관계적, 실천적 요소들을 포함하는, 더 통전적인 설명에 호소할 것'[33]을 제안한다. 그리고 그는 또한 데이빗 켈시(David Kelsey)의 권위 있는 인류학에서 발견되는, 대단히 칭송되는 그의 계시신학의 틀을 넘어서는 것도 고려하자고 제안한다. 퍼거슨의 이 제안에 따라, 이번 강연들에서 나는 하나님의 영과 인간의 영에 전적으로 자연-신학적으로 집중함으로써 하나님의 형상 교리에 대한 켈시의 기독론적이며 종말론적 틀을 보충하고자 노력하고 있다.

   다극양태적 영은 사람들이 개인적, 가족적, 사회적, 그리고 정치적 상황들에서 정의와 자비 경험에 더 민감하게 만든다. 다극양태적인 영은 개인적 경험이나 혹은 그런 경험들을 발생시키는 활동에 참여하는 일을 통해서 사람들을 정의와 자비 경험에 민감하게 만든다. 그 다극양태적 영은 개인들의 상호관계에 특별히 초점을 맞추며, 피조물의 세계에

---

33 David Fergusson, "Humans Created accoridng to the IMAGO DEI: An Alternative Proposal," *Zygon* 48 (2013): 440. "섭리적 질서부여"(Providential ordering)에 관해서는 동일저자의 다음을 참조하라: David Fergusson, *The Providence of God: A Polyphonic Approach* (Cambridge: Cambridge University Press, 2018).

서 인간이 누리는 특권적 지위를 바라봄에 있어서도 엄정할 정도로 정직하다. 그리고 수많은 낙담 천만한 좌절들에도 불구하고, 다극양태적 영은 — 동료 인간들과 약자를 위한 감정들, 경험들, 그리고 참여활동을 조율하는 다성음악 안에서 — 자유의 기상, 진리에 대한 투신, 평화를 위한 의지를 동반하는 정의와 평등의 기상을 굳게 붙들고 있다. 낙관적인 인내와 인간존엄에 대한 깊은 감수성, 그리고 또한 잠잠한 신뢰와 기쁨은, 변함없이 살아있는 사람들 사이에, 사람을 통하여 그리고 사람을 넘어 이 영의 활동을 지속시킨다.

4. 결론

어떻게 하면 우리는 1948년의 유엔인권헌장 가운데 들어 있는 평등선언, 즉 "모든 인간은 천부적 자유권을 가지며 그 존엄과 권리에 있어서 동등하다."라는 선언에 대한 근본적 의심들을 불식시킬 수 있을까? 어떻게 하면 사회적, 정치적 현실들뿐만 아니라 철학적으로 그리고 윤리적으로도 이 의심들을 불식시킬 수 있을까? 만일 자연법에 의해 지지되지 않는다면, 어떻게 평등윤리 기풍이 긍정될 수 있을까?

이번 세 번째 강의는 단순한 지성으로 축소될 수 없는 다극양태적 영의 관점에서 위의 질문들에 대해 한 가지 해결책을 제시하고자 했다. 수천 년에 걸쳐 이 다극양태적 영은 법, 정치, 그리고 도덕의 영역에서 정의에 대한 투신과 약자 보호를 위한 투신을 효과적으로 결합해 왔기 때문이다. 이 영(정신)은 가정의 윤리적 감수성으로부터 오는 다양한 자극들, 다양한 폭의 공감적 감정들, 수많은 세대들을 넘어 인류의 장엄한 소명에 이르기까지 우리의 주의를 집중시켜 주는 종교적 관점들 — 물론 이 종교적 관점들은 당연히 세속문학들에서 발견될 수 있는 어떤 것이기도 하다 — 에 의해 자양분을 섭취받아 자란다. 이런 역능 안에서 이 다극 양태적 영은 정의를 위한 전 세계적이고 평화적인 투쟁과 그 결과로 인해 실현될 인간성의 고결한 교화와 승화를 위한 추진력을 제공한다.

4강

자유 추구의
소명

서론 : 정의의 영과 동역하는 자유의 영

앞선 강의에서 나는 독일과 유럽 문화의 맥락에서 다극양태적 정의(正義)의 영 개념을 도입했다. 기독교와 유럽 계몽주의에 의해 확정적으로 형성된 이 문화적 맥락에서는 정의를 무엇보다도 *평등*이라고 규정한다. 그러나 아주 급진적으로 *불공정한* 삶의 상황들이 만연한 세계에서는(유럽 국가들을 포함하여) 평등의 원칙과 정의의 영(정신)에 투신된 어떤 기관이나 개인도 상당히 어려운 도전에 직면한다. 평등 실현을 위한 어떠한 올바른 투신이라도 그 투신이 성공하기 위해서는 두 가지 조건이 충족되어야 한다.

첫째, 사법 체제와 정치의 상호 견제가 필수적이어야 한다. 하지만 그 견제의 틀이 반드시 항상 똑같은 원천으로부터 나와야 하는 것은 아니다.

둘째, 우리는 반드시 보다 약한 사회구성원들을 보호하기 위해 투신해야 하는데, 그것은 정치적으로, 사법적으로, 도덕적으로 보장된, 그리고 내부적으로 숙고된 투신이어야 한다. 즉, 우리 사회를, 보다 약한 사회구성원들을 보호하고 보다 균형 잡힌, 곧 보다 공정한 사회로 부단히 개선하는 일에 투신해야 한다. 그러한 투신을 위한 필수적인 공감은 가족적 우애, 종교, 교육 기관들에 의하여 자극된 정서적, 도덕적 자원들로부터 도출될 수 있다. 그것은 또한 확실히 미디어와 예술에 의해 자극된 정서적, 도덕적 자원들로부터도 도출될 수 있다. 더 나아가 어린이들과 젊은이들에 대한 공교육, 학교 교육, 가장 광범위한 건강복지 혜택들, 그리고 활동적인 시민사회도 기꺼이 도우려는 문화와 정의가 왕성한 사회를 만드는 데 긴요한 평등한 기회 문화를 보양하고 증진시킬 수 있다. 하지만 동시에 기꺼이 도우려는 이 문화, 정의에 투신된 이 문화가 의존심을 만들어 내거나 영속시키는 데 악용되도록 방치되어서는 안 된다. 이 의존심이 어느 순간에 수혜자의 독립감과 자율성을 희생시키기 때문이다. 그래서 다극양태적인 정의의 영이 마찬가지로 다극양태적인 자유의 영과 동역하는 것이 필수불가결하다. 오늘 강의에서 나는 도덕적, 정치적 현실의 여러 현상들을 다루기 전에, 다극양태적인 자유의 영의 초보적 형식들을 먼저 개관할 것이다. 그리고 마지막으로 그 자유의 영과 종교의 관계를 살펴볼 것이다.

1. 초보적인 자유의 형식들

정의, 자유, 진리, 평화라는 이 웅장한 개념들은 똑같이 웅장한 희망들, 계획들, 기대들을 촉발시킨다. 그리고 실로 이 개념들은 우리가 정의의 기상과 관련하여 앞에서 보았던 어떤 것, 즉 선을 위하여 다양한 개인과 기구들의 힘들을 동원하고 조성하고 그리고 강화시키는 자애로운 촉진자로서 역할할 수 있다. 하지만 동시에 그 개념들은 부단히 자기비판적인 재검증을 촉진시켜야 한다. 한두 가지 예를 들어 보자. 즉, 일반적으로 우리가 보기에 자애로운 가정환경들 또는 우리가 속한 나라들에 영향을 끼치는 지배적인 종교들이 *진정*으로 정의와 자유의 영을 증진시키고 있는가? 그렇다면 (내가 만일 잠시 독일 상황으로 돌아가 언급해 보자면) 정부가 "헌법상 법에 의하여 통치되는 사회적 국가를 실현하는 의무를 지고 있는" 독일, 다시 말해서 "사유재산을 공공의 이익을 위하여 사용하도록 촉진하는 헌법"[1]을 가진 독일, 그러면서 "사회적 시장 경제[2]의 성취를 찬양하는" 그런 나라 독일이, 어떻게 "유로 화폐를 쓰는 모든 지역에서 독일만큼 부가 불공평하게 분배되어 있는 곳이 없다."[3]라는 말을 들을 수 있다는 말인가? 어떻게 이 모순을 설명할 수 있을 것인가? 그러한 거대한 슬로건들이 단순히 공허한 약속들로 전락하거나, 심지어 현실을 호도하는 데 악용되는 것은 아닌가?

정치적 개념들에 관해 포괄적으로 연구한 독일 철학자 뤼디거 비트너는 자유, 인간존엄, 인권, 정의, 민주주의에 대한 정치적 발언들에 대해 심각하게 회의적인 평가를 제공한다.[4] 자유의 주제와 관련하여, 그는 자유에 관한 허황될 정도의 개념들을 남용하는 것을 자제해야 한다고 제안하며 오히려 자유에 대한 최소주의적인 이해를 제시한다. 즉, 자유란 '장벽들이 없는 상태'[5]를 의미한다고 이해하자는 것이다. 그러한 최소주의적인 사고방식은 무엇보다 어떤 사람도 장벽들과 방해물들로부터 완전히 그리고 전적으로 자유롭지는 못하다는 사실을 명백하게 밝혀

---

[1] 독일 헌법 28조 1항 첫째 문장과 14조 각각을 보라.

[2] Alfred Müller-Armack, *Wirtschaftslenkung und Marktwirtschaft* (Hamburg: Verlag für Wirtschaft und Sozialpolitik, 1947), 여러 곳.

[3] Markus Grabka, Deutsches Institut für Wirtschaftsforschung, Berlin, in Wolfgang Kessler, "Wider die gefährliche Spaltung:Warum Deutschland eine gerechtere Verteilung des Reichtums braucht," *Zeitzeichen* 20 (2000):33.

[4] Rüdiger Bittner, *Bürger sein:Eine Prüfung politischer Begriffe* (Munich:de Gruyter, 2017).

[5] Bittner, *Bürger sein*, 22-23; see Rüdiger Bittner, "What It Is to Be Free," in *Quests for Freedom:Biblical, Historical, Contemporary*, 2nd ed., ed. Michael Welker (Eugene, OR:Wipf & Stock, 2019), 114.

주고 있다. 혹은 볼프강 후버(Wolfgang Huber)가 표현했듯이, "자유란 만일에 그것이 *절대적* 자유로 이해된다면, 실로 그것은 환상에 불과하다. 그러나 또한 누구든지 자유를 물리적인 삶의 조건들과 분리할 수 있다고 믿는다면 그것 또한 환상"이라는 것이다.[6]

오늘날 세계에서 많은 사람들이 물리적(굶주림, 파괴적 가난, 만성질병), 영적(두려움, 박해, 테러) 고통에 지배당한다는 점에서 사실상 대부분이 자유롭지 못하다. 한나 아렌트는 이 현상을 다음과 같이 날카롭게 규정했다. "결핍으로부터의 자유를 아는 사람만이 두려움으로부터의 자유의 의미를 충분히 이해할 수 있으며, 결핍으로부터의 자유와 두려움으로부터의 자유를 느끼는 사람만이 공적 자유를 향한 열정을 품을 수 있게 되고, 그들 스스로 안에서 *자유*에 대한 *미각*을 발전시킬 수 있으며, 그 *자유* 안에 함께 작동하는 *평등* 또는 *공평*에 대한 특별한 미각도 발전시킬 수 있다."[7]

그러나 어떠한 자유들도 거의 향유하지 못하는 사람들은 단지 고통과 두려움 속에 사는 사람들만이 아니다. 또한 고통과 두려움으로부터는 대체로 자유롭게 사는 것을 허용하는 삶의 조건들 속에서 살고 있을지라도, 예를 들어 중독이나 이데올로기적인 유혹의 결과 스스로를 심각한 자유 부재 상황으로 내던지며 사는 사람들 역시 여전히 자유롭지 못한 사람들이다. 그래서 대체로 방해들을 적당하게 완화시키거나, 불가피한 장애와 함께 사는 것을 가능하게 하는 정도의 최소 자유, 그러나

---

6 Wolfgang Huber, *Ethik: Grundfragen unseres Lebens* (Munich: Beck, 2013), 13.
7 Arendt, *Thinking without a Banister*, 378.

매우 소박한 자유들을 누리는 것이 중요하다는 것이다. 오래된 민중가요들에서 찬양되던 사상의 자유로부터 우리의 단순한 일상생활에서 직면하는 선택의 자유(커피를 마실래? 차를 마실래?), 즉 흔히 철학과 신학에서 가볍게 여겨지는 이런 일상생활의 선택 자유를 거쳐, 그리고 여러 가지 힘들이 축소되어 가는 노년기의 노화 과정을 고요히 받아들이는 자유에 이르기까지, 우리가 마음대로 사용할 많은 개인적 자유가 있다. 우리는 이런 자유들을 감사한 마음으로 인정한다. 이런 자유들은 우리 스스로 자유롭다고 느끼게 만들어 주는 아주 소중한 *자유의식*을 활성화시킨다. 뿐만 아니라, 철학자 피터 비에리(Peter Bieri)의 말을 빌리면, 이런 자유들은 '내 자신이 내 의지의 창발자'이며, 게다가 '내 삶의 주체'라는 느낌을 일깨워 주고 보양해 준다.[8] 하지만 모든 느낌들이 그렇듯이, 자유롭다는 이 느낌은 가변적이며 때로는 기만적이기도 하다. 그럼에도 불구하고 그것은 경험되거나 적어도 기대되는 자유를 가리키는 중요한 지표이다.

하지만 그러한 자유의 형식들에 대한 미온적인 언급들이, 우리로 하여금 사람들이 특별히 사회적, 정치적 상황에서 그들의 삶을 형성할 더 큰 자유들을 실제적으로 박탈당하는 상황을 보고도 눈을 감게 하는 핑계가 되어서는 안 된다. 정의의 영을 의식하는 자유의 영은 실상 현저

---

8 Peter Bieri, *Das Handwerk der Freiheit : Über die Entdeckung des eigenen Willens* (Munich : Hanser, 2001), 73. 볼프강 후버는 다음 책에서 반복적으로 이 주제로 되돌아간다 : *Von der Freiheit : Perspektiven für eine solidarische Welt* (Munich : Beck, 2012). 뤼디거 비트너는 "이 자유의 개념이 종국에는 '만족하는 노예' 문제와 부딪치게 된다."라고 말하면서 반대한다. Bittner, *Bürger sein*, 20-21.

한 권력 남용과 박탈된 자유 때문에 느끼는 불안, 즉 우리가 생산적 불안이라고 부르는 사태를 촉진할 수 있다. 그래서 정의의 영을 의식하는 자유의 영은 궁극적으로 하인리히 베드포드-슈트롬(Heinrich Bedford-Strohm)이 '의사소통적 자유'[9]의 과정들이라고 부르는 구체적인 행동에 대한 주장들과 요구들을 일깨워 준다.

그러한 자극들은 모든 종류의 공공연하고 은닉된 노예제에 대항하는 왕성한 투신과 투쟁이 약화되는 것을 막아 주고, 심지어 그 투신과 투쟁이 포기되는 것을 방지하는 데 굉장히 중요한 역할을 한다. 그래서 아리스토텔레스적 감수성을 항구적으로 그리고 유혹적으로 활성화시키는 것을 단호하게 경계하는 엘리자베스 쉬슬러 피오렌자(Elisabeth Schüssler Fiorenza)의 경고는 지금 이 시점에서 더없이 적절하다. 심지어 좀 더 온건하다고 추정되는 당대의 형식들 안에서도, "젠더, 인종, 노예제도를 둘러싼 사회적, 정치적 차이들은 *자연스럽고 불변한 질서처럼* 유지하는 이 아리스토텔레스적인 감수성은 엄중하게 도전받아야 한다".[10]

자유에 대한 최소주의적인 이해의 강점(매우 영리하게 분별되고 보양되어야 할, 차별과 장벽으로부터의 자유[11])은 냉정할 정도로 객관적으로 남

---

9 Heinrich Bedford-Strohm, *Gemeinschaft aus kommunikativer Freiheit : Sozialer Zusammenhalt in der modernen Gesellschaft. Ein theologischer Beitrag* (Gütersloh : Gütersloher Verlagshaus, 1999).

10 Elisabeth Schüssler Fiorenza, "Slave Wo/men and Freedom in the Pauline Tradition : Some Methodological Reflections," in Welker, *Quests for Freedom*, 46-71, esp. 67 ; see also Ron Soodalter, "A Blight on the Nation : Slavery in Today's America," in Welker, *Quests for Freedom*, 14-25.

11 Bittner, *Bürger sein*, 51쪽과 여러 곳.

으려는 단호함과 아울러 평범한 개인의 인간적 실존에 초점을 맞추려고 하는 단호함에 있다. 보다 소박한 개인적 자유의 형식들에 대해서 집중하는 것은 일리가 있으며 심지어 매우 가치 있지만, 그러한 집중마저도 우리가 그 자유의 개인적 형식들을 어떤 혹은 모든 행동들과 연동시킬 때마다 불확실해져 버린다. 비트너가 말한 바와 같이, "우리가 행하는 모든 개별적인 일이 실제로 우리와 함께 사는 우리 이웃들의 자유를 축소하기도 하고 확장하기도 하기 때문이다. 우리는 끊임없이 다른 사람의 길을 도중에 막는 역할을 하거나 또한 다른 사람들을 위해서 사다리를 떠받치는 역할을 한다".[12] 그러나 그러한 견해가 장벽들(차별들)과 방해들의 개념들을 사소하게 만들며 자유 그 자체를 '조심스럽게 자기의 길을 만들어 가는' 개념 정도로 격하시키는 것은 아닌가? 그러한 조심(操心)의 자유, 자기 보호라는 개인적 자유가 아무리 중요할지라도, 어떻게 그것이 공동체에 소속되는 경험으로부터 도출되는 자유감, 그리고 보다 넓은 도덕적, 정치적 자유감을 훼손시키지 않게 할 수 있을까?[13] 어떻게 우리는 직접적인 *개인적* 자유에 대한 우리의 이 집중이, 동시에 자유는 대중적이고 군집적인 *정치적* 왜곡에 지배당하기 쉽다는 그 사실을 흐리게 하거나 가볍게 여기지 못하게 할 수 있겠는가?

뤼디거 비트너의 설명들 또한 최소주의적인 초보적 자유에 너무 집중하다 보면, 확실히 정치적, 도덕적 자유에 대한 부당한 평가를 유발할 수 있다는 사실을 분명히 밝힌다. 예를 들어, 비트너는 국제적 자유 평

---

12 Bittner, *Bürger sein*, 51.

13 이것과 관련해서는 다음 책 4부("Freedom as Ethos of Belonging")에 실린 여러 기고문들을 보라: Welker, *Quests for Freedom*, 251-335.

가 순위들은 대단히 문제가 많다고 생각한다. "실제로 어느 나라가 자유로운가 순위를 매기는 그러한 평가들은…… 다양한 나라에 있는 사람들이 실제로 누리는 자유를 평가하지 않고, 주로 미국 중심의 자유와 비교해 내리는 평가이다. 왜냐하면 각 나라가 가진 정치 체제가 우리 유럽 정치 체제, 특히 미국의 정치 체제와 얼마나 유사한가를 평가하기 때문이다."[14] 그는 또한 독일 연방공화국과 1989년 베를린 장벽이 무너지기 전의 동독 상황들과 관련하여 아주 인상적일 정도로 상대주의적 평가를 내린다. "만일 내가 잠시만이라도 동독과 서독이 각각 중시하는 자유를 비교하는 것이 가능하다고 하더라도…… 아무도 정부가 통제하지 않는 언론매체에 자유롭게 접근할 수 있는 것과 직업 안전보장의 자유를 비교해 볼 때, 어느 것이 더 중요한 자유인지 쉽게 말할 수 없다. 종교의 자유와 늙었을 때도 가난하지 않을 삶의 안전을 보장할 자유 중 어느 것이 더 진정한 자유인지 말할 수 없다. 자유로운 노동조합 결성 및 활동의 자유와 값싼 극장 티켓을 누리는 자유 중 어느 것이 더 참다운 자유라고 말할 수 없다."[15]

비트너가 여기서 발견한 사실은, "여러 나라들은 서로 다르게 제공되는 평균적 자유들을 담은 바구니들을 내놓고 있다."는 것이다. 그는 이런 현상을 '자유의 혼합'이라고 부른다. 비트너는 어떤 '자유의 혼합'이 다른 '자유의 혼합'보다 더 낫다고 선호하는 것, 결국 이것은 단지 의견 문제요, 기호(嗜好) 문제라고 주장하는 것처럼 보인다. 그는 또한 대체

---

14 Bittner, *Bürger sein*, 46.

15 Bittner, *Bürger sein*, 46.

로 "우리는 자유로운 나라에 살고 있다."는 이 고매한 무조건적 주장에 뒤따르는 정치적인 자국(自國) 이상화 경향에 대해서 경고하고 있다. 그는 독일은 오직 헌법에 보장된 기본 자유와 관련해서만 '자유로운' 나라라고 말할 수 있다고 주장한다. 헌법에 보장된 이 기본적인 자유들을 통하여 독일 연방공화국은 많은 자유들 중에서 국민들에게 종교의 자유, 의사표현의 자유, 직업 선택의 자유를 보장해 준다는 것이다. 대부분 이것은 그 헌법을 지탱하는 데 기여하는 여러 국가 기관들 때문에 신뢰할 만한 법적 보장인 셈이다.[16] 그러나 정치적으로나 법적으로 보장된 그러한 자유들이 어떻게 획득되고, 어떻게 감찰되고, 옹호되고 있는가? 여기서 또한 우리는 이전에도 작동되었고, 지금도 계속 작동되고 있는 다극양태적인 자유의 영이 가진 필수적인 힘들이 복수의 형식으로 작동한다는 사실을 분별하고, 평가해야만 한다.

하지만 여러 상이한 나라들에서 제공된 다양한 '자유 바구니'에 대한 다소 느슨한 견해는 진정 일관성 있는 대답을 주기보다는, 오히려 오늘날 세계의 현실을 고려해 보면 거의 무책임하다. 자유에 토대를 둔 서구 민주주의 국가들도 스스로의 정치체제를 맹목적으로 숭배하는 경우에는 비판을 면하기 힘들다는 점은 말할 필요가 없다. 하지만 서구 민주주의 국가들 안에서 발견되는 중요한 정치적 권리들의 명백한 쇠락에 의해서 우리는 심각하게 고민하지 않을 수 없다. 즉, 자유롭고 공정한 선거

---

16 Bittner, *Bürger sein*, 41-42. 독일헌법에서 언급된 기본권들에는 몸의 자유, 의견표명의 자유, 신앙의 자유, 집회와 저항의 자유, 공직봉사의 자유, 투표의 자유가 포함된다. 개인적이고 경제적인 자유들과 권리들에는 사유재산권, 무역교역권, 직업 선택의 자유, 일터 선택의 자유, 교역의 자유가 포함된다.

를 통하여 정치지도자를 선택할 수 있는 권리가 약화되고, 언론의 자유, 공공연한 의사표현의 자유가 제한되고 해체되며 사법적 판단에 제한을 가하는 사태는 당혹스럽지 않을 수 없다. 마지막으로, 자유로운 학문 연구와 과학 연구를 위협하는 자유침범들도 당혹스럽지 않을 수 없다. 이런 자유의 쇠락은 이전에 다소간 자유로운 민주주의 나라였던 곳에서 나타나고 있다.[17]

자유를 위협하는 그러한 광범위한 장벽들과 방해들을 양산하는 현실에 맞서 싸우기 위해 정치적, 법적, 그리고 경제적 대처들도 필요하지만, 국제적인 시민 단체의 감시와 언론 기관 중심의 감시가 긴급하게 요청된다. 공격적인 국수주의적 정서와 외국인 혐오 정서의 성장 또한 마찬가지로 그러한 정서들에 의하여 배제되고 증오되는 사람들의 자유를 축소시키며, 그 정서를 영속화시키고 퍼뜨리는 사람들 사이에서도 자유를 위축시킨다. 그래서 이 현상에 맞서기 위해 정치적, 사법적, 교육적 대응과 시민사회 단체들과 언론 및 종교 기관들의 참여가 긴급하게 요청된다.

소위 국가 비밀경찰 슈타지(Stasi)에 의하여 1,600만 또는 1,700만의 국민을 상시 감시하는 체제를 가졌던 구(舊) 동독 같은 사회들은 자유로운 국가라고 할 수 없다. 슈타지는 9만 명의 공식 요원과 그들을 돕는 10~20만 명의 '비공식 요원들'을 거느린 조직이었다. 그들은 스파이 활동, 위협, 괴롭힘, 박해 등의 활동을 통하여 시민들을 억압했다. 동독은 베를린 장벽을 세움으로써 시민들이 동독을 떠나 서독으로 넘어가는 것

---

17 Michael J. Abramowitz, "Freedom in the World 2018: Democracy in Crisis," in Freedom House, *Freedom in the World 2018: The Annual Survey of Political Rights and Civil Liberties* (New York: Rowman, 2019), 1-9.

을 막았다. 그 베를린 장벽에는 치명적인 저격수들이 배치되어 있었다. 동독 같은 나라들은 종교의 자유를 무너뜨렸고, 공적 의견 표명의 자유, 대중집회의 자유를 박탈했다. 그와 같은 사회는 비록 완전 고용과 값싼 극장 티켓을 제공한다 할지라도 자유로운 나라라고 할 수 없다.

다극양태적인 자유의 영은 우리가 민주주의를 건설하는 데 결정적인 도덕적이고 정치적인 자유들의 중요성을 간과하지 않고, 또한 보편적인 자유가 붕괴될 때 발생하는 내재적인 위험들을 간과하지 않으면서도, 보다 소박한 개인적 자유라고 부르는 그 자유들을 정당하게 인정하는 것을 가능하게 한다. 여기서 우리는 다원적 사회들의 복합적인 내부 구성에 대한 평가와 도덕적 의사소통의 절대적 필요성에 대한 각성된 이해를 통해, 자유의 영이 관여하는 활동들을 분별하고 명료하게 표현하는 데 도움을 받으며, 궁극적으로 그것들에 의하여 영감을 받을 수 있다.

2. 사회적 다원주의와 도덕적 자유의 취약성

한편으로, 자유롭고 다원주의적인 서구 사회들은 화려하고 다채로운 개인주의가 얼마나 좋은지를 공공연히 과시한다. 칸트와 다른 계몽주의자들이 말했듯이, 그들은 인간 개인을 이성과 의지를 천혜적으로 부여받은 주체로 인정할 뿐만 아니라, 슐라이어마허와 탈근대주의 인류학의 많은 주창자들이 이해한 것처럼 급진적으로 독특한 정서적-신체적 개별자로 인정한다.[18] 게다가 그들은 인간이 존엄하다는 사상도 확실하게

---

18 참조. '현대문화에서의 개인성'에 대한 라인홀드 니버의 미묘하게 다른 견해를 보

고수한다. 인간이 존엄하다는 이 사상은 "아마도 역사상 자유와 평등을 보장하는 가장 급진적인 원리를 포함하는 사상일 것이다. 그 원리가 주인과 종을 구분하는 사회에 도입되었기 때문에, 그것은 법사상과 정치사상 면에서 근본적인 사고 전환을 요구했다. 휴머니즘(humanism)은 이 기독교적 사상을 그리스-로마법의 고대적 근원들과 연결시켰으며, 인류로 하여금 그들의 존엄을 문화적으로나 지적으로 진보시키고 발전시키도록 촉구하는 교육적 사명감과 연동시켜 인간존엄사상을 고양시켰다. 비록 인간존엄사상이 인간의 존엄을 보증하는 조건들을 제공하지는 않을지라도 말이다".[19]

전 독일재판소 재판관인 폴 키르호프(Paul Kirchhof)는 인간존엄사상을 '법 안에 윤리적 불편'을 불러일으키는 요소라고 지칭했다. "인간존엄을 수호하는 헌법적 보장은 무엇보다도 먼저 모든 법률 체제 전체의 방향을 잡아주는 지도원리를 제공하고, 다음으로는 어떤 주어진 개별적인 사례에서 발생하는 헌법적 문제제기를 통하여 실행될 수 있는 근본적인 법 원리를 제공한다. 만일 신성불가침한 인간존엄을 보장하는 것

려면 다음을 참조하라: *Human Nature*, vol. 1 of *The Nature and Destiny of Man* (New York: Scribner, 1964), 54-92; 그리고 '자율적인 자아의 창조' 안에 있는 복합적인 노력들을 보려면, 진 베트케 엘쉬타인의 다음 글을 보라: Jean Bethke Elshtain, *Sovereignty: God, State, and Self* (New York: Basic Books, 2008), 159-180.

19 Paul Kirchhof, "Einführung in die Tagung," in *Die Menschenwürde als Verfassungsgrundlage*, ed. Burkhard Kämper and Klaus Pfeffer, *Essener Gespräche zum Thema Staat und Kirche*, vol. 51 (Münster: Aschendorf, 2019), 1. Cf. William Schweiker, "Presenting Theological Humanism," in *Theological Ethics and Global Dynamics: In the Time of Many Worlds* (Oxford: Blackwell, 2004), 199-219.

이 그처럼 다수의 개별 사례에서도 정당화된다면, 이 장엄한 인간존엄 사상은 개개인 모두에게 유익을 끼치는 국가적 의무 실천의 일부가 된다."[20]

그러나 근본적인 인간의 개별성을 긍정하는 것과 동시에 인간이면 누구나 누려야 할 자유와 평등을 근본적으로 긍정하는 것, 이 둘이 전적으로 공존하는 것은 불가능한 유토피아가 아닌가? 많은 후기 근대주의 체제 밖의 많은 사람들과 심지어 후기 근대주의적 다원주의 사회들 내부에 속한 사람들은 모두 동시적인 자유와 평등과 결합된 이 인간의 개별성도 근본적으로 긍정하면서, 동시에 그러한 전제들(개인적 자유와 평등에 대한 전제들)이 진정으로 법적으로나 정치적으로 실현될 것이라고 믿는 그 기대는 비현실적이거나 심지어 환상적이라고 생각한다. 그들은 자유로운 개인성, 자유와 평등에 관한 도덕적 투신들에 대한 이 평가가 실제로 진정으로 실행된다면, 사회적 혼란을 초래할 세계관들의 극심한 상대주의라는 위기가 나타날 것이라고 믿는다.

하지만 비록 그 개별적 자유의 실행들과 정교한 향유가 빠질 수 있는 항구적 위험들에도 불구하고, 실제로 누구나 후기 다원주의 사회들과 그것들의 도덕적 의사소통의 채널들 안에서 그러한 자유가 실행되고 정교하게 향유되는 것을 목격할 수 있다. 도덕이 실제로 성취하는 것은 무엇인가? 복잡한 사회관계들을 맺고 사는 사람들은 도덕 없이 살 수 없다. 사람들은 도덕적 훈련과 의사소통을 통하여 그들의 행위에 다양한 면모들을 서로 판단한다. 어떤 것은 좋고 어떤 행위는 나쁘다고 판단한

---

20 Kirchhof, "Einführung," 3-4.

다. 그들은 선을 행하는 것은 칭찬받을 일이라고 생각하고, 나쁜 일을 행하는 것은 질책을 받는 행동이라고 생각한다. 좀 광범위하게 표현하자면 우리는 어떤 행위에 대해서는 승인과 존경을 보내며, 어떤 다른 행위에 대해서는 나쁘다고 부인하는 태도를 취한다. 아니면 우리는 또한 어떤 행동이 행해지기 전에 그런 행위는 나쁘다고 부정해 줌으로써 그런 나쁜 행동을 미연에 방지하려고 애쓴다.

형식적으로 그리고 최소주의적으로 보자면, 도덕적 의사소통은 정확하게 승인하는 태도 또는 존경을 부여하는 태도 또는 존경을 부정하는 태도의 연결망 안에서 작동된다. 즉, 어떤 행동에 대해서는 존경을 약속하고 어떤 행동에 대해서는 부정할 것이라고 위협을 가함으로써 도덕적 의사소통이 일어난다.[21] 그러한 존경 부여 또는 존경 거절은 다양할 정도로 격렬하게 표현될 수 있다. 우리는 가족 구성원들, 친구들, 혹은 대학동료들이 우호적이고 신뢰할 만하며 그들의 약속과 과업들을 잘 지킨다고 차분하게 인정할 수 있다. 그러한 인정 행위는 그들이 최소한 도덕적으로 행동할 것이라는 최소한의 기대를 품게 만든다. 그러나 우리는 또한 우리가 잘 모르는 다른 사람들의 행동과 행위에 대해 기뻐하며 놀랄 수도 있다. 그런 경우에 그 다른 사람들이 어떻게 행동할지를 지켜보고 인정해 줄지 혹은 관찰하는 정도에 그칠지, 경우에 따라서 존중은 기쁨과 경탄과 존경으로 변한다. 그러나 또한 우리는 다른 사람들에게 속을 수도 있고 실망할 수도 있다. 그러한 경험들은 경계심과 불신과 쓰디

---

21 니클라스 루만의 철저한 논의를 보려면, 다음을 참조하라 : Niklas Luhmann, "Soziologie der Moral," in *Theorietechnik und Moral*, ed. Niklas Luhmann and Stephan H. Pfürtner (Frankfurt : Suhrkamp, 1978), 특히 43-63.

쓴 감정을 촉발시킨다. 하지만 최악의 경우들은 지속적인 도덕적 갈등을 유발할 수 있다. 단순히 의견이 달라지는 정도를 벗어나서 우리 서로의 의견들과 확신들이 지속적으로 충돌하기 때문이다. 이런 경우 우리와 다른 사람들 사이에서 이뤄지는 상호평가와 상호결론들이라는 이 필수불가결한 요소가 거칠고 때로는 악의적인 판단과 정죄(定罪)로 바뀐다. 그런 경우들에서 도덕적 의사소통은 확실히 탈선된다.

도덕적 의사소통의 필수불가결성은 많은 사람들로 하여금 도덕이란 항상 언제든지 좋은 것이라고 다소 순진하게 믿게 만든다. 그러나 그것은 쓰라린 오해이다. 우리는 이 판단을 입증하기 위해 범죄자들 사이에 유통되는 도덕 또는 마피아 도덕의 명백한 사례들뿐만 아니라 보다 큰 대규모 인종집단들(파시즘, 아파르트헤이트, 생태적 파괴주의) 안에서 나타난 가증스러운 정치적, 종교적, 도덕적 타락 사례들을 인증(引證)할 수 있다. 그러한 도덕적 의사소통의 왜곡과 변질은 확실히 기획될 수 있을 뿐만 아니라, 이미 끊임없이 작동되고 있다. 사회적 다원주의와 그 일환으로 나타나는 여러 빛깔의 개인주의에 대한 비판자들은, 사회적 다원주의가 끊임없이 그리고 어쩔 수 없이 그러한 도덕적 상대주의에 노출된다고 본다. 그런데 개인주의와 자유로운 도덕적 의사소통은 다원주의 사회의 한 면에 불과하다.

다원주의 사회들은 그 형성과정에서 또한 그 자체로는 단일 위계적인 형식으로 고착되지는 않는, 한정되어 있긴 하지만 다수의 기관들과 기구들 — 즉, 사회체제들로 알려진 것들 — 에게 영향을 받는다. 여기서 특별히 언급할 가치가 있는 독립적인 사회체제들 중에는 정치, 법, 미디어, 시장(市場), 과학과 학문, 교육, 가정, 종교, 의료복지, 그리고 국방체제들이 있다. 이것들은 사회 전체에 필수적인 체제들이다.[22] 그것들은 조직화되고 기구화된, 그리고 고도로 규범적인 사회적 단체들로서 다원적 사회들에게 한정된 다원성을 제공한다.[23] 그런데 개인들(직업적 연결고리가 있든 없든), 특정 도덕을 대표하는 개인들, 시민사회 집단과 연합체들 안에서 작동하는 공적 도덕들의 대표자들은, 반드시 이 조직화되고 기구화되어 있으며 고도로 규범적인 사회적인 실체들과 상대해야 한다. 그런데 이 사회체제들은 보다 광범위한 사회적 공동체가 번영하기 위해서는 자신들의 존재가 필수적이라는 사실을 의식하고 있기 때문에, 그것들은 한 가지 활동은 물론이며 모든 각각의 활동을 통해 자신들의 내부 조직들을 지키려고 안간힘을 쓴다.[24] 그러한 사회적 조직체들

---

[22] 참조. Welker, *Kirche im Pluralismus*, 13-24; Michael Welker, "Was ist Pluralismus?," in *Wertepluralismus*, Studium Generale der Universität Heidelberg 1998/99, ed. Christopher Balme (Heidelberg : C. Winter, 1999), 9-23.

[23] 필수적인 기구들과 조직체들의 복합체의 기초적인 윤곽을 그리는 것이 일련의 국제적이고 학제적인 연구 프로젝트의 핵심연구 대상이다. 이 연구 프로젝트의 결과물들은 2020년 초에 라이프치히에 있는 개신교 출판사(Evangelische Verlagsanstalt in Leipzig)에서 출간될 예정이었다. 모두 10권으로 나올 연구총서의 첫 네 책은 다음과 같다 : Jürgen von Hagen et al., eds., *The Impact of the Market on Character Formation, Ethical Education, and the Communication of Values in Late Modern Pluralistic Societies*; Michael Welker et al., eds., *The Impact of Religion on Character Formation*; John Witte Jr. et al., eds., *The Impact of the Law on Character Formation*; William Schweiker et al., eds., *The Impact of Academic Research on Character Formation*.

[24] 이것에 대한 초기 통찰들은 다음과 같은 탈콧 파슨스의 탁월한 저작들과 니클라스 루만의 저작들 안에서 제공되었다 : Talcott Parsons, *The Social System* (New York : Free Press, 1951); Talcott Parsons, *Sociological Theory and Modern Society* (New York : Free Press, 1967); Niklas Luhmann, *Soziale Systeme : Grundriss einer allgemeinen Theorie* (Frankfurt : Suhrkamp, 1984); Niklas Luhmann, *Die*

의 활동들이, 확고하게 자리잡은 다원주의 사회 안에서 발전시키는 힘의 분할과 균형은, 다양한 수준에서의 자유를 촉진하고 보양하기 위해 다극적이고 다극양태적으로 작동한다.

    이 사회적 체제들은 사회 속에 활동하는 개인들과 시민적 연합체들의 도덕적 참여들이 이뤄지는 장이다. 사회체제들과 개인 및 시민적 연합체들의 계속적인 상호작용에서 상호교정이 이뤄진다. 양자 사이에 있는 상호교정이라는 이 다소 성공적인 체제의 열매는 그 가치가 아무리 강조되어도 지나침이 없을 만큼 소중한 사회적 자유이다. 다원적 사회들 안에 있는 이 인상적이고 야심찬 힘의 순환은, 고상하지만 불행히도 대단히 위태로운 자산(資産)이다. 힘의 분산이 위태롭게 되었다는 사실은, 우선 국제 무대에서 당장 정치적, 종교적, 혹은 군사적 세력들이 시민사회 안에서의 공적 활동들을 억제하고 다른 사회체제들을 그들의 위계적 통제 아래 복종시키려는 세계 정부들과 나라들의 부단한 시도들에서 명백하게 드러난다. 또한 시장과 미디어와 기술에 의해서 보다 우회적인 방식으로 조종되는 힘들이 다원적 사회들을 지탱시키는 힘의 균형을 왜곡시킬 수도 있다.

    이런 의미에서 다원적 사회들의 특징인 힘의 분산을 왜곡하는 한 가지 명백한 사례는 "정치지도자들에게 선동당해 행동하는 교조화된 대중들의 결집이다".[25] 많은 대중 선동가들은 이런 교조화된 대중들의 결집을 환영한다. 첫 번째 강의에서 말했던 것처럼 이 교조화된 대중들이

Gesellschaft der Gesellschaft (Frankfurt: Suhrkamp, 1997).

25 Habermas, *Between Facts and Norms*, 382.

전체주의의 참상들에 궁극적인 책임이 있다. 한나 아렌트는 또한 정치와 미디어에 의해 조장된, 전파력 강한 집단 이기주의와 맹목적 대중들의 대세추종주의에 의해 시민 단체들의 힘과 시민 단체 기관들이 잠재적으로 쇠락할 수 있는 위험성을 매우 정확하게 분별했고, 아울러 가족 영향력과 교육 영향력이 지속적으로 약화되는 사태를 매우 정확하게 간파했다.[26] 그리고 마지막으로 — 마지막으로 말한다고 해서 그 심각성이 제일 작다는 말은 아니다 — 다원적 사회체제들을 왜곡시킬 수 있는 또 다른 위협 요소는, 기구화되고 제도화된 사회 기관들이 시민 단체들을 통제하려는 파괴적 영역 침범 행위이다. 위르겐 하버마스는 이런 '체제-가부장제적인 — 하버마스의 표현 — 시민사회 영역 침범들'에 대하여 날카로운 경고를 발하였다.[27] 그는 시민을 감독하는 '감독형 국가'의 임박한 위험을 주지시킬 뿐만 아니라, 아주 신속한 전파력을 가진 매스미디어와 시민세력들 간에 발생할 수 있는 파괴적 관계들에 우리의 주의를 환기시킨다. 하버마스가 표현하듯이, 매스미디어는 주도면밀한 뉴스토픽 선택, 다른 중요한 토픽 배제, 기만적인 시민 참여가 있는 것처럼 조작하는 기사를 통하여, 공적 영역에 대한 그들의 구조화된 영향력들을 무리하게 휘두르려고 애쓴다. 하버마스는 다음과 같이 언급한다. "대중적 소통들(대중매체들)의 사회학은 서구 민주주의 사회들의 공적 영역들이 권력에 굶주린 매스미디어에서 지배받고 있다는 회의적인 인상을 전한다. 사회적 운동들, 시민 주도적 모임들과 포럼들, 정치적 및 다

---

26 Arendt, *The Human Condition*, 38-40.
27 Habermas, *Between Facts and Norms*, 351-352쪽과 여러 곳.

른 연합체들, 즉 시민사회의 여러 집단들이 실제 문제들에는 민감하게 반응하지만 그들이 보내는 신호들과 그들이 주는 맥박들은 대체로 너무 약하여 단기적으로는 정치적 체제 안에서 이뤄지는 학습과정들을 창발하거나 정책 결정을 올바른 방향으로 재정위(再定位)하기에는 너무 약하다."[28] 그의 극단적인 비관적 평가는 이렇다. "확실히 그런 시민들의 연합체들은 매스미디어와 큰 언론사들에 의하여 지배되고, 시장과 여론조사에 의해서 감시되며, 정당들과 정치적 단체들이 스스로 한 일이라고 말하는 공적 관계 과업과 그들의 홍수 같은 선전과 광고들에 의해 침수(沈水)되는 그 공적 영역의 가장 뚜렷한 대변자가 되지 못한다."[29]

하버마스는 도덕적 의사소통 과정들이 다원적 사회들을 형성하는 데 필요한 동력들을 제공하는 과업을 행하기에는 역부족이라고 믿는다. 사회체제들로 하여금 정의와 자유를 증진하도록 요구하는 그 과정들의 노력들이 여러모로 약화되었기 때문이라는 것이다. 그렇다면 자유로운 다원주의 사회 안에서 작동하는 힘의 순환관계라는 이 비상할 정도로 복

---

28 Habermas, *Between Facts and Norms*, 373; 이와 관련해 또한 다음을 참조하라:Günter Thomas and Michael Welker, "Einleitung:Religiöse Funktionen des Fernsehens?," in *Religiöse Funktionen des Fernsehens? Medien-, kultur- und religionswissenschaftliche Perspektiven*, ed. Günter Thomas (Opladen: Westdeutscher Verlag, 2000), 9-25.

29 Habermas, *Between Facts and Norms*, 367; 또한 니클라스 루만의 비관적인 견해들을 보려면 다음을 참조하라:Niklas Luhmann, *Soziologie des Risikos* (Berlin:de Gruyter, 1999); 동일저자, *Ökologische Kommunikation:Kann die moderne Gesellschaft sich auf ökologische Gefährdungen einstellen?* (Opladen: Westdeutscher Verlag, 1986); 또한 마이클 이그나티에프의 위험한 속생각들을 보려면 다음을 참조하라:Michael Ignatieff, *The Lesser Evil:Political Ethics in an Age of Terror* (Edinburgh:Edinburgh University Press, 2005).

잡한 상황에서 종교의 역할은 무엇인가?

3. 종교의 힘 : 도대체 무슨 종류의 힘인가?

　다극양태적인 정의, 자유, 진리, 그리고 평화의 영은, 비록 그것이 무시되고 왜곡되고 배척된다고 할지라도 키메라(혼성괴물)가 아니다. 종교적 사람들과 확실히 종교에 사로잡힌 사람들에게 그 다극양태적인 영은 다양한 방식으로 그들을 공동체로 형성할 뿐만 아니라, 그들에게 많은 은사들과 능력들을 덧입히는 신적 선물을 대표한다. 앞선 3강 끝에서, 우리는 특히 인간실존의 엄청난 가변성의 폭에 대한 종교적 강조를 부각시켰다. 그리고 부모의 죄 때문에 그 삼사대 후손까지 징벌하는 것에서 예시되듯이, 우리는 장구한 연대들을 고려하는 종교적 사고의 능력, 그리고 그 맥락에서 약자들을 보호하고 정의를 수행하는 그 영의 다극양태적 활동을 강화시키기 위한 종교적 잠재역량에 주목했다. 나는 불행히도 이 현재 강의의 끝에서 어쩌면 무조건적으로 종교의 제도적 및 도덕적 힘을 선한 도덕의 보증자로, 자유의 영을 촉진시키는 자극자로 강조함으로써, 여기서도 마찬가지로 종교의 순기능에 대한 논의를 한 단계 진전시킬지도 모른다는 그 어떤 기대도 꺾지 않을 수 없다. 만일 내 강의가 종교에 대한 기대감을 고조시킨다면, 그것은 거의 심각한 업무태만을 의미하는 것이 될 것이기 때문이다. 왜 그런지 설명해 보려고 한다.

　물론 현대세계에서 제도화된 종교의 힘이 쇠약해지고 몰락했다고 말하는 선언들이 넘침에도 불구하고, 누구도 제도권 종교의 거대한 힘을 과소평가해서는 안 된다. 하지만, 건전한 도덕과 자유를 증진시키는 힘의 원천으로 봉사할 수 있는 제도권 종교의 잠재력은, 그 기구적 지위에 의지해서는 결코 보장되지 않는다. 약간씩 다르지만 다양한 통계조사들에 따르면, 세계 인구의 84%가 현재 — 다양한 수준의 참여도를 보이지만 — 특정 종교 공동체에 속해 있다. 이 통계들에 따르면 향후 수십 년에 걸쳐서 세계 인구의 87%까지 종교를 갖게 될 것이라고 예측된다.[30] 20년 전에 자주 제기된 질문 — 꼭 정치가들에 의해서만 제기된 것은 아니다 — 은 과연 인류가 *종교를 갖고* 미래 사회로 진입할지 아니면 *종교 없이* 미래 사회로 진입할지에 관한 것이었다. 그런데 이 질문은 이제 약간 달라졌다. 우리가 *문명화된* 종교를 갖고 미래 사회로 진입할 것인가? 아니면 *비문명화된* 종교(폭군적 종교이거나 무질서한 종교)를 갖고 미래 사회로 진입할 것인가?

오늘날 세계 인구의 거의 3분의 1이 현재 기독교를 믿는다고 공언한다. 22억 6천만 명의 사람들이 스스로를 기독교인이라고 주장한다(15억 7천만 명의 이슬람교도와 9억 명의 힌두교도보다 더 많은 숫자). 오늘날 유럽인들의 약 72%가 기독교를 믿는다고 스스로 말한다. 하지만 이 숫자들은 특히 기독교인들과 유럽인들 모두에게 실망스러운 방향으로 변동되고 있다. 우리 시대의 종교 변동 상황을 고려하면, 장차 50년 후에는 이

---

30 Gustav Theile, "Das neue Jahrhundert der Religionen," *Frankfurter Allgemeine Zeitung*, October 27, 2019; 세계적인 종교 발전 동향들에 대한 보다 자세한 견해를 보려면, 다음을 참조하라: Detlef Pollack and Gergely Rosta, *Religion in der Moderne: Ein internationaler Vergleich* (Frankfurt/New York: Campus Verlag, 2015).

슬람교도뿐만 아니라 다른 종교 신봉자들이 수적인 면에서는 그리스도인들을 압도하게 될 것이기 때문이다. 또한 불가지론자들과 무신론자들의 꾸준한 증가 추세도 반드시 고려해야 하는데, 적어도 유럽의 경우 인구 23%가 불가지론자들이거나 무신론자들이다.

이런 통계들을 고려해 보면, 다양한 기독교 종파들 사이의 에큐메니칼 대화와 점증하는 종교 간 대화뿐만 아니라 보다 더 큰 세계관 문제를 놓고 교파 소속이 없는 사람들, 종교에 비판적인 불가지론자들과 무신론자들, 여러 가지 이유로 세계관 질문들에 무관심한 사람들과 대화하는 것도 중요하고 바람직하다. 하지만 가장 절실하게 요청되는 일은 종교들 자체 안에서 은밀하게 진행되는 소외와 세속화 과정들에 대한 자기비판적이고 교시적인 검토이다. 이런 맥락에서 많은 종교들이 자유의 영과 맺고 있는 두절된 관계성은 특별히 중대한 역할을 수행하지 않을 수 없다. 실로 모든 종교들이 그들 자신의 활동들과 개종자들을 얻기 위한 활동들을 촉진시키는 데 있어서 정치적으로나 법적으로 보장된 자유들을 열렬하게 활용한다. 하지만 바로 그 똑같은 종교들이 그들 자신의 결핍들에 기꺼이 비판적으로 그리고 자기비판적으로 민감하게 깨어 있으려고 하는 자세를 통하여 자유의 영을 촉진시키고 있는가? 종교들은 사회 안에서 공정하고 의로운 생활환경들을 형성하는 데 제 역할을 다하는가?

2014년에 『법과 종교 저널』(*Journal of Law and Religion*)이라는 잡지는 "종교적 자유를 다시 생각하기"라는 심포지엄에 발표된 논문들을 출간했다. 이 심포지엄 발표문들은 종교와 국제관계에 관한 헨리 루스 재단에 의하여 후원된, "종교적 자유의 정치 : 논쟁거리가 된 규범들과 지역적 관행들"이라는 연구 프로젝트를 통해 수행된 일련의 연구들로부터 비롯되었다. 종교와 국제적인 문제들에 대한 헨리 루스 재단의 연구는 2010년 유럽, 중근동, 남아시아 및 미국에서 각각 가동 중이던 자문회의들로부터 시작되었다. 이 연구들의 초점은 제도화된 정치, 법과 종교적 정치의 내적 연관성들과 이런 관계들이 종교공동체들에게 끼치는 영향들이었다. 상이한 종교공동체들 사이의 갈등과 심지어 똑같은 종교공동체들 내부에서 일어나는 갈등들 또한 위의 연구 프로젝트를 위한 토론 거리를 제공하였다. 그러나 그 심포지엄에 발표된 글들은 상당히 경각심을 주는 연구들이었다. 그 안에 담긴 다양한 기고문들은 "종교적 자유의 정치가 그 자신의 목적에 복무하는 다수파 또는 다수결 정치에 의해서 어떻게 형성되는가"[31]를 차분하게 논증하고 있었다.

말하자면 "자유"라는 논제가 본질적으로 자기 보존과 자아 향상의 논제가 되어버렸다는 것이다. 비록 종교적 소수자들의 자유를 촉진하는 개별적인 발전들은 정당하게 평가되고 있었을지라도, 또한 이 똑같은 소수파들 사이에 벌어지는 권력투쟁이나 기득권 방어 투쟁에 대한 많은 증거들이 있었다. 자기보호의 명목으로 개인의 자유를 파괴하는 종교적 야만은 똑같은 종교집단 내에서 발견되는 내부적 차이들을 억압하고 제거하려는 정치적 전략들이 발전되는 과정에서 발생하는 그런 투쟁들이었다.[32] 정치뿐만 아니라 확실히 종교 지도자들에 의해 주도되는 종교

---

31 Elizabeth Shakman Hurd and Winnifred Fallers Sullivan, "Symposium : Re-Thinking Religious Freedom, Editors' Introduction," *Journal of Law and Religion* 29 (2014) : 358.

32 참조. Hurd and Sullivan, "Re-Thinking Religious Freedom," 여러 곳.

적 자유 투쟁이 공공연한 정치 쟁점으로 변질되는 현상은 음울하고 거의 호전적인 양상으로 나타난다.

정의와 자유를 위하여 전진하기를 싫어하는 정치적이고 종교적인 지도층의 완고함을 발견하는 것은 우리를 낙담시킨다. 우리를 낙심하게 하는 사태들은 기독교와 인권 관계를 다루는 연구들에 의하여 확증된다. 존 위트(John Witte)는 바로 『기독교와 인권』(Christianity and Human Rights)이라는 그의 책 서문에서, 다음과 같이 간결하게 말한다. "마찬가지로, 가장 호전적인 형태의 종교적 억압을 일삼는 나라들 중 더러는 미국보다도 더 국제적 인권 증진 법률들을 많이 비준하였고, 미국 헌법에 나타나는 것보다 더 정교한 인권 보장 규정들을 만들었다."[33]

똑같은 종교적 신념을 가진 사람들과 인권에 대한 투신 사이에 있는 심각하게 파열된 관계를 노정하는 것은 단순히 교조화된 정치적 완고함뿐만 아니라, 종교 집단들 그 자체 안에 있는 혐오스럽고 흉측한 투쟁들이다. 위트는 서구 교회와 사회들 안에 존재하는 많은 복음주의 단체들이 민주적 자유라는 그 중요한 개념을 물질에 대한 탐욕주의와 연동시키며, 민주적 자유를 이기적인 개인주의와 연관시키면서도 다원주의라는 그 넉넉한 개념을 어떻게 그렇게 가차없이 부정적으로 배척하는지를 아주 명료하게 입증한다. 마찬가지로 미국과 서구에 존재하는 많은 복음주의 단체들은 언론의 자유, 집회의 자유뿐만 아니라 자유로운 형식으로 표명되는 종교적 발언들마저도 단호한 회의의 눈초리로 바라본다.

---

33 John Witte Jr., "Introduction," in *Christianity and Human Rights: An Introduction*, ed. John Witte Jr. and Frank S. Alexander (Cambridge: Cambridge University Press, 2010), 11.

또 다른 예에서 위트는, 한편으로는 그리스 정교회의 많은 근본적 교회 권리들을 긍정하면서도[34] 또 다른 한편에서는 다른 지역의 그리스 정교회들에서 행해지는 인상적인 신앙 관습들도 긍정하는 그리스 정교회의 북미-남미(1980년) 대연회의 25차 성직자-평신도 협의회의 선언을 분열시키는 깊은 간극이 있음을 밝힌다. 그는 약간 주저하면서 말한다. "오늘날 인권과 민주적 원칙들에 대한 정교회의 옹호 입장은 어느 때보다 심각하게 검증되고 있다. 특히 러시아와 동유럽에서 그렇다."[35]

그는 종교적, 정치적, 그리고 도덕적 자기 의(義)에 탐닉하려는 만연한 경향에 맞서서, 다음과 같이 주장한다. "종교가 정치적 선 또는 정치적 악, 둘 다에게 이전 과거에도 무시할 수 없는 힘이었고 또 지금도 무시할 수 없는 힘이라는 사실을 부인할 수 없다. 종교가 자애심을 길러주는 것도 사실이고, 호전성을 길러주는 것도 부인할 수 없다. 종교가 평화, 말로 다 표현되지 못한 차원들의 격정(증오와 적의), 둘 다를 보양했다는 사실은 부인할 수 없다. 그러나 이 종교적 호전성과 격렬한 감정을 들어 종교를 비판하는 사람들에 대한 적절한 응답은, 아예 그런 종교가 존재한다는 것을 부정하는 것일 수도 없으며, 혹은 종교를 사적 영역과 예배당으로 유폐시켜 몰아내는 것이 될 수도 없다. 이런 종교 비판에 대한 적절한 응답이란 종교적 충성심 안에 내장된 악을 거세하고 종교의 미덕들은 함양하는 것이다."[36]

---

34 Stanley Harakas, "Human Rights : An Eastern Orthodox Perspective," *Journal of Ecumenical Studies* 19 (1982) : 13, 21, 26.

35 Witte, *Christianity and Human Rights*, 35.

36 Witte, *Christianity and Human Rights*, 41-42.

여기서 종교의 제도적 힘 그리고 심지어 종교의 도덕적 영향력과 밀착되어 있는 이 예리한 양면성(兩面性)을 놓치지 않는 것이 매우 중요하다. 하지만 동시에 종교의 부인할 수 없으며 압도적인 *제도적* 힘이 반드시 종교적 *자유*로 오인되어서는 안 된다. 이러한 통찰은 또한 자연신학으로 알려진 그 노선과 관점들을 이해할 때도 적용된다. 자연신학은 종교적 공동체의 특수한 형식과 내용을 무시한다. 정확하게 인류학적으로, 윤리적으로 숙고된 자연신학의 틀 안에서는 누구든지 종교들에게 부여되었던 자애로운 힘과 빛나는 영향력이 궁극적으로 정의와 자유와 진리와 평화의 영으로부터 파생된다는 것을 신속하게 인정할 수 있다. 제도화된 종교들이 자애롭고 선한 영향력을 끼친 경우에는 항상 그 제도화된 종교 위에 정의와 자유와 진리와 평화의 영이 부어졌을 때였다. 실로 제도화된 종교들이 바로 이 다극양태적인 영에 의하여 형성된 그만큼 그리고 이런 상속된 능력과 영적 은사들이 자기비판적 방식으로 드러나는 것을 허용하는 그만큼, 자유의 영은 그런 종교적 단체들 안에서 활성화될 수 있고 그것들로부터 감히 세상을 향해서도 발출되어 뻗어나갈 수 있다.

4. 결론

다극양태적인 자유의 영은 심지어 가장 초보적인 형태의 자유에서도 존재한다는 사실이 인정되어야 한다. 그런 맥락에서 자유를 장벽들로부터의 자유라고 이해하자고 말하는 뤼디거 비트너의 제안은, 각 사람이 실제적이며 정치적인 장벽들을 보다 효과적으로 피하려고 일상생활에서 능동적으로 수행하는 그런 특별한 노고들을 돋보이게 한다. 마찬가지로 비트너는 포괄적이지만 때때로 공허한 느낌들과 상상되기만 하는 자유의 아젠다 안에 내재된 위험들에 주의를 환기시킨다. 하지만 실제적인 장벽들을 제거하려는 특별한 노고들의 결과, 우리가 일상생활에서 경험하는 이런 실제적인 자유들의 다면적 성격을 점차 더 많이 의식한다고 해서, 자유의 영과 정의의 영 사이의 관계를 외면해서는 안 된다.

이 도전은 우리로 하여금 자유를 사회적으로 왜곡시키는 보다 더 치밀한 형식들에 잘 대처하기 위해서, 시민사회 수준을 포함하여 사회 내에서 자유 아젠다를 형성할 정치적이고 도덕적인 수단들을 강구할 것을 요구한다. 다원주의 사회들 안에서, 제한되었지만 잠재적으로 환상적인 가능성들을 가진 자유와 다원주의 사회들에서 가동되는 도덕적 의사소통 통로들이 이 과정에서 의미 깊은 역할을 한다.

종교와 관련해서 우리는, 한편으로는 자유와 또 다른 한편으로는 제도화된 종교권력과 영향력의 확장을 동일시하는 위험한 혼동을 비판적으로 그리고 특별히 자기비판적으로 점검해야 한다. 자유, 정의, 진리, 그리고 평화의 다극양태적인 영으로부터 자연신학의 방향을 정하는 것이, 자연-신학적 현실주의와 1980년 이후 폴란드와 동유럽 나라들에서 일어난 갱신운동과 관련해 두 번째 강의에서 다뤘던 모범적인 자연-신학적 기상(ethos)을 명료하게 규명하는 것을 촉진시킨다.

5강

진리 추구의
소명

서론 : 다극양태적이고 다극적인 영 이해

다극양태적인 진리의 영의 활동들은 정확함, 올바름이라는 친숙한 관념들로부터, 진리를 찾고 진리 주장들을 검증하는 모든 활동들에 참여하는 대학교의 과학자들과 학자들로 구성된 범세계적 연결망까지 다 포함한다. 어떻게 우리가 이 다극양태적인 진리의 영을 이해하는가? 진리 주장들은 정확함, 확실성, 동의, 일관성 등의 표준들에 의해 계측되고 검증된다. 동시에 이런 표준들에 맞게 새롭고 참된 지식을 획득하기 위하여 계획적이고 방법론적으로 엄정하며 혁신적인 연구 과정들이 착수된다.

이 강의의 1단원에서 이러한 일반적인 문제들을 고찰한 후에, 2단원에서는 일단의 국제적이며 학제적인 과학자들과 학자들에 의해 수행되는 진리 추구를 서술할 것이다. 자신들의 연구방법들을 인류학 연구에까지 확장하려고 하는 그들의 학문적 발견들은 자연신학의 관점에서 형성된 인간학 연구에 적실성들을 획득할 수 있다.

그런 후 이 강의의 3단원은 그러한 인류학적 발견들을 지지할 가능성이 있는 자연신학 내부의 하나님 개념들을 서술한다. 여기서 드러나는 사실은 특별한 종교전통들에 매이지 않는 하나님에 대한 신학적 교리들이 스스로에 부여하는 보편타당성은 지지할 수 없다는 것이며, 더 나아가 자연신학 그 자체의 통찰들과 주장들도 반드시 종교에 대한 현대적 비판을 받아야 한다는 것이다. 3단원은 또한 "하나님은 영이시며 영과 진리 안에서 예배받으시길 원한다."라는 계시신학의 주장이 자연신학과 공존 가능한 주장으로 해석될 수 있는지 그 여부에 대한 논의를 개시한다.

일반적이고 형식적인 의미로 보자면 젊은 헤겔이 표현했듯이, 영은 결합 활동과 구별화 활동을 통해 '관계들'을 만들고 그것들에게 영향을 끼치는 능동적인 힘이다. 이 복합적인 힘을 의미있게 다루려는 이전의 시도들은 양극적인 군집(群集)들(constellations)로 현현(顯現)하는 영의 활동들에만 집중하는 경향을 보여 왔다. 예를 들면, 주체와 객체, 인식과 인식대상, 나와 너, 인간과 동료 인간, 자아와 타자, 자아와 세계, 하나님과 인간 등으로 양극화된 구분을 통해 드러나는 영의 현현들이 그동안에 이뤄진 '영' 연구의 주요 초점이었다. 그러한 양극적인 군집들은 진리에 대한 한 가지 이해를 촉진시키는 데만 기여해 왔다. 이 진리관에 따르면 진리는 사유와 그 대상의 일치로 이해되거나 주관적인 주장들과 객관적인 세계의 사실들의 일치로 이해되거나, 혹은 그것과 유사한 관계들로 이해된다.[1] 지금부터 전개될 논의는 다극양태적 영의 현현들로서 이 양극적인 군집(群集)들을 평가할 것이며, 동시에 그런 현현들이 절대시되는 때는 '양극적 군집 중심의 접근'에 반론을 제기할 것이다.

1. 정확성 추구부터 국제적으로 조직화된 과학적 및 학문적 진리 추구까지 다 포함하는 포괄적인 활동에서 말하는 '진리'란 무엇인가?

다극양태적인 자유의 영에 관한 앞선 강의에서처럼 이번에도 기초적

---

[1] 예를 들어, 토마스 아퀴나스의 『신학대전』을 보라: Thomas Aquinas, *Summa Theologiae*, I, q.16, a.2: "veritas est adaequatio rei et intellectus." 이 라틴어 문장의 의미는, "진리란 사물(사태/rei)과 지성(intellectus)의 일치"라는 것이다.

인 정의로부터 논의를 시작하는 것을 양해해 주기 바란다. 진리에 대한 가장 초보적인 이해에 따르면 진리란 판단들과 행동들 양쪽에 적용될 수 있는 '단순한 정확성'을 가리킨다. 진리란 사유되고, 주장되며, 그리고 관찰되었던 어떤 그 무엇인가? 그것에 관한 진술은 정확한가? 한 특별한 행동이 진정으로 '이렇게' 진행되었고 '다르게' 진행되지는 않았다는 것인가? 어떤 것을 정확하다고 보는 것은 적어도 판단과 이성적이고 상호주관적으로 실증이 가능한 지식을 제공할 수 있다는 확신, 이 두 가지 면에서 안정감이라는 예비적 요소를 제공한다.

일상생활에서 정확성에 대한 우리의 논의가 자명하다고 — 비록 그 자명함도 때로는 신속하게 와해되기는 하지만 — 다극양태적인 진리의 형식과 그것을 확인하는 것을 얕잡아봐서는 안 될 것이다. 한 가지 예를 들어 보자. "튀빙엔 외곽 네흐렌에 사는 미하엘 벨커는 074736620 전화번호로 연락할 수 있다." 이 정보는 1987년 8월 이전에는 정확했고, 따라서 그 진술도 진실했다. 전화번호부 책을 힐끗 보는 것으로, 미하엘 벨커의 지인들에게 물어보는 것으로, 당연히 이 전화번호로 다이얼을 돌려 보는 것으로도 이 사실은 확인될 수 있다. 하지만, 오늘 이 진술은 다음과 같은 제한이 덧붙여져야만 진실한 말이 된다. 즉, "튀빙엔 외곽 네흐렌에 사는 미하엘 벨커는 1987년 중반까지만 074736620 전화번호로 *연락될 수 있었다.*" 그 진술이 과거 *한때 정확했다*는 사실은 지금은 진실이 아니다. 헤겔이 그렇게 웅변적으로 표현했듯이, 진실은 이제 '오염되었다'.[2]

---

[2] 이 말은 감각적 확실성의 인상을 글로 적어 둠으로써 진리로 고정하려는 시도들에 대한 헤겔의 논평 맥락에서 나왔다 : Hegel, *Phenomenology of Spirit*, 62.

알프레드 노스 화이트헤드는 진리에 관한 극적인 논쟁, 즉 갈릴레오의 유명한 논쟁을 인용하여, 진리를 주장하는 진술들을 제한하는 것이 얼마나 중요한지를 강조했다.

갈릴레오는 지구가 움직이고 태양은 고정되어 있다고 말했다. 종교재판의 대심문관은 지구는 고정되어 있고 태양이 움직인다고 말했다. 공간에 대한 절대이론을 받아들이는 뉴턴 식의 천문학자들은 태양과 지구 둘 다 움직인다고 말했다. 그러나 이제 우리는 채택된 그 진술들에서 요구되는 방식으로 '정지'와 '운동'에 대한 우리 각자의 이해를 고정시킨다면, 이 세 가지 진술들 중 어떤 진술도 다른 진술과 동등하게 참이라고 말한다. 대심문관과 갈릴레오가 논쟁하던 시대에는 의심의 여지없이 갈릴레오가 사실들을 진술한 방식이 과학적 연구를 위해서는 생산적인 절차였다. 하지만 그 자체로 갈릴레오의 방식이 대심문관의 공식보다 더 참인 것은 아니었다. 하지만 그 당시에는 상대적 운동에 대한 현대적인 개념들을 누구도 생각할 수 없었다. 그래서 그 진술들은 보다 더 완벽한 진리를 위해 요구된 제한사항들을 인지하지 못한 가운데 개진되었다. 하지만 지구와 태양의 운동들에 대한 이 질문은 우주 안에 존재하는, 한 가지 실재적인 사실을 표현하고 있다. "모든 당사자들(sides)이 그것에 관한 중요한 진리들을 파악했다는 것이다." 그러나 그 당시의 지식들로는 그 진리들이 일치하지 않는 것처럼 보였다.[3]

---

3 Alfred North Whitehead, *Science and the Modern World* (Cambridge: Cambridge University Press, 1953; paperback ed. 2011), 227-228.

갈릴레오를 심문한 대심문관은 심지어 기억하기 좋은 각운(脚韻)을 가진 독일 어린이들의 애송 동요에도 반영되어 있는 건강한 사람의 이해를 대표하는 관점을 지지했다.

> 태양은 동쪽에서 떠올라
> 한낮의 잔치 때에는 남쪽으로 방향을 틀더니
> 북쪽에서는 보이지도 않고
> 서쪽에서 그것은 고요히 지고 있네

즉, 대심문관은 자신의 강력한 진리 주장을 내세워 감각적인 확실성에 충실한 이 관점을 지지했던 것이다. 결국 "누구나 태양이 동쪽에서 떠오르는 것을 볼 수 있다!" 물론 현대적 관점에서 보면, 대심문관들은 한편으로 인간의 감각적 확실성을 도발하는 진리 주장을 내세워 — 예를 들면 부활에 대한 신앙 — 처음으로 건강한 인간의 이해와 감각적 확실성에 거대한 도전을 제기했다. 또 다른 한편으로 그들(종교재판관들)은 천문학에 대한 새로운 과학적 발견들을 분쇄하기 위해서 이 똑같은 건강한 인간적 이해와 감각적 확실성에 호소했던 사람들이다. 인간의 이해와 감각적 확실성을 적으로 삼으면서 우군으로도 삼아가며 기독교를 대표하는 사람들이 바로 이 똑같은 종교재판 심문관들이었다는 사실에는 모종의 반어법적 비꼼의 요소가 결부되어 있다. 잘 알려진 것처럼, 교회는 아직도 보다 이른 시기에 내린 이 결정(갈릴레오 재판) 때문에 생긴 신뢰상실의 상태로부터 완전히 회복되지 못했다.

갈릴레오 재판사건은 진리를 추구하고 방어하는 데 (감각적) 확실성이 얼마나 제한된 역능(力能)밖에 갖지 못하고 있는가를 밝히 드러낸다. 누구도 "진리는 오로지 확실성의 양식으로만 인간들에게 파악될 수 있다."라고 주장할 수 없기 때문이다. 즉, "진리는 오직 우리가 진리를 의식하고 확신하는 만큼만 이해될 수 있다고 주장할 수 없다. 동시에 그러한 확실성이 아주 다양한 수준으로 드러날 수 있고, 의심을 불러일으키며, 의심에 의해 도전받으며, 다양한 수준으로 문제 제기를 촉발시킬 수 있다".[4] 이런 묵직한 한계들이 있다는 점을 인정하는 발언들에도 불구하고, 진리를 확실성과 연결시키는 이러한 '*확실성 노선*'은 여전히 문제로 남는다.[5] 우리의 의식적인 생활 속에서 행해지는 많은 행동들은, 확실성에 대한 우리의 이해를 특별히 규정한다고 추정되는 짜증스러운 불편함과 의심을 다소간에 명시적으로 제거하지 않은 채로 진리에 대한 지식으로 지탱되기 때문이다.[6]

사람들은 확실성에 대한 수많은 전제들을 신뢰하며 살아갈 뿐만 아니라, *그들 스스로는 사실 개인적으로 확실성을 확정하지는 못했지만*, 이미 입증된 진리 주장들에 의해 지지되는 확실성에 대한 수많은 전제

---

[4] Wilfried Härle, "Das christliche Verständnis der Wahrheit," in *Wahrheit, Marburger Jahrbuch Theologie*, vol. 21, ed. Wilfried Härle and Rainer Breuel (Leipzig : EVA, 2009), 82.

[5] 그래서 다음을 보라 : Julian Nida-Rümelin, *Demokratie und Wahrheit* (Munich : Beck, 2006), 45. 진리를 확실성으로 등치시키려는 시도들을 비판적으로 논평하는 율리안 니다-뤼멜린의 말에는 "확실성 추구는 편협함을 조장한다."(certitudinalism promotes intolerance)라는 경고가 뒤따른다(46).

[6] "확실성"의 개념에 반드시 동반되는 전제들과 조건들의 복합한 교직에 관한 루드비히 비트겐슈타인의 고찰을 보려면 다음을 참조하라 : Ludwig Wittgenstein, *Über Gewissheit*, vol. 8 of *Werkausgabe* (Frankfurt : Suhrkamp, 1984), 특히 140-142.

들을 신뢰하며 살아간다. 물론 그러한 진리 주장들이 어느 정도까지 입증되어야 하는지는 경우에 따라 다양할 수 있다. 그런데 이 상황이 이제 역으로 그 진리 주장들의 존립 가능성에 관한 논쟁을 유발시킨다. 그러한 상황은 또한 여러 개의 확실성들을 교차해서 비교하고 평가하여 연결시킴으로써 진리 주장을 개진하는 *진리 동의론*과, 지식과 주장들의 양립 가능한 상호관계가 진리 주장을 하기 위한 필수조건이라고 보는 *진리 일관성 이론*에도 적용된다.

비록 또한 결코 과학적으로 뒷받침되는 진리 추구가 아닐지라도 어떤 개인적인 진리 추구도 "스스로 어떤 추가적인 수정이나 교정 가능성도 남기지 않을 만큼 절대적인 확실성을 얻었다고 주장할" 수 없다는 것을 깨닫는 것이 중요하다. "오히려 확실성을 성취한 과학적 진리 추구는, 이성적인 사람이라면 전적으로 받아들일 수 있는 어떤 것이 되도록 설명할 수 있을 만큼 충분히 통찰력이 있다면, 어느 정도 이해될 것이다."[7] 신학과 자연과학의 숱한 대화들에 참여해 본 존 폴킹혼과 나는 과학과 종교에서 '진리-추구 연합들'의 성격을 정확하게 규정하는 것이 무엇인지에 대한 질문을 제기했다. 우리는 한편으로는 진리 추구는 확실성들을 견고하게 하고 안정화하려고 애쓰며, 그러한 확실성들에 대한 가장 광범위한 동의와 일치를 획득하려고 애쓴다는 것을 발견했다. 또 다른 한편, 진리 추구는 일관성 있는 이해라는 요소를 획득하고 확장하려고 애쓴다는 것이다. 비록 이 두 가지 활동이 — 하나는 합의에 초점

---

[7] John Polkinghorne, "The Search for Truth," in *The Science and Religion Dialogue : Past and Future*, ed. Michael Welker (Frankfurt : Lang, 2014), 53.

을 맞추고, 다른 하나는 일관성에 초점을 맞춘다 — 충분히 자주, 서로를 다양한 방식으로 불편하게 할지라도, 그렇게 생긴 불편함은 진리 추구를 생산성 있는 과정으로 만드는 데 기여한다.[8]

틀이 갖춰진 조직적 진리 추구에는 몇 가지 장점이 있다. 예를 들면, 그것은 검증을 거치는 과정에서 논박된 진리 주장들의 대규모 목록들을 제공하며, 적어도 잠시 동안이라도 증명 가능한 진리의 요소들을 제공한다는 점에서 장점을 갖는다. 어떤 주어진 분야에서 활동하는 전문가들 사이에 이뤄지는 내재적 상호 교정들은 엄격한 제재조치들을 통하여 — 예를 들면 증명 불가능한 진리 주장들을 입증했다고 주장한 사람의 명성에 손상을 입히는 징계 — 조직화된 과학과 학문이 다양한 분야들에서 생길 수 있는 오류와 기만에 맞서는 중요한 방어체제를 스스로 제공할 수 있게 한다. 그리고 사회 지도층에 진입하려는 관심을 가진 사람들을 훈련하는 훈련센터로서의 위상에 의지하여, 대학교들에서 이루어지는 조직화된 진리 추구는 또한 말하자면 그 자신의 진리 추구 기풍(ethos)과 다극양태적인 진리의 영을 삶의 모든 영역들에 나누어 주거나 중개할 수 있다. 조직화된 진리 추구의 '심장'은 전 세계에 걸쳐서 연구와 교육을 결합시키고 박사 학위들을 수여함으로써 자격 있는 개인들이 미래 연구를 수행하도록 훈련시키는 대학들에서 발견된다.[9]

---

8 John Polkinghorne and Michael Welker, *Faith in the Living God: A Dialogue* (London: SPCK, 2001; 2nd ed., Eugene, OR: Cascade, 2019), 9장.
9 대학교의 진리 추구가 갖는 체계적 특장과 특징에 대한 법학자 요하힘 레게(Joachim Lege)의 논의를 보려면 다음을 참조하라: Joachim Lege, "Die Herzkammer der Wissenschaft: Das Wissenschaftssystem braucht ein Zentrum, das bahnbrechende Erfindungen mit dem wissenschaftlichen und gesellschaftlichen Konsens

정확성, 확실성, 동의, 일관성, 비교 가능성, 검증되고 입증된 진리 주장들-이것들은 어떤 진리 추구라도 그것이 수행되는 맥락 안에서 진리 주장들을 평가하는 데 사용하는 몇 가지 기준들이다.

하지만 진리 주장들을 검증하고, 평가하고, 궁극적으로 확증하는 진리의 영은, 조직화된 과학과 학문체계의 — 비록 중요할지라도 — 단지 한 부분일 뿐이다. 새로운 세대의 학생들을 교육하는 과정에서 일어나는 창의적인 교육적 교환 그리고 연구 활동들 내부의 열정과 경쟁은 창의적이고 확장된 지식을 위한 진리 추구에 대한 투신에 의하여 지탱된다. 이따금씩 조직화된 연구 기관들 밖에서 일어난 선구적인 혁신들에 주의가 쏟아진다. 그들이 주목받는 것은 정당하다. 하지만 조직화된 연구기관 밖에서 이뤄진 연구성과들에 관심이 쏟아진다는 사실 자체가 조직화된 연구, 학문, 교육체제의 항구적 가치를 전혀 깎아내리지는 않는다.[10]

윤리적으로 의미있는 한 요소가 또한 과학과 학문의 영역을 훨씬 뛰어넘어 일반 사회 전체에 빛을 발하는 진리의 영에 결부되어 있다. 베를

---

vermittelt. Das können nur die Universitäten sein," *Frankfurter Allgemeine Zeitung* (September 19, 2019): N4.

10 Jochen Taupitz, "Das hohe Gut der Wissenschaftsfreiheit: Forschung zwischen Erkenntnisgewinn und Risikoproblem," *Forschung und Lehre* 26 (2019): 446. 스스로 부과한 상호검증과 균형 확보 체제는 과학과 학문의 본질적인 특징 중 하나이다. 과학과 학문은 지금까지 계속 검증되어 왔으며 실로 비판적 검증에 영구적으로 노출되어 있는 지식, 즉 이전부터 인정되고 수용되고 있는 인류공동체의 모든 발견들을 다 포함하는 지식을 획득하는 데 투신된 자기교정적인 자율체제를 구성한다. 과학과 학문의 근본적인 도구인 연구는 그래서 그 자체도 검증대상이 되는 방법론과 체계에 근거하여 연구대상이 되는 것들에 대한 확실한 지식을 획득하는 데 투신되어 있다.

린 철학자 볼케르 게르하르트(Volker Gerhardt)는, 현재(2019-2020년) 미국 대통령이 그 자신의 이미지를 고양시키기 위한 노력으로 일관되게 진리를 무시하고 경제적으로 자국에게 최선이라고 간주되는 것을 행하기 위하여 진리를 무시하겠다고 주장하는 사태는 '서구 문명에 위험'이 된다고 간주한다. 엄청난 양의 부정확한 정보와 주장들이 '진리들'의 가면을 쓰고 세상에 방출된다.[11] 볼케르 게르하르트는 하지만 또한 다음과 같은 사실을 주목한다.

그 상황이 필사적인 만큼이나, 진리를 공공연히 배척하는 이 대통령의 행동은 한 가지 좋은 일을 한 셈이다. 즉, 그는 몇 주 안에 너무 오랫동안 압도적으로 현대적(혹은 심지어 이미 '탈근대주의적인')이라고 간주되었던 진리 배척을 끝장내는 일을 했다. 2017년 봄(미국 대통령 트럼프 취임)까지 "진리에 대해서" *조금이라도 의미*를 부여하는 것은 명백한 후진성의 한 표지로 간주되었던 반면에, 이제는 '과학발전을 위한 전진'에서 뿐만 아니라 학자들의 공동체 안에서도 진리의 필수불가결성에 관한 어떤 의심 곧 모든 의심을 제거하기에 바쁜 세상이 되었다.[12]

---

[11] 2019년 4월 29일자 『워싱턴 포스트』(The Washington Post)는 도널드 트럼프가 2017년 1월에 미국 대통령으로 취임한 이후 퍼뜨린 일만 가지의 거짓 주장들을 보도했다.

[12] Volker Gerhardt, "In Vergessenheit geraten : Über die Unverzichtbarkeit der Wahrheit," *Forschung und Lehre* 24 (2017) : 755. 또한 정치, 미디어, 그리고 보다 더 넓은 공적 영역이 뒤엉킨 상황에서 발견되는 진리와 정확성에 대한 이 같은 냉소적인 태도의 중대하고 파괴적인 힘에 대해서 알아보려면, 다음을 참조하라 : Romy Jaster and David Lanius, *Die Wahrheit schafft sich ab : Wie Fake News Politik machen*, 2nd ed. (Stuttgart : Reclam, 2019).

정당하게도 게르하르트는 사람들이 "진리의 형이상학적 지위는 과대평가하면서도 진리의 도덕적 의미를 과소평가했다."고 집요하게 주장했다. 진지하고 복원력 있는 진리 주장들을 내세우려는 의지가 포기되는 때, 우리는 사유와 행동과 상호적 행동을 의미있게 만드는 우리의 안정성을 상실한다. 우리로 하여금 실로 진리에 꼭 붙어 있는 것보다 더 긴급한 일이 없다는 것을 반드시 의식하게 만들어 주는 것은 바로 정확하게 "세계에 대한 인간 경험의 상대성"이며 "다양성이고 모순성이며, 입장들의 지속적인 화해불가능성이다".[13] 이런 의미에서 인류학의 어떤 부분들에 대한 확장된 이해를 위하여 추진되었던 지난 수년간의 국제적이며 학제적인 연구 프로젝트는, 과학과 학문을 위하여 매우 희망적인 발견들을 산출했고, 인류의 감수성에 대해 많은 것을 밝혀 주는 연구 결과들을 내놓았다.

2. 진리에 대한 학제적 추구와 그 결과인 세분화된 자연신학적 인간학의 발견

'과학과 종교' 대화 프로젝트는 원래 철학에 관심이 많은 신학자들, 종교학자들, 물리학자들에 의하여 열정적으로 결성되었다. 1989/1991년 기포드 강연에서 이안 바부어(Ian Barbour)는 이 대화에 적용될 만한 네 가지 모델을 제시했다. 즉, '갈등노선, 독자노선, 대화노선, 통합노선'이

---

13 Gerhardt, "In Vergessenheit geraten," 756.

그것들이다.[14] 비록 이 모델들은 나중에 정교하게 다듬어지고 확장되었을지라도,[15] 심지어 자연과학 분야가 생물학, 신경학, 심리학 그리고 신학, 철학, 그리고 마침내 역사적이며 주석적인 분야들까지 포함할 정도로 확장되자, 앞서 말했던 그 근본적으로 양극적인 군집(群集)들이 계속 기세 좋게 나타났다. 우리는 '물리학자적 입장-정신학자적 입장' 둘 다와 씨름하면서 몇 년간을 고단한 연구에 바쳤다. 우리는 또한 이 두 영역이 하나의 이론적인 틀 안으로 통합될 수 있을지에 관한 질문과 씨름하면서 고단한 몇 년을 보냈다. "일원론자인가? 이원론자인가?"라는 이 질문에 대한 특별히 잘 채택된 대응은, "우리는 이원적인 양상을 가진 일원론이 필요하다."[16]라는 대답이었다. 수년간의 협의들과 다양한 과학적, 학문적 분야들에서 수용되는 광범위한 진리 주장들을 평가하며 보낸 수년 후에, 우리는 우리의 연구기획을 고려해서 적어도 우리의 인간학 공동연구 작업에는 '다차원적인 입장'[17]이 필요하다는 최종적인 결론에 도달했다.

---

14 Ian Barbour, *Religion in an Age of Science : The Gifford Lectures*, 1989-1991, vol. 1 (San Francisco : Harper, 1990), 4-30.

15 예를 들어 다음을 보라 : Niels Henrik Gregersen and Wentzel Van Huyssteen, *Rethinking Theology and Science : Six Models for the Current Dialogue* (Grand Rapids : Eerdmans, 1998).

16 참조. Warren Brown, Nancey Murphy, and H. Newton Malony, eds., *Whatever Happened to the Soul? Scientific and Theological Portraits of Human Nature* (Philadelphia : Fortress, 1998).

17 참조. Niels H. Gregersen, Willem B. Drees, and Ulf Görman, eds., *The Human Person in Science and Theology* (Edinburgh : T & T Clark, 2000); John Polkinghorne, ed., *The Work of Love : Creation as Kenosis* (Grand Rapids : Eerdmans; London : SPCK, 2001); Malcolm Jeeves, ed., *From Cells to Souls-and Beyond : Changing Portraits of Human Nature* (Grand Rapids : Eerdmans, 2004);

나 자신은 수년간에 걸쳐서 물리학, 생물학, 심리학, 철학, 종교학, 그리고 조직신학, 윤리학, 역사신학, 성서신학 동료들과 함께 연구하고 토론하는 국제적인 연구모임을 주도했다. 다차원적인 연구에 대한 이 투신은 "몸, 혼, 영 : 인간의 복잡성"이라는 제목으로 표현되어 있다. 나는 첫 만남이 (그 모임을 조직한 의장인) 나에게 심한 충격을 주면서 시작되었음을 고백하지 않을 수 없다. 분석철학자 안드레아스 켐멀링(Andreas Kemmerling)이 재빨리 다음과 같은 주목할 만한 경고를 날렸기 때문이다. "비록 당신이 인간학에 대한 이원적 접근들을 자세히 조사하고 아마도 그 이원적 접근을 극복하려고 아무리 애를 쓸지라도, '인간존재의 복잡성'에 집중하다가는 당신은 무저갱 같은 깊은 구덩이에 빠질 것입니다." 켐멀링은 더 나아가서 정확하게 이원적 입장과 대립될 만한 자신의 근본적인 회의를 자세히 피력했다. 그는 설명했다. "철학과 인접 학문들은 20년 이상 어떤 명료한 조직화된 원리로 설명되기를 거부하고 있는 사람됨의 개념들에 대하여 토론을 벌여오고 있다. 그런데 당신은 도대체 어떻게 사람됨의 개념들에 질서와 명료성을 집어넣으려고 의도하는가?" 예를 들면, "사람은 이성적 사유(思惟) 능력을 가진 개인이다. 그래서 스스로 하는 행동에 대해 책임을 지는 개인이다. 그는 존엄성을 가지고 있다. 따라서 단지 사물이 아니다. …… 그는 인격적 존재이며…… 자유로운 존재이다. 그는 몸과 마음(영혼)의 통일체이다. …… 그는 지적

R. Kendall Soulen and Linda Woodhead, eds., *God and Human Dignity* (Grand Rapids : Eerdmans, 2006); Michael Welker, "Relation : Human and Divine," in *The Trinity and an Entangled World : Relationality in Physical Science and Theology*, ed. J. Polkinghorne (Grand Rapids : Eerdmans, 2010), 157-167.

인 행위자이며…… 그는 행복할 수도 있고 불행할 수도 있는 존재이다. 그는 그 자체가 목적인 존재이며, 존경받기를 원하는 대상이다. 그는 정신적, 육체적 모든 속성들을 공히 부여받은 통일된 실체이다. 그는 다른 사람들을 인격으로 대우할 수 있고, 구두로 의사소통할 수 있으며, 그는 외부세계를 의식하면서도 동시에 자기를 의식하는 존재이다".[18]

첫 출발부터 이렇게 외견상으로 탈선되기 시작하는 가운데 예기치 않은 구원이 신약학 연구 분야에서 왔다. 게르트 타이센(Gerd Theissen)은 육과 몸에 대한 바울의 이해에 대해 강연했는데, 많은 참여자들을 놀라게 하고 영감으로 채웠다.[19] 그는 바울의 인간학은 '육과 영'이라는 이런 받아들이기 거북한 이원론을 바탕으로 해서는 충분히 파악될 수도 없고 이해될 수도 없다는 점을 논증했다. 대신 바울이 실제로 제시하는 인간학은 놀랄 만한 종합들과 세분화된 각론들을 가진 야심찬 인간학이라는 것이다. 예를 들면, 몸은 단순히 자기 보존에 혈안이 된 약탈적인 육체와 동일시될 수 없으며, 오히려 혼과 영과 관련된 다양한 에너지들의 거소(居所)라는 것이다. 오히려 몸은 모든 지체들의 다중음악적 상호작용의 거소이며 몸과 영의 다차원적인 공명의 원천이라는 것이다. 종종 개탄의 대상이 되고 있는 육과 영의 이원론은 실제로 바울에게는 유한성(육)과 영원성(영) 사이에 있는 극히 중요한 구분을 표현하는 개념

---

18 Andreas Kemmerling, "Was macht den Begriff der Person so besonders schwierig?," in *Gegenwart des lebendigen Christus*, ed. Günter Thomas and Andreas Schüle (Leipzig : EVA, 2007), 545(="Why Is Personhood Conceptually Difficult?," in Welker, *Depth of the Human Person*, 25).

19 Gerd Theissen, "*Sarx, Soma,* and the Transformative *Pneuma*," in Welker, *Depth of the Human Person*.

인 셈이다. 게다가 바울에게 있어서 육(肉)적이면서도 영(靈)적인 몸뿐만 아니라 육적이고 영적인 마음(정서적, 인지적, 의지적 에너지의 발출 기관)은 영혼의 심신 통일적 일체성과 더불어 인간 개인의 세분화된 총체성에 담긴 다양한 측면들을 강조한다. 이성과 영에 대한 바울의 구분과 양심에 대한 그의 비(非)양극적 이해 또한 역시 여기서 상당히 중요하다. 인간의 양심은 단지 인간의 내적 음성이 아니라 오히려 정죄하고 변호하는 음성의 전 영역이다. 그래서 그것은 어느 정도의 집중과 내적 평화에 도달하기 전에, 다른 인간적 역능(力能)들을 먼저 통과하지 않으면 안 된다.

놀랍게도 영적 은사로 충만하면서도 헬레니즘 교양으로 잘 단련되고 훈육된 바리새인이자 로마 시민이며 동시에 세계 시민이었던 바울은 다양한 교회 공동체들의 필요에 최적화된 사람이었다. 그는 다문화적이고 다인종적인 맥락 안에서 연단된 사람이었다. 바울은 여행과 서신 교환을 의사소통의 수단으로 삼았으며, 여행과 서신 교환을 통하여 다양한 인지적 능력들과 경험적 영역 사이에 있는 상호작용들을 조명해 줄 수 있는 다면적인 인간학을 개진한다.[20] 그의 접근은 또한 깊이 뿌리박힌 인간학적 이원론들(몸-영혼, 몸-영)을 비판하는 것을 가능하게 하고, 또한 신학 바깥에 있는 많은 학문들에서는 오랫동안 폐기되었던 혼과 영

---

20 Michael Welker, "Die Anthropologie des Paulus als interdisziplinäre Kontakttheorie," in *Jahrbuch der Heidelberger Akademie der Wissenschaften für 2009*, ed. Heidelberg Akademie der Wissenschaften (Heidelberg: Universitätsverlag, Winter 2010), 98-108(="Flesh-Body-Heart-Soul-Spirit: Paul's Anthropology as an Interdisciplinary Bridge-Theory," in Welker, *Depth of the Human Person*, 45-57).

과 같은 인간학적 실체들을 훨씬 명료하게 표현해 낸다. 비록 그의 인간학이 실로 계시신학과 결부되어 있다 할지라도, 그것의 근본적 통찰들은 자연신학의 차원에서도 명료하게 석명(釋明)되고 적용될 수 있다. 이런 동일한 통찰들은 인간의 영에 대한 다극양태적 이해를 드러내고(이미 나의 두 번째 강의에서 본 것처럼) 또 양극적이고 주지주의적(主知主義的) 개념을 비판하는 견고한 토대를 제공하는 데 상당한 추동력과 방향감각을 제공한다.

자연신학에 호응하는 그런 인간학적 접근은 또한 계시신학의 맥락들 안에 비슷한 방식으로 위치하고 있는 성서적 전통의 다른 영역들에서도 발견될 수 있다. 튀빙엔대학교 구약 교수 베른트 야노브스키(Bernd Janowski)는 최근에 아주 포괄적인 『구약성서의 인간학』[21]이라는 책을 출간했다. 그 책은 인간의 삶이 거치는 다양한 단계들을 주목하는 연구방법을 채택해서, 고대 이스라엘 사람들의 삶들을 규정했던 특징들을 밝혀냈다. 고대 이스라엘 사람들의 삶이 '육체성의 경험들, 정의에 대한 윤리적 감수성, 그리고 삶의 유한성 의식'에 의하여 규정되었다는 사실을 명백하게 밝히고 있다. 야노브스키는 성경의 이스라엘뿐만 아니라 고대 사회 전체의 광범위한 영역들에도 동시에 결정적으로 중요한 현상들이었으며 또한 오늘날의 세계를 위해서도 인지적, 인간학적인 연구동력들을 능히 제공할 수 있는 인간 역량들과 사회적 관계들과 관련된 현상들의 전체 목록을 제시한다. 광범위한 문화학적, 종교사적 학문들과

---

[21] Bernd Janowski, *Anthropologie des Alten Testaments: Grund-fragen-Kontexte-Themenfelder* (Tübingen: Mohr Siebeck, 2019).

그들의 지식 주장들에 초점을 맞춘 이러한 특별 작업도 마찬가지로 자연신학의 발전에 낙관적으로 기여한다.

3. '영이신 하나님' : 계시신학의 진술을 자연신학에 상응하는 진술로 번역하는 과업

'자연신학'을 처음으로 예시한 인물은 중세 스토아철학의 창시자인 파네티우스(Panaetius)였다. 파네티우스는 한편으로는 시인들의 신화적 신학과 구분되고 또 다른 한편으로는 국가들이 만들어서 지지했던 국가종교의 정치신학과 구분된 자신의 하나님에 대한 철학적 교설을 자연신학이라고 불렀다.[22]

볼프하르트 판넨베르크는 하나님에 대한 철학적 교설은 "그것이 신성의 본성(nature)에 상응하기 때문에", '본성신학'(한국어로 '자연신학')이라고 부르는데 이것은 꽤 타당한 판단이다. "하나님에 대한 본성적 교설(자연신학)은 국가종교 제의들, 혹은 문학적 상상력들, 혹은 거짓말들, 혹은 시인들에 의해 거짓되게 조작되고 왜곡될 수 없는 하나님의 본성 자체를 다루기 때문에",[23] '본성적'(한국어, '자연적') 신학이라는 것이다. 하지만 판넨베르크의 설명은 꽤 그럴듯해 보여도, 그가 자연신학을 정의할 때 내세운 '신성 그 자체의 본질[과 진리]'이 정확하게 무엇을 의미하는지를 묻는 질문은 교묘하게 피해간다.

---

22 Wolfhart Pannenberg, *Systematic Theology*, vol. 3, trans. Geoffrey W. Bromiley (1994; London:T & T Clark, 2004), 76.

23 Pannenberg, *Systematic Theology*, 3:77.

자연신학이 자연신학의 진술들을 보편적으로 타당한 진술로 받아들여지게 하려고 종교와 세계관들의 문제들에 대해 뭔가를 진지하게 말하려고 시도하는 반면에 — 이것은 결코 의미없는 도전이 아니다 — 자연신학 기조에 호응하려는 신학적 및 철학적 전통들은 하나님에 대해 말할 때 사변적 형이상학의 개념적 세계 속에 은신처를 찾아왔다. 그것들은 모든 종교들과 문화들에도 다 수용될 만한 타당한 용어들을 찾는 과정에서 '절대자', '무한자', '영원자', '불가분리적 일자(一者)', '최상 존재', 그리고 모든 종류의 '궁극 관념'이라는 용어들을 끌어들였다. 게다가 이 고답적인 추상개념들은 통상적으로 꽤 상당하고 단호한 진리 주장들의 호위를 받아 왔다.

유사한 형이상학적 지칭들이 하이델베르크대학교 '고등과학 인문 아카데미' 소속의 한 철학자가 발표한 "사유 속에 있는 하나님 : 왜 철학은 하나님 문제를 떨쳐낼 수 없는가?"[24]라는 제목을 가진 논문발표에서 표현되었다. 하지만 신학은 철학으로부터 오는 유익한 문제제기를 마땅히 수용해야 된다고 생각했던 많은 아카데미 참석자들을 놀라게 할 정도로, 논문발표에 대한 반응이 모두 긍정적이지는 않았다. 예를 들어 한 법학자는 하나님에 대한 그러한 관념들이 하나님의 정의와 무슨 관계가 있는지, 그리고 실로 난해하기로 소문난 난제인 하나님의 정의로부터 추상화된 하나님의 관념들이 실제로 과연 하나님을 가리키고 있는지

---

24 Jens Halfwassen, "Gott im Denken : Warum die Philosophie auf die Frage nach Gott nicht verzichten kann," in *Gott-Götter-Götzen : XIV. Europäischer Kongress für Theologie*, Veröffentlichungen der Wissenschaftlichen Gesellschaft für Theologie, vol. 38, ed. Christoph Schwöbel (Leipzig : EVA, 2013), 187-196.

에 대한 의문을 제기했다. 마찬가지로 어떤 한 신학자도 하나님에 대한 형이상학적 개념들이 구원론적으로 텅 빈 개념이 아닌지(인간을 구원하려는 데 무력한), 즉 그 형이상학적 개념들이 하나님의 창조세계 보존 활동, 구원, 그리고 존재 고양적 활동들을 표현하는 데 부족하지 않은지 의문을 제기했다. 이런 사변적인 이념들이 자연신학이 주장하듯이 하나님의 본질과 성격에 대해 뭔가라도 말할 수 있게 하는 데 무슨 도움이 될지 상당한 의구심이 지속되었다.

서구신학의 전통은 하나님을 처음이요 나중인 자, 최고 존재라고 지칭하는 우주기원론적 개념적 장식(overlay)에 호소함으로써 하나님에 관한 그러한 '궁극적인' 사유들로 인해 생겨난 신학의 성가신 난제들을 슬쩍 지나치는 경향을 보여 왔다. 말하자면 전통적인 '사변적' 신론은 하나님을 만유 창조적 권능과 '우주와 세상 만사를 결정하는 최고의 힘'이라고 묘사하는 형이상학적 이념들에 의지했다는 것이다. 그러나 심지어 이 원시적인 창조 이해마저도 자연과 자연적 생명의 양가성을 부단히 무시하지 않을 수 없고, 너무 명백하게 불공정하게 배분된 고난으로 가득 찬 세상에서 정의롭고 자애로운 하나님의 통치 효과에 대한 질문에 어떤 설득력 있는 대답도 제시하지 못하는 지경에 처한 나머지, 점차 질문들과 의심들에 둘러싸이는 처지가 되었다.

신학자 집단들 안팎에서 행해진 종교비판들은 놀랍지 않게도 사변적 형이상학과 전혀 설득력 없는 우주론의 참담한 혼합에만 집중했다. 그러한 비판의 가장 날카로운 형태들은 칼 마르크스(Karl Marx)와 프리드리히 니체(Friedrich Nietzsche)에 의해 전개되었다. 이 두 사람은 19세기 유럽 모더니즘 시대 초기를 대표하던 독일 철학자들이다. 둘 다 오늘날까지 여전히 현대적 종교비판의 선구자들로 여겨지고 있다. 이 둘은 기독교 자체와 경건에 대한 기독교의 이해를 치열하게 비판했을 뿐만 아니라, 종교비판과 사회비판 분야에서 그들보다 앞선 선배 사상가들 또한 가차없이 비판했다. 즉, 그들은 공상적인 종교적 세계관들을 비판했을 뿐만 아니라, 종교-비판적이며 도덕주의적인 철학들도 비판했다. 니체의 경우, 과학적이고 학문적인 진리 주장들이 개진되고 있는 다른 분야들도 비판했다. 이런 근본적 종교비판적 활동은 그들 자신의 종교비판의 영향력을 향상시켰다. 이 비판들이 세계관들 및 문화에 대한 보다 더 광범위한 비판으로 확장되었기 때문에, 그 비판들 또한 보편적 진리가 있다고 주장하는 자연신학에도 관련이 있다.

20세기 독일어권 기독교신학의 가장 엄정한 대표자들 — 여기서 나는 칼 바르트(Karl Barth), 디트리히 본회퍼(Dietrich Bonhoeffer), 그리고 폴 틸리히(Paul Tillich)만 언급한다 — 은 종교, 도덕, 그리고 세계관들에 대해 이렇게 포괄적으로 착상된 비판들을 자세히 주목했다. 그들은 기독교에 덧씌워진 종교적이고 형이상학적 환상들과 심리적 소원 성취 욕망뿐만 아니라, 정치적-도덕적 이데올로기들을 의도적으로 피하려고 하는 어떤 기독교 신학도 마르크스와 니체로부터 상당히 큰 유익을 얻을 수 있다는 점을 인식했다.

이런 점에서 칼 마르크스의 발언들이 가장 신랄하다. 다음은 그의 종교비판의 요점을 잘 드러낸다.

환상적인 천상세계의 실재에서 오로지 자신의 투영물만을 발견한 인간은 그곳에서 초자연적 존재를 찾았다. …… 종교는 아직 자신을 발견하지 못했거나 이미 발견한 자아를 다시 잃어버린 인간의 자기의식적 자기존중이다. 그러나 인간은 세계 바깥에서 쪼그리고 앉아 있는 추상적 존재가 아니다. 인간은 세계, 국가, 그리고 사회를 구성하는 세계의 주인이다. 이 국가와 사회는 종교를 산출하는데, 종교는 그것들이 도치된 세계라는 점에서 세계에 대한 도치된 의식이다. …… 인간 본질이 어떤 참된 항구적 존재 기반을 갖지 못하고 있다는 점에서 그만큼 종교는 인간 본질의 환상적인 실현태이다. 그러므로 종교에 맞서는 투쟁은 간접적으로는 종교라는 영적인 마취향기를 갖고 있는 세계에 대한 투쟁인 셈이다.[25]

즉, 종교에 대한 투쟁은 궁극적으로는 도치된 혹은 실로 왜곡된 세계에 대한 투쟁이라는 것이다. 하지만 왜곡된 세계에 대한 이 투쟁에서 종교는 기이하게도 이중 역할을 수행한다. 한편으로는 루드비히 포이에르바흐(Ludwig Feuerbach)가 적절하게 인지했듯이, 종교는 뒤틀린 세계에 주의를 환기시키고, 어떤 점에서 인간들이 자신들의 참된 인간성 구현을 하는 데 도달하지 못했는지를 주목하게 한다. 또 다른 한편, 종교 그 자체는 참된 세상의 진면목을 환상적 실재로 바꿔치기 함으로써, 인간들에게서 그들이 처한 실제 상황을 감춰버린다. "종교적 고통은 현실적 고통의 표현이며 동시에 실제 고통에 대한 투쟁이기도 하다. 종교는 압제당하는 피조물의 한숨이요, 심장 없는 세상의 심장이며…… 민중의 아편이다."[26] 여기서 마르크스는 이 진술이 단지 종교비판에 국한된 것

---

25 Karl Marx, *Selected Writings*, ed. Lawrence H. Simon (Indianapolis : Hackett, 1994), 28.

26 Marx, *Selected Writings*, 28.

이 아니라고 집요하게 주장한다. 우리는 "거룩한 형식들의 가면 아래 감춰져 왔던 인간 소외를 거룩하지 못한 형식들로 들춰내지 않으면 안 된다. 그래서 천상세계 비판은 땅에 대한 비판으로 전환된다. 땅에 대한 비판은 법률비판이며, 신학비판은 정치비판이 된다."[27]

마찬가지로 니체의 종교비판 중에서도 인간들을 오도하며 공허하고 환상적인 존재들과 인물들을 동원해 그들을 혼미 속에 몰아넣음으로써 그들로 하여금 피안세계에 탐닉하게 하는 '사제들의 사기'에 대한 비판이 가장 엄중하고 신랄하다. 니체 또한 종교비판을 문화와 도덕들에 대한 총체적 비판으로 확장한다. 그는 많은 종교들에 의해 선전되어 온 '연약한 자 보호'라는 종교의 대의명분을 비판할 뿐만 아니라, 만민을 위한 평등과 자유 이념을 진작시키겠다고 나서는 정치적, 법적, 도덕적 투신도 비판한다. 그는 또한 감정적으로 격양된 대중들의 문화가 보다 더 세련되고 지성적이며 교양 있는 사회구성원들을 낮은 종교의 수준으로 끌어내리는 데 동원한 통속적인 도덕류가 성공을 거두게 된 것도 종교 책임이라고 돌린다. 하지만, 니체는 아직 그토록 많은 성찰적인 사람들을 오늘날 종교로부터 멀어지게 만드는 상징적인 싸구려 종교에 대해서 생각하지 못하고 있다. 마찬가지로 그는 아주 구체적인 현실의 고통 상황들에 직면해 드러난 종교 자체의 실패들과 종교의 치명적 무기력증을 주목하지 못하도록 하기 위해 세상 상황을 개탄하고 세상을 이렇게 만든 악한 '다른 사람들'의 죄책만을 단죄하는 자기 의(義)로 가득 찬 싸구려 종교에 대해서도 거의 생각하지 않고 있다. 그럼에도 불구하고 어떤

---

27 Marx, *Selected Writings*, 28-29.

자기비판적 종교비판도, 종교가 그러한 도덕주의적 종교비판 유행들에 유사하게 노략당하지 않아야 한다고 생각하는 한, 니체로부터 도움을 받을 수 있다.[28]

하지만 니체와 반대로, 종교에 대한 신학적 비판들은 그 비판들에 수반되는 진리 주장들을 견지하면서 그것이 담지하는 신학적이고 윤리적인 실체를 꼭 붙들어야 한다. 이 윤리적 실체를 외면했던 니체 자신은 종교를 뒤틀린 방식으로 지각했고 우스꽝스러운 풍자로 깎아내렸던 것이다. 하지만 니체도 종교 안에 있는 윤리적 실체를 분명히 말하고 있다. 니체는 작은 디아스포라 유대인 가족 안에 내려오던 사랑의 기풍들 안에서 작동하는 종교를 진단하면서 정확하게 종교의 윤리적, 현실적 능력에 대해 약간이나마 생색내듯이 언급하고 있다.

기독교가 자신의 토대를 세울 수 있었던 현실 토대는 작은 유대인 디아스포라 가정들이었다. 작은 *유대인의 디아스포라 가정*들은 따뜻함과 부드러움, 기꺼이 서로를 돕고 옹호해 주려는 분위기로 가득 차 있었다. 그것은 로마제국 전체에서도 전례가 없었기에 이해될 수도 없었던 가정 분위기였다. …… 그것은 압제의지를 가진 채 권력과 장엄함을 보유하고 있는 것이라면 무엇이든지, 그것에 대해 "아니요."라고 말하는 가정 분위기였다. '이

---

28 이와 관련된 또 다른 논의를 보려면 다음 책에 나오는 귄터 토마스의 기고문들을 참조하라 : Günter Thomas, *Gottes Lebendigkeit : Beiträge zur systematischen Theologie* (Leipzig : EVA, 2019), 특히 1장, 9장, 11장 ; 또한 동일저자의 다음 글을 참조하라 : Thomas, "Vertrauen und Risiko in moralischen Hoffnungsgrossprojekten," in *Risiko und Vertrauen*, 55-85.

런 가정 분위기를 윤리를 실천하는 능력'으로 인정하고 이런 *심리적* 상태를 토대로 기독교가 이교도들에게 잘 소통되고 매혹적으로 수용되며 전파력이 강한 종교가 되도록 만든 것은 역시 바울의 *천재적* 능력이었다.[29]

니체는 바울이 자신보다 앞서 발견했던 '하층민들'의 생존전략, 즉 '하층류 사람들'의 자기보존 전략을 어떻게 능력으로 인지하게 되었는지를 해명한 것이다. 바울은 명료하게 이 생존전략을 '공동체의 자기보존 전략'이라고 규정했다는 것이다. 그리고 그는 '사랑의 원리'를 갖고 이 생존전략을 최초로 시행했고 '점화시켰다'는 것이다.[30] 나는 셋째 강연에서 가족기풍과 정의기풍이 정의의 영 안에서 발출하는 현저한 능력에 주목했다.

많은 저명한 다른 신학자들처럼 디트리히 본회퍼(Dietrich Bonhoeffer) 또한 전문적 신학 영역 밖에서 이뤄진 종교비판들을 자기비판적인 맥락에서 받아들였다. 1944년 7월 8일에 쓴 옥중서신들에서 그는 다음과 같이 썼다. "내가 집요하게 생각하는 것은 '하나님이 바로 최후의 은밀한 곳으로 남겨져 있는 그 어딘가(제도적 종교)에서 밀거래되어서는 안 된다'는 것이다. …… 누구도 '다른 사람들보다 자신이 마치 더 거룩한 존재인 것처럼' 구는 (사제)놀이들을 마땅히 포기해야 하며, 심리치료 혹은 실존철학을 하나님을 위하여 대로(大路)를 닦는 선발척후대들로 간

---

29 Friedrich Nietzsche, *The Will to Power*, trans. Walter Kaufmann and R. J. Hollingdale, ed. Walter Kaufmann (New York: Vintage Books, 1968), 107. 위에서 인용된 번역은 이 책의 영어 번역본과 다르다.

30 Nietzsche, *The Will to Power*, 3, 571.

주해서도 안 된다. 당연히 형이상학적 사변도 그런 역할을 맡을 수 있다고 생각해서는 안 된다."³¹

1944년 5월부터 시작해서 본회퍼는 다시 그를 떠나지 않고 맴도는 하나의 사상, 즉 '다차원적이고 다중음악적인 삶'이라는 사상을 발전시켰다. 그는 대부분의 사람들의 사고 특징이 일차원적이고 직선적인 사고라는 점을 개탄하며 다음과 같이 말했다.

또 다른 한편 기독교는 매우 상이한 차원들로 우리를 동시에 몰아넣는다. 어떤 면에서 우리는 하나님과 전 세계마저 우리 사유 안에 쑤셔넣는다. 우리는 즐거워하는 사람들과 함께 즐거워하고 우는 사람들과 함께 운다. 우리는 …… 우리 인생을 걱정하며 두려워한다. 하지만 동시에 우리는 우리의 삶보다 훨씬 더 중요한 생각들을 생각해야 한다. …… 인생은 단일한 일차원으로 퇴출되지 않는 그 무엇이다. 오히려 다차원적이고 다중음악적으로 영위되는 그 무엇이다. 우리가 생각들 안에서라도 이 다차원적인 삶의 양상을 *생각하며* 그것들을 붙들고 있는 것이 얼마나 대단한 해방인가! …… 우리는 일방통행적인 단일행로만 고집하는 사람들을 탈선시켜야 한다.³²

---

31 Dietrich Bonhoeffer, *Letters and Papers from Prison*, vol. 8 of *Dietrich Bonhoeffer Works*, trans. Isabel Best et al. (Minneapolis : Fortress, 2009), 457.

32 Bonhoeffer, *Letters and Papers from Prison*, 405; 참조. Michael Welker, *Theologische Profile : Schleiermacher, Barth, Bonhoeffer, Moltmann*, Edition Chrismon (Frankfurt : Hansisches Druck-und Verlagshaus, 2009), 116.

정확하게 영의 이 다극양태적인 활동에 참여하는 자연신학은 오늘날 자신의 사유를 확장하는 이 창의적인 움직임을 받아들임으로써 이득을 누릴 수 있다. 마찬가지로 자연신학은 초월적 세계에 대한 종교의 과장된 집착을 공격할 뿐만 아니라, 도덕적, 사회적, 그리고 문화적으로 왜곡된 발전들을 초래하는 원천이자 그런 발전들과 제휴하는 종교 그 자체를 비판하는 철학적, 신학적 비판들을 진지하게 받아들여야 한다. 자연신학에서 가장 중요한 열쇠질문은 하나님의 본질과 본성에 관한 물음이다. 이 질문을 다룸에 있어서 이번 기포드 강연들이 내세우는 제안은 계시신학으로부터 온 하나의 진술을 자연신학의 개념 세계에 호응하는 하나의 진술로 번역함으로써 명료화될 수 있다.

"하나님은 영이시다. 하나님을 예배하는 자들은 영과 진리 안에서 예배해야 한다"(역자 사역). 요한복음은 이 진술을 예수 자신이 친히 발설한 말이라고 보며(요 4 : 24), 그것을 기도와 예배강론과 연관시킨다. 우리는 이 진술의 계시적 차원들에 대한 논의들을 잠시 미루고, 그 진술의 처음 말들을 진지하게 고찰해 보고자 한다. 즉, "하나님은 영이시다". 자, 이제 기포드 강연을 창설했던 기포드 경의 의도와 취지를 살려, 이 신적 능력, 영의 인간학적이고 윤리적 반향(反響)에 관한 자연신학의 맥락에서 이 진술을 연구해 보자. 그리고 무엇보다도 진리 추구 양식의 일환으로 우리가 이 동일한 영의 빛 안에서 하나님의 형상으로 창조된 인류에 대한 이해를 어떻게 확장해 갈 수 있을지를 고찰해 보자.

4. 결론

앞선 강의들에서 우리가 발견한 것들은 다음과 같다.

- 인류는 불의와 불평등으로 가득 찬 세상에서 정의의 기상으로 정의를 추구하고 실천하는 사명을 부여받았다는 점에서 실로 하나님의 형상으로 창조되었다.
- 자유를 가로막는 무수한 장애물들을 만들어 내는 세상에서 개인적 자유와 사회적 자유 둘 다를 추구하는 사명을 부여받았다는 점에서 인류는 실로 하나님의 형상으로 창조되었다.
- 인류는 진리의 사유와 행동 모두에서 정확성, 확실성, 합의성, 일관성, 비교 가능성(공통기준성), 풍요롭고 해방적인 지식을 얻기 위한 다면적인 — 취약하기는 하지만 — 노력들을 경주하는 진리 추구자의 사명을 부여받았다는 점에서 실로 하나님의 형상으로 창조되었다.

이 모든 고찰들을 통해 드러난 사실은, 인류는 한편으로는 세상적이고 덧없는 삶을 사는 데 필요한 힘들을 부여받았으면서도, 동시에 또 다른 한편에서는 하나님의 능력들로부터 추동되어 살며 이 거룩한 능력들을 취득하는 과정에 참여함으로써 그 거룩한 능력들의 일부를 동료인간들과 동료 피조물에게 나눠주는 과업을 수행하도록 부름받고 있다는 것이다.

정확하게 바로 인류의 사명에 대한 이 이해가 마지막 6강에서 요약되며 상기(想起)될 것이다. 즉, 인류가 하나님의 형상으로 창조되었다는 진술의 의미는 인류가 평화를 추구하는 사명을 부여받았다는 점을 가리킨다는 것이다.

6강

평화 추구의
소명

서론 : 전쟁 준비에 몰두하는 황량한 세계

많은 사람들은 평화를 주로 전쟁 부재(不在)를 의미하는 것으로 이해한다. 하지만 대부분의 사람들이 전쟁을 두려워하면서도 평화를 어떻게 이루고 확보할 것인가에 관해서는 의견이 아주 분분하다. 2019년 봄에 스톡홀름 국제평화연구소(SIPRI)는 현재 전(全) 세계가 심란하게 할 정도로 격렬한 군비 경쟁에 골몰하고 있음을 보여주는 한 비관적 통계를 발표했다. 실로 세계의 여러 나라들이 이 수준의 무기 확충 비용을 지불한 지는 어언 30년이 다 되었다고 한다. 지난 10년간 중국은 무기 확충 비용을 열 배는 증가시켰고, 미국은 2019년 한 해 동안에만 500억 달러의 무기 확충 비용을 지출했다. 그러면서 미국은 거의 같은 액수만큼의 국제협력기금을 감축했다. 독일 연방공화국의 대외경제원조를 책임진 (보수적) 장관 게르트 뮐러(Gerd Müller)는 다음과 같이 이 상황을 개탄했다. "만일 우리가 군비 지출의 1/4만 줄여 국제협력기금으로 전용할 수 있다면, 전 세계적으로 발생한 피난민의 불행을 끝낼 수 있을 뿐만 아니라, 기아와 죽음(심각한 환난과 재앙에 의해 초래된 죽음)도 멈출 수 있을 것이다. 우리는 이 재앙스러운 악순환을 막아야 한다. 전 세계적으로 볼 때 1조 6천억 달러가 군사비로 지출되며, 오직 1천 600억 달러만 국제개발에 지출된다. 우리는 언젠가 이 불균형 때문에 생길 재난을 감당하느라 큰 비용을 치르게 될 것이다."[1]

---

[1] 2019년 5월 2일 라인-네카 일보(Rhein-Neckar-Zeitung), 19면(역자주 : 남독일 지방의 유력 지방신문).

1. *영구평화*에 관하여 : 칸트 대(對) 베게티우스

로마공화정 시대의 군사 전문가인 베게티우스(Vegetius, 기원후 4세기 말)는, 당대의 많은 나라는 물론, 오늘날의 많은 나라에서도 채택되는 하나의 모토를 만들어 냈다. "si vis pacem, para bellum"(씨 비스 파켐, 파라 벨룸). 곧 "만일 평화를 원하거든, 전쟁을 준비하라."라는 뜻이다.

위대한 철학자 임마누엘 칸트는 그의 유명한 저작『영구평화론』에서 이 입장을 격렬하게 반박했다.[2] 여기서 그는 베게티우스의 이 견해는 평화를 단지 사격중지(ceasefire) 정도와 등치시키고 있을 뿐이라고 주장했다. 하지만 그렇다고 칸트가 엄밀한 의미에서의 평화지상주의자는 아니었다. 그는 각 주권국가들은 국경 방어체제를 갖출 필요가 있으며, 외부 공격이 있을 시 이를 물리칠 방어태세를 갖춰야 한다는 사실을 아주 명확하게 인식했다. 하지만 그는 이 목표(국경 방어, 외부 공격 격퇴 방어체제)가 오로지 영속적으로 확장되는 무장극대화와 그것에 상응하는 조직화된 군대 발전과 확대를 통해서만 성취될 수 있다는 관념에 도전했다. 칸트의 핵심사상은 법의 지배와 정의의 통치와 그것의 실현을 위한 사상적이고 정치적인 실천들만이 평화를 촉진시킬 수 있다는 것이다.

---

2 칸트의『영구평화론』(*Eternal Peace*, 1795) — 때로는『영구평화를 위하여』로도 번역된다 — 은 칸트의 역사 및 정치철학의 최고 업적으로 여겨질 뿐만 아니라, 서구의 고전적 시민계급이 표방했던 인도주의 사상의 최고봉으로 간주돼 왔다. 칸트는 1795년 8월에 자신의 원고를 출판사로 보냈는데 한 달 후에 초판 2,000부가 인쇄되었다. 그리고 그해 12월에는 2,000부가 다 팔렸다. 그것은 칸트 생전에 가장 큰 성공을 거둔 저작이 되었으며, 출판된 그해 1795년에 2쇄가 인쇄되었고, 다음해 1796년에 수정된 재판이 출간되었다. 1804년 칸트가 죽을 때까지 계속 판을 거듭하여 출간되다가 10판이나 더 판본을 바꾸어 가며 출간되었다.

독일 철학자 오트프리트 회프(Otfried Höffe)는 멋지고 명료하게 이 개념을 정형화했다. "칸트는 'si vis pacem, para bellum'(만일 평화를 원하거든, 전쟁을 준비하라.)을 'si vis pacem, para iustitiam'(만일 평화를 원하거든, 정의를 준비하라.)이라는 주장으로 변환시켜, 베게티우스의 모토에 담긴 본질적인 요점을 비판한다."[3]

폭력과 무기의 힘이 아니라 오히려 정의의 힘과 그에 대한 복종을 통해 정의를 지지하는 정치만이 근본적으로 전쟁을 배제하고 '모든 적의들의 종식'을 진정으로 성취함으로써, 칸트에 의해 '영구적'[4]이라고 불릴 수 있는 그런 수준의 평화를 확보할 수 있다는 것이다. 하나의 계약 문서 형태를 취하고 있는 칸트의 이 논문은, 자신의 영구평화론이 무엇보다도 실현 가능한 사상인지 아닌지 그리고 현실 정치가 실제로 정의

---

3 Otfried Höffe, "Einleitung: Der Friede-ein vernachlässigtes Ideal," in *Immanuel Kant, Zum ewigen Frieden, Klassiker auslegen*, vol. 1, 3rd ed., ed. Otfried Höffe (Berlin: Akademie Verlag, 2011), 12. 플라비우스 베게티우스 레나투스(Flavius Vegetius Renatus / *De re militari*, 3권 서문)의 기본 사상은 이미 플라톤(*Nomoi* VIII, 기원전 352년 후 저작)과 기원전 43년 1월에 마르쿠스 안토니우스를 논박하는 키케로의 사상에서도 발견될 수 있다.

4 Immanuel Kant, "Toward Perpetual Peace: A Philosophical Sketch," in *Toward Perpetual Peace and Other Writings on Politics, Peace, and History*, ed. Pauline Kleingeld, trans. David L. Colclasure (New Haven: Yale University Press, 2006), 67-68(=Immanuel Kant, "Zum ewigen Frieden," in *Kants Werke: Akademie Textausgabe*, vol. 8: *Abhandlungen nach 1781*[Berlin: de Gruyter, 1968], 343): "미래의 전쟁 빌미가 될 쟁점들을 남겨두는 어떤 평화협정도 정당한 평화협정이라고 볼 수 없다. 그런 조약은 단지 사격 중지, 적대적 태도의 유예일 뿐 결코 평화를 대변하지 못할 것이기 때문이다. 평화는 모든 적대 관계들의 종식을 의미하기 때문이다. 심지어 단지 '영구적'이라는 형용사를 '평화'라는 단어 앞에 추가한다면, 그 형용사는 의심스러운 사족(蛇足)처럼 보일 것이다."

의 이념 아래 통제될 수 있을지 없을지와 관련된 의심들과 질문들을 상당히 차분하게 다루고 있다.

칸트는 다극양태적인 평화의 영이 전개될 수 있는 윤리-도덕적, 정치적, 그리고 법적인 주입 교육 과정을 제시한다. 말하자면, 사람들 자신이 — 지배당하는 자이면서 지배하는 주체이며, 친구이면서 원수 — "모든 인민이 정의에 의해 추동된 윤리-도덕적 사상 통치 아래서 공존할 수 있기 위하여 서로에 대해 계약적으로 투신된다면, 이 세계는 호전적인 행위들과 그것들에 뒤따라 일어나는 무한한 비참과 고통 없이 살아갈 수 있다."는 것을 확신하기까지 반복적으로 교육받아야 한다는 것이다.

이 문서의 총론적 주장들은 그것이 저작된 200년 전의 세계보다 오히려 우리 시대에 더 직접적인 호소력을 갖고 있는 것처럼 보인다. 평화의 정치와 평화의 기풍 진작에 필요한 지적-도덕적, 물질적-자연적, 정치적, 법적 그리고 늦게 말한다고 해서 결코 가장 사소하지 않은 경제적 및 중심(medial) 골격틀을 정확하게 밝히 보여줌으로써, 칸트의 논문은 지속적이고 감소되지 않는 설득력을 얻는다. 아래에 언급되는 통찰에 근거해 볼 때, 칸트 자신은 1945년 10월 24일에 창설된 국제연합(유엔)의 헌장(특히 서문과 1, 2장)의 사상적 선구자로 인정될 수 있다.

(1) 정치가에 대한 낡은 생각에 따르면, 정치가란 힘과 영토를 영구적으로 키우는 데 투신된 자이며, 그것을 이루기 위해 설계된 확장과 공격정책의 추진자였다. 정치란 단지 '평화'라고 불리는 휴전(truce)에 만족했지만, 그런 '평화'는 원칙적으로 국력 확장과 공격을 통해 국가이익을 증진하는 것을 가능하게 했던 휴전으로

서의 평화에 지나지 않았다. 칸트는 각 나라가 근본적으로 그리고 영속적으로 이런 태도를 포기하는 '통치자의 위엄'과 '국가의 참된 영예'를 추구하자고 호소했다.[5]

(2) "만일 그대가 평화를 원한다면, 그대 자신의 자유는 물론이며 다른 사람들의 자유도 인정하며 보양해 주라." 무릇 평화의 정치는 어떤 경우에도 다른 나라들의 고유주권과 그 나라 시민들의 자유를 존중해야 한다. 국가 간 군사 협력과 국방을 위한 시민들의 징집은 외부세력의 침략에 맞서, 각 나라가 자위권을 언제 발동할지에 대해 국민들이 합의할 때만 실행되어야 한다. 또한 무릇 평화의 정치는 약소국에 대한 강대국의 경제적 착취관계와 모든 종류의 폭력적 침략 및 테러 행위를 중단시키기 위해 조치들을 취해야 한다.

(3) 엄정한 평화정치를 헌신적으로 실천하는 것은 조직화된 병력 부대들과 관련해 최소한 '상비군'(miles perpetuus)[6]을 해체할 것을 요구하며, 최소한 국가들 사이에 벌어지는 경쟁적인 군비 확장을 점진적으로 해체할 것을 요구한다.

우리 시대에도 이 요구들은 이 세계의 전 인류에게 굉장히 크고 도전적인 과업으로 남아 있다. 이 국가 간 영구평화 추구를 위한 요구들은 평등적 정의와 자유를 위한 투쟁과 야수적 생태계 파괴와 지구적 기후

---

[5] Kant, *Perpetual Peace*, 68 (Akademie Ausgabe 8:344).
[6] Kant, *Perpetual Peace*, 67 (Akademie Ausgabe 8:343).

재난에 맞서는 투쟁과 비견할 만하다. 비록 파괴적 무기생산이 주업인 군수산업체들을 정치적으로나 생태적으로 창의적인 도구들을 생산하는 평화산업체들로 전환하기 위해서는, 우리 모두가 인내와 희망의 긴 호흡을 가다듬어야 할지라도, 그럼에도 불구하고 이 전환은 국제적 합의에 기반하고 적절한 효율성 통제체제를 갖춘 채 착수되어야 한다. 또한 국경들을 보장하고 국가들의 다자평화 추구 기구들을 가동시키며 각 나라들의 점증하는 다민족적, 다인종적인 인적 구성을 가능하게 하는 최선의 장기전략은, 장벽건설과 파괴적인 군비확충이 아니라, 오직 통합과 교육에 투신된 책임 있는 국내정치뿐만 아니라 창의적인 국제개발 협력이라는 사실을 인정하는 것이 지체되어서는 안 된다.

칸트 자신이 강조하듯이, 영구평화의 비전 실현을 위한 선결조건은 모든 시민들의 자유와 평등을 보증하고, 정의와 법치에 대한 존중을 확보하고, 행정부와 입법부의 권력 분할을 안정적으로 실행하는 법률적, 헌법적인 조치들을 구체적으로 실행하는 것이다.[7] 국가들의 평화를 보장하기 위한 국제적 노력들에는 국가들의 연방체 수립, 보편적 인권증진에 의해 보완될 수 있는 국제법을 발전시키는 것도 포함된다. 이 국내적, 국제적 평화질서를 위한 필수불가결한 토대는 적절한 법적 및 도덕적 사고의 발전과 그것에 상응하는 정치에 대한 이해를 증진시키는 것이다. 여기서 말하는 정치는 칸트가 표현했듯이, 오늘날 우리가 교육, 과학, 학문, 그리고 미디어의 힘과 연관시키는 '공공성'을 담보한 정치이

---

[7] Kant, *Perpetual Peace*, "First Definitive Article of a Perpetual Peace: The Civil Constitution of Every State Shall Be Republican," 76 (Akademie Ausgabe 8:352).

다. 여기서 공공성의 핵심은 정치적 행위의 투명성이다. "다른 사람들의 권리에 영향을 끼치는 모든 행위들, 즉 공공성과 양립할 수 없는 공리들에 따라 행해지는 행위들은 불의하다."[8]

- 만일 그대가 평화를 원한다면, 진리에 대한 존중을 증진시키고 진리를 추구하는 의사소통에 투신하라. 이 필수적 과업은 다른 사람들의 권리들과 관련된 행위들이 공공성과 양립되어야 한다는 칸트의 요구 안에 내재되어 있다.
- 만일 그대가 평화를 원한다면, 그대 자신의 자유는 물론이거니와 다른 사람들의 자유도 인정하고 증진시켜라.
- 만일 그대가 평화를 원한다면, 정의를 실천하라.

다극양태적인 평화의 영이 다극양태적인 정의, 자유, 그리고 진리의 영과 얼마나 다양한 방식으로 교직(交織)되어 있는지는 이런 고찰들 안에서 상당히 명확해진다.

하지만 호전적인 활동들을 지속적으로 해소하고 군수산업 — 오늘날에는 최대 파괴 능력에 초점이 맞춰져 있는 — 을 평화에 초점을 둔 정치적 틀로 구체적으로 전환하는 것을 증진시키는 데 가장 긴급하게 요청되는 노력들을 지지하기 위한 정치적, 법적, 그리고 도덕적 틀은 다극양태적인 평화의 영의 활동 중 일부일 뿐이다. 어떻게 사람들이 나선형 방향으로 점차 확장되는 군비 경쟁의 정치에 대한 그들의 충성스러운

---

8 Kant, *Perpetual Peace*, 104 (Akademie Ausgabe 8:381).

지지를 철회하도록 설득될 수 있을 것인가도 또한 중요하기 때문이다. *어떻게* 정확하게 우리가 사람들 마음속에 '영구평화'에 대한 열정적 관심을 점화시킬 수 있을까? 어떤 *원천*들이 영구평화에 대한 투신과 용기를 보양해 줄 수 있을까?

2. 인간과 문명 안에 내면화된 성향으로서의 평화

알프레드 노스 화이트헤드(Alfred North Whitehead)는 그의 저서 『사상들의 모험들』(*Adventures of Ideas*)[9]에서 사회적 삶에서 문명을 구성하는 데 중요한 '본질적 특질들', 즉 함께 실현됨으로써 문명을 구성하는 데 결정적으로 중요한 '본질적 특질들'이 무엇인가에 대해 질문했다. 그에 따르면 '진리, 미, 모험, 예술'이 그것들이다.[10] 더 나아가 그는 어떻게 이런 특질들 추구가 '잔혹하고, 강경하고, [그리고] 잔인해지지' 않도록 억제될 수 있는지에 대해서도 묻는다. 그 해결책은 "조화들 중의 조화, 즉 네 가지 특질(진리, 미, 모험, 예술)을 한데 묶는 데서 발견될 수 있다는 것이다. 그 결과 우리는 현실에서 이런 것들이 추구되었을 때 동원되었던 잔혹한 이기주의는 '문명'이 아니었다고 배제할 수 있게 된다. …… 나는 파괴적인 교란을 진정시키고 문명을 고상하게 완성시키는 조화 중의 조화를 가리키기 위해 '평화'라는 용어를 선택한다".[11]

---

9 Alfred North Whitehead, *Adventures of Ideas* (New York: Free Press, 1967).
10 Whitehead, *Adventures of Ideas*, 284.
11 Whitehead, *Adventures of Ideas*, 285.

화이트헤드는 평화의 영을 평화에 초점을 맞춘 개인이나 사회적 집단(entity)의 현저한 자아소실과 동시에 동등하게 인상적인 자아 확장을 생성하게 하는 '감정의 확장'(broadening of feeling)이라고 묘사한다. 평화는 "의식적인 이해관계의 더 넓은 확산(sweep)을 가져온다. 평화는 주의(attention)집중의 대상이 되는 영역을 확장시킨다". 평화는 '개인보다 더 포괄적인', 그리고 평화 추구를 위한 그 어떤 단일한 주도권보다 더 포괄적인 인간들 사이의 협력과 일치에 초점을 맞춘다.[12] 화이트헤드는 이미 입증된 자기보존과 자기발전의 구조들에 계속 집착하는 것 외에 아무것도 원하지 않다가, 결과적으로 끝내 ― 점차적으로 서서히 ― 놀랄 수 있는 능력을 상실하고 감정과 정서의 중요성도 잃어버리는 개인들이나 사회집단들이 스스로 초래하는 위험을 아주 분명하게 알아차렸다. 그런 사람들이나 집단들은 뭔가를 경험할 역량의 깊이와 폭이 감소한다. 그들 스스로 생명력을 감축시킨다. 그들의 세계가 아무리 고상한 수준이라고 하더라도, 그들의 세계는 꾸준히 축소되고 금세 점점 더 궁핍해지고 하찮아져 버린다.

화이트헤드는 평화를 '영원성의 직관'이라고 제안함으로써 이런 존재 축소의 개념에 대항한다. '영원성의 직관'은 영혼과 세계가 '하나의 지속적 완성'으로서 '사물들의 본성에 들어와, 모든 세대들을 위해 보배'가 되는 조건들이 갖춰질 때 성취되는 하나의 조건이다.[13]

비록 단순한 자기중심의 관계들과 자기보존에 으뜸 관심들을 갖는

---

12 Whitehead, *Adventures of Ideas*, 285.

13 Whitehead, *Adventures of Ideas*, 285, 291.

태도를 초월하는 창의적 과정으로서 평화를 바라보는 이 시각이 꽤 희미하고 다소 산만하게 보일지라도, 그것은 평화에 대한 부적절하고 무의미한 개념을 분별하는 데 필요한 관점을 제공한다. 예를 들면, 여기서 말하는 부적절하고 무의미한 평화 개념 중 더러는 평화를 고요한 평정, 질서정연함, 그리고 든든한 안전감이라고 오해한다. 그래서 결국 심지어 비정상적으로 억압적이고 공포스러운 상황을 조성한 자들도 그들의 영향력 범위 안에서 고요한 평정, 질서정연함, 그리고 든든한 안전보장감을 성취했다고 자랑할 수 있다. 예를 들면, "아파르트헤이트(흑인 차별) 통치체제 아래서도 케이프타운의 저녁거리는 평온했다."라는 주장이 있을 수 있다. 또한 히틀러 치하의 독일에서도 유사한 주장들을 해대는 자들이 존재할 수도 있었을 것이다.

『하나님의 도성』 19권에서 성 아우구스티누스는 평온함과 정의를 실현하는 사회질서에 토대를 둔 하나의 고결한 평화론을 제시한다.[14] 비록 아우구스티누스는 평화를 갈등 부재(19.10.27)와 교란되지 않는 '평정한 질서'(19.12.14)라고 이해할 수 있었을지라도, 그러한 '교란되지 않는 평정'은 억압당한 평정으로서 묘지의 평정으로부터도 손쉽게 파생될 수 있다.[15] 아우구스티누스는 더 깊은 수준의 평화 개념을 규정해 보려

---

14 Augustine, *S. Augustin's City of God (De civitate Dei) and Christian Doctrine*, A Select Library of the Nicene and Post-Nicene Fathers of the Christian Church, vol. 2, ed. Philip Schaff (Edinburgh : T&T Clark, 1887). See Rüdiger Bittner, "Augustinus über Frieden," in *Gegenwart des lebendigen Christus*, 479-495.

15 Eberhard Jüngel, "Zum Wesen des Friedens. Frieden als Kategorie theologischer Anthropologie," in Eberhard Jüngel, *Ganz werden : Theologische Erörterungen V* (Tübingen : Mohr Siebeck, 2003), 12 : "아우구스티누스가 이해한 '평

고 애쓴다. 아우구스티누스는 아마도 키케로와 스토아 철학자들의 앞선 시기의 평화사상을 발판 삼아 평화를 정의가 지배하는 '교란받지 않는 질서'와 연동시킨다.[16] 뤼디거 비트너는 여기서 아우구스티누스가 '객관적 정의가 구현된 사회질서'가 '세계의 근본토대적 특성'을 구성한다고 보는 스토아 철학자들의 견해를 채택하고 있다고 주장한다. 그다음 아우구스티누스는 경험적으로 금방 잘 납득이 안 되는 이 견해를 '이 질서의 주재자'로 여겨지는 하나님과 연관시킨다(19.12.13). 그러나 이 견해는 이제 역으로 평화에 관한 타당한 이해를 정의실현을 위한 설득력 있는 프로그램과 연결시키는 어떤 시도에도 수반되는 난점들을 흐리게 만든다.

우리가 세 번째 강연에서 부딪힌 난점들은 이제 '무뎌진' 자연법이라는 도구에 관한 것들이었다. 이 난점들은 아우구스티누스에게서 비롯된 것들이다. 그는 하나의 내재적이지만 비현실적인 '정의로운 질서'를 상정하며 그것이 세계와 자연에게 있다고 간주하고 하나님을 그 정의로운 질서의 보증자라고 주장한다. 아우구스티누스에 따르면 이 정의로운 질서는 '감미로운 평화'와 연결되며, 그 감미로운 평화는 궁극적으로는 '초월적' 천상의 평화로 변형된다(19.17). 그러나 영의 권능들이 없다면 세계나 자연은 그 자체로는 평화와 정의를 위한 어떤 신뢰할 만한 토대도 제공하지 못한다. 그리고 영의 권능들이 없다면, 하나님의 능력들도 신비하고 애매모호한 채로 남겨지게 될 것이다.

화'는…… 모든 교란들로부터 자유로운 질서잡힌 환경들이다".
16 Bittner, "Augustinus über Frieden," 489.

그렇다면, 그러한 평화의 영이 발출하는 권능들이 개인에게 충분히 *현실성 있게* 납득될 수 있을까? 화이트헤드는 '진리, 미, 모험, 예술' 안에 내재하는 조화들을 언급할 뿐만 아니라, 인간에게 훨씬 더 잘 경험되는 하나의 '평화' 요소와, 조화들과 관련된 대부분의 미학적 형식들보다 조화를 형성하는 데 영향을 끼치는 개인 역량을 명시적으로 언급한다. 말하자면, 그는 경험적인 평화의 방향으로 움직이는 자기초월의 운동을 사랑을 주고받는 경험과 연관시킨다. 특히 여기에서 그는 부모의 돌보는 사랑을 염두에 두고 있다. 이 사랑은 무엇보다도 사랑받는 대상의 자유롭고 기쁜 발전에 이바지하는 사랑이다. 화이트헤드의 용어로 말하자면, '희생적인 돌봄의 사랑'이다. "희생적인 돌봄의 사랑을 받는 대상의 잠재력들은 매우 열정적으로 느껴진다. 즉, 사랑받는 대상 그 자신이 다정한 세계에 둘러싸여 있어야 한다고 요구할 만큼 그렇게 열정적으로 느껴진다."[17] 이 통찰은 실로 보다 더 심오한 평화 경험의 가능성을 열어 준다.

3. 인류에 대한 자애와 공유된 기쁨 : 참된 내적 평화에 관하여

이렇게 애타 하며 돌보는 다정한 사랑 유형은 단지 자기보존에 대한 자연적 관심을 훨씬 더 초월하는 마법적인 힘이다. 사랑받는 자의 자유로운 자기발전에 봉사하려고 애씀으로써, 이런 애타 하는 마음으로 돌

---

17 Whitehead, *Adventures of Ideas*, 289. 사실 화이트헤드는 인간뿐 아니라 여타의 피조물과 심지어 심미적 대상들까지도 포함하기 위해 '맞상대'(counterpart)가 아닌 '대상'(object)이라는 용어를 사용한다.

보는 다정한 사랑을 베푸는 사람은 그 사랑의 대상을 통제하고 강압하려고 하는 자신의 자연적 성향들을 얼마든지 극복한다. 이런 사랑의 성향은 오로지 우리 자신의 자기보존의 연장선에서만 행해지는 다정한 사랑뿐만 아니라, 자연적 자기보존에 매몰된 우리 자신의 경향성들과 상당히 충돌한다. 나는 이런 애타 하며 돌보는 다정한 사랑 성향을 '자발적이고 창의적인, 타자를 위한 자기제한과 자기부인'[18]이라고 지칭한 바 있다.

이 표현은 단지 이타심이라는 단순한 개념으로는 제대로 파악될 수 없는 급진적인 자아초월 운동을 지칭한다.[19] 그것은 자아존속과 자기보존과 본질적으로 그리고 불가분리적으로 연결된 자연적 생명력에 대한 통상적인 이해를 초월한 생명력과 삶을 가리킨다. 사랑을 주고받음을 통해서 사람은 심지어 이 현생에서도 자연적-지구적 삶의 환경들 너머를 가리키는 '영원한 삶'을 부분적으로 향유한다.

이 사랑은 마르다 누스바움(Martha Nussbaum)이 『감정의 격동』(*Upheavals of Thought*)에서 다음과 같이 정형화했던 질문에 대한 응답이다. "어떻게 사랑이 과도하게 궁핍하고, 보복적이며, 편파적이지 않으면서 오히려 전반적인 사회적 자비심과 상호성, 개성에 대한 존중을 지지하는 방향으로 개혁될 수 있을까?"[20] 다양한 사상가들, 시인들, 그리

---

18 Welker, *God the Spirit*, 248-258; Michael Welker, *God the Revealed: Christology*, trans. Douglas Stott (Grand Rapids: Eerdmans, 2013), 223-234.
19 그래서 다음을 참조하라: Ted Peters, "Entheokaric Freedom: Clarifying Confusions," in *Risiko und Vertrauen = Risk and Trust*, 339-348.
20 Martha C. Nussbaum, *Upheavals of Thought: The Intelligence of Emotions* (Cambridge: Cambridge University Press, 2001), 481.

고 심지어 작곡가의 작품들을 평가하면서 누스바움은 비록 명확하고 포괄적인 대답들을 찾지는 못했지만 '사랑의 적절한 상승들'과 관련된 이 질문에 대답하려고 애쓴다.[21]

마틴 노왁(Martin Nowak)과 다른 진화론 사상가들의 연구에 따르면, 돌연변이와 자연선택(자연도태)뿐만 아니라, 유전자 협력 또한 진화의 역사에서 이뤄진 성취에 핵심적인 역할을 한다. 심지어 세포 단위에서 협력이 이뤄진다. 그러한 세포 협력이 붕괴되고 세포들이 '원시적인 이기적 유전자 복제 프로그램'으로 회귀하는 곳에서는 파괴적이고 치명적인 과정들이 시작된다는 것이다.[22] "암이란 세포 협력의 붕괴현상이다." 세포나 유전자 협력을 통한 성공적 진화에서 발견되는 특징은 주도면밀하게 이뤄진 비용과 유용성에 대한 평가들에 의해 수반되는 상호작용의 과정들이라는 사실이다. 또한 상호협력은 개인들이나 집단들의 명성을 양적으로 계량화될 수 없을 정도로 재빠르게 상승시키기도 한다. 노왁은 "최근 협력을 통한 진화의 중요성에 대한 인식은 순전히 경쟁 시나리오가 아니라 협력과 이타주의의 가능성을 받아들이는 시나리오로, 진화를 설명하는 관점이 더 우세해지고 있음을 반영하는 것임을 관찰한다. 더 나아가 생물학의 세계에서는 더 높은 수준의 생명체 조직을 위해서

---

21 누스바움은 플라톤, 아리스토파네스, 스피노자, 프루스트, 아우구스티누스, 단테, 브론테, 휘트먼, 조이스, 말러 등의 작품들에 나오는 다양한 관점들을 분석과 평가대상으로 삼는다(*Upheavals of Thought*, 457-714).

22 Martin A. Nowak, "God and Evolution," in *The Science and Religion Dialogue*, 49; 또한 동일저자, *Evolutionary Dynamics: Exploring the Equations of Life* (Cambridge: Harvard University Press, 2006); 동일저자, *Super Cooperators: Why We Need Each Other to Succeed* (New York: Free Press, 2011).

는 오히려 협력이 요청된다고 말할 수 있을 정도가 되었다."라고 관측한다.[23]

사라 코클리(Sarah Coakley)는 2012년 아버딘대학교 기포드 강연, "다시 발견한 희생 : 진화, 협력, 그리고 하나님"에서 이런 주도적 발견들을 다시 수용했다. "자연신학 재론 : 의미, 희생, 그리고 하나님"이라는 여섯 번째 강연에서 그녀는 '이해타산을 초월하는 희생' 개념을 주창했다. 그녀는 이 개념이 궁극적으로 기독교와 십자가 신학에 의해 생성된 개념이라고 간주한다. 그녀는 종교적 미학적 힘들에 바탕을 둔 '적극적이고 애정에 찬 투신'[24]이라고 불리는 현상에 주의를 집중시키기 위해 부활 이미지들을 활용한다. 여기서 문제가 되는 것은, 우리가 이런 과학적이고 종교적인 관심들을, 보편적이며 그런 의미에서 자연적인 인간경험들과 내면적 평화에 대한 확실한 지각(知覺)에 수용할 수 있을 것인가 하는 것이다.

코클리는 모든 각각의 임신과 출산은 새 생명을 위한 임산부의 자기부인과 연결되어 있으며 그만큼 또한 '희생' 개념과 연결되어 있다는 점을 주장했다. 지그리드 브란트(Sigrid Brandt)의 한 통찰력 넘치는 연구는 어떤 언어들은 '희생'(sacrifice)과 '희생당함'(victim)을 구별하지 않기 때문에, 그 언어들은 불가피하게도 희생 안에는 불가피한 희생당함이라는 개념을 시사하고 있는 셈이라는 사실에 눈을 뜨게 했다.[25] 이런 상황은

---

23 Nowak, "God and Evolution," 49.

24 Sarah Coakley, "Sacrifice Regained : Evolution, Cooperation and God," 2012 Gifford Lectures, https://www.giffordlectures.org/lecturers/sarah-coakley.

25 Sigrid Brandt, *Opfer als Gedächtnis : Auf dem Weg zu einer befreienden*

이후에 문제와 오류로 가득 찬 신학적, 이데올로기적 발전들을 촉발시켰다. 하지만 어떤 출산들은 결과적으로 산모의 생명을 위태롭게 하거나 산모의 죽음을 초래할지라도, 그 이유 때문에 임신과 출산의 희생이 반드시 '강요된 희생'과 연결되어서는 *안 된다*. 순수한 원래의 자연상태의 정치적 삶의 상황들에서는 임신과 출산의 결과 태어난 새 생명은 엄마, 가족, 그리고 세계를 풍요롭게 한다. 이런 의미에서 '희생에 관한 해방적 담론'을 장려하려는 코클리와 브란트의 시도들, 특히 '희생당함'의 의미가 아닌, 희생에 대한 한 단계 더 깊은 이해를 위한 브란트의 옹호 논리는 헤아릴 수 없이 소중하다.

'희생'과 심지어 '사랑'에 대한 언급도 가끔은 극적이고 비정상적인 함의들을 지니고 있기 때문에, 그것들은 오로지 제한적인 의미에서만 '평화'와 연결될 수 있다. 뜨거운, 따뜻한, 서늘한, 그리고 차가운 감정들을 구분하는 것은 감정들의 영역에 다소 인위적인 질서를 부여하는 데 도움이 될 수 있다. 차가운 감정들은 대체로 죽어 가는 혹은 죽어 버린 감정들이다. 어떤 의미에서는 단순히 제 역할을 다해 버린 감정들이다. 반면에, 아름다운 사람이나 사물을 볼 때 나오는 더 강렬한 많은 감정들은 뜨거운 감정이라고 불릴 수 있다. 대중문화에서 최고 수준의 기량을 다루는 운동경기나 음악공연을 중계하는 방송 미디어를 시청하다가 전류가 흐르는 듯한 격렬한 감정이 방출되는 경우가 있는데, 그것들은 확실히 뜨거운 감정을 불러일으키려는 노력들의 확실한 사례들을 대표한다. 일방적 구애의 외양을 띤 감정몰입적 사랑이든 서로의 감정을 교류

---

theologischen Rede von Opfer (Münster : LIT, 2001).

하는 사랑이든, 낭만적 사랑은 현재나 미래에도 언제나 뜨겁고 가슴 두근거리게 하는 사랑으로 남아 있을 것이다. 비록 항상 기꺼이 희생하려는 자기비움의 사랑과 연관된 깊은 헌신이 가끔은 꽤 감동적일지라도, 그 또한 소름끼치고 위협적인 형식들로 표현될 수 있다. 대조적으로 우리는 연인들과 친구들 사이의 사랑을 '따뜻한' 사랑이라고 지각하는 경향을 갖고 있다. 말하자면, 사람들은 대체로 이런 따뜻한 사랑을 어떤 조건에서도 서로에 대해 신실할 것을 다짐하는 언약적 사랑의 재현으로 느낀다는 것이다. 그러나 사람들은 제한된 삶의 영역들에서만 이런 다양한 형식의 사랑을 경험할 수 있을 뿐이다.[26] '내적 평화'와 연결될 수 있는 사랑은 '뜨거운'이라기보다는 '따뜻한 사랑이다'. 이 따뜻한 사랑은 부모의 자식사랑 같은 친밀한 관계 안에서 우리가 주고받고 경험하는 종류의 사랑이다.

사랑을 내적인 평화는 물론이요 외적인 평화까지 보장하는 보편적인 능력으로 변화시키는 장엄한 마력은 따뜻한 사랑의 힘들 너머에 있는 냉정하고 평온한 사랑이라고 불릴 수 있는 인류를 향한 자애에 있다. 이 사랑은 동료 인간에 대해 오로지 행복만을 기원하고 어떤 해악도 품지 않기 때문이다. 이 사랑은 어찌하든지 항상 기꺼이 타자와 협력하며 제한된 조건 아래서라도 다른 동료 인간을 위하여 창조적인 자기부인을 감수한다. 이런 사랑은 비용 대비 유용성을 항상 주도면밀하게 산정하는 이해타산에 골몰하지 않는다. 이런 사랑을 하는 사람에게는 그 사랑 자

---

26 Michael Welker, "Romantic Love, Covenantal Love, Kenotic Love," in *The Work of Love : Creation as Kenosis*, ed. J. Polkinghorne (Grand Rapids : Eerdmans ; London : SPCK, 2001), 127-136.

체의 자기발전을 위한 잠재력이 그런 사랑을 행하게 하는 끊임없는 자극이 되지도 않는다. 오히려 이런 사랑은 다른 사람들에게 공간을 제공하며 다른 사람들에게 발전과 전진을 위한 공간이 제공될 때 기뻐한다.

이 냉정하고 평온한 인류애는 물론 보다 더 강렬한 사랑의 형식으로 강화될 수 있다. 이런 냉정하고 평온한 인류애는 실로 더 흥분을 유발하는 사랑이 될 수도, 더 따듯하고, 더 뜨거운 사랑이 될 수도 있고 심지어 내적 평화감을 제한하거나 중지시키기까지 한다. 그러나 따뜻하고 냉정하고 평온한 사랑의 형식들에 수반되는 평온하고 공유된 기쁨의 지각은 항상 인간의 평화 지각을 든든하게 보장하고 고양시켜 준다. 이런 맥락에서 보다 공개적이고 환희를 터뜨리는 감정 방출적인 양상들로 표현되는 기쁨뿐만 아니라, 조용하고, 심지어 냉정하며 자기망각적인 외양으로 표현되는 기쁨도 인정되고 존중되어야 한다는 사실이 중요하다. 실로 이렇게 다양한 형식들로 기쁨이 표현된다는 것을 우리가 인정할 수 있다면, 우리는 이것을 기쁨의 다성음악(polyphony)이라고 말할 수 있을지도 모른다.

하이델베르크대학교의 고등과학 인문학술원은 생물학과 노령화가 가져온 기회들에 관하여 학제 간 연구 프로젝트를 수행한 적이 있다. 그 연구 프로젝트는 고령자들의 인생 경험들과 감정들에 대한 학제적 연구였는데, 그 연구대상자들 중에는 극적으로 점점 쇠약해져 죽음에 임박한 초고령자들도 포함되어 있었다.[27] 날이 갈수록 건강과 신체능력이

---

27 본 논의는 다음 학술회의를 지칭한다 : "Altern : Biologie und Chancen"(2019/2020). 여기에서 나의 글이 발표되었다 : "Dein Alter sei wie deine Jugend : Impulse eines Segensworts." 이 글의 제목은, "당신의 노년이 당신의 청년기처럼 되게 하라. 복의 말씀

손상되는 그런 상황들이 반드시 오직 묘지가 자아내는 평화와 평정이라는 의미에서 의도된(죽음을 통해 오는 평화) 평화에 대한 냉정한 느낌들에 의해서만 지배당하는 것일까? 아니면, 점차 쇠락해 가는 이 초고령자 같은 사람이라도 이런 실제적인 삶의 상황에 노출되었을 때 다시 지속되는 복원력 있는 평화에 대한 체감을 표명할 수 있을까?

가끔 고령자들과 극단적인 고령자들이 쇠약함에 도달한 순간, 어린 아동들처럼 될 수 있다는 관찰이 있었다. 하지만 어린이들과 젊은이들은 그들을 위해 헌신하는 다른 사람들의 돌봄을 통해서만 자라고 발전할 수 있다. 바로 이 상황에서 어린이들과 젊은이들은 그들을 위해 헌신하는 다른 사람들이 존재하고 있으며, 다른 이들이 그들의 관심사들을 기꺼이 제쳐놓고 자신들을 돌봤다는 것을 배운다. 다시 말해, 어린이들과 젊은이들은 자신들을 돌보는 사람들이 '그들을 위한 자발적이고 창의적인 자기부인과 자기제한'[28]의 방향으로 살기 때문에 조성된 삶의 환경 안에서 살 수 있다는 말이다.

어린이들과 젊은이들을 위한 또 다른 사람들의 자기부인과 자기제한 경험은 의식적이든 무의식적이든 상관없이, 어린이들과 젊은이들 가운데 감사와 애정의 감정들을 생성시킬 뿐만 아니라, 그 다른 사람들이 자기부인과 자기제한 행위와 태도를 계속 유지하며 갱신해 줄 것이라는 기대와 희망을 창조한다. 이 감사와 희망의 동시적 경험은 다양한 현상들 — 격렬한 현상들이나 고요한 현상들 공히 — 에서 표현되는 기쁨과

으로 오는 영적 자극"이다(역자주).
28 Welker, *God the Spirit*, 248-258; Welker, *God the Revealed*, 223-234.

평화에 대한 심오한 감수성을 길러준다. 물론 기쁨과 평화에 대한 이 경험은 친구들과 가족들을 포함하는, 보다 밀착된 사회적 상황들 ─ 심지어 이러한 사회적 상황에서 실망과 소외를 느끼는 일은 여전히 가능할지라도 ─ 에서 더욱더 기대될 수 있다. 그러나 기쁨과 평화 감수성을 위한 비옥한 원천으로 기여할 수 있는 것은 단지 그런 친밀한 사회적 환경의 생동력뿐만이 아니다. 개인의 추억들, 자연과의 교감, 날이 바뀌고 해가 바뀌는 리듬들도 기쁨과 평화 감수성을 위한 비옥한 원천이다. 특히 쇠약함과 유한성을 현저하게 경험하는 고령자들에게 이것은 더더욱 사실이다.

심지어 신체적이고 영적-지성적 힘들이 쇠약해져가는 중에도 감사와 희망은 기쁨에 의해 수반되는 강건함을 경험하도록 만든다. 공유된 기쁨과 그것에 동반된 평화감은 독일에서 이뤄진 고령시민들의 감정들을 평가하는 과정에서 분명히 드러났다. 안드레아스 크루제(Andreas Kruse)는 많은 연구 출판물들과 경험적 연구들을 통해 이런 관찰들이 옳았다는 것을 증명했다.[29] 이런 맥락에서 실시된 인터뷰들은 '생존의 주제들'로 알려진 것을 다룸에 있어서 선호하는 틀들이 무엇인지를 밝혀냈다. 가장 많이 선호된 틀은 '다른 사람들과의 정서적으로 충만한 만남에서 경험된 기쁨과 성취감'이었다. 또 하나 눈에 띄게 많이 선호된 맥락은 다음 세대에 대한 집중적 관심이었다. 비록 자신의 가족 안에서 이

---

29 Andreas Kruse, *Lebensphase hohes Alter : Verletzlichkeit und Reife* (Berlin : Springer Verlag, 2017); Generali Deutschland AG, ed., *Generali Altersstudie 2017 : Wie ältere Menschen in Deutschland denken und leben* (Frankfurt a. M. : Fischer Verlag, 2012; Berlin : Springer Verlag, 2017), 4장.

런 기쁨과 성취감이 특별히 강렬하게 나타났을지라도, 그것은 이해할 만한 것이었다. 그럼에도 불구하고 그 기쁨과 성취감은 가족 범위를 훨씬 초월하는 맥락들에서도 강하게 표현되었다.

감정적 소통의 수준 혹은 물질적, 실제적 수준에서 다음 세대에게 뭔가 기여할 능력과 연결되어, 다음 세대에 대한 그러한 집중적 관심이 강화될 수 있다. 하지만 반드시 그런 연결 때문에 다음 세대에 대한 관심이 강화되어야 하는 것은 아니다. 말하자면, 다른 사람들을 위하여 자신의 삶의 짐들을 창의적인 자기부인으로 초월하는 이 역량이야말로 기쁨의 경험과 심오한 내적 평화의 강력한 원천을 제공한다는 것이다.[30] 이 평화의 경험은, 자신과 친밀한 관계 안에 있는 다른 사람들을 향한 따뜻한 사랑에서 뿐만 아니라, 친밀한 느낌이나 감정을 공유하기에는 상당히 먼 사람들을 향한 냉정하고 평온한 사랑에서도 확고하고 견실하게 존재한다. 바로 정확하게 이런 관계에 참여함으로써, 그 똑같은 경험은 심지어 생명의 자연적 에너지들이 소진되어 가는 바로 그 경계선들(노화)에서도 사랑의 자애로운 방출과 반향(反響), 곧 평화를 확보해 준다.

4. 전체 결론

---

30 미로슬라브 볼프는 수년 동안 용서의 거대한 위력들과 기쁨을 강조해 왔다: Miroslav Volf, *Free of Charge: Giving and Forgiving in a Culture Stripped of Grace* (Grand Rapids: Zondervan, 2005); 동일저자, *Flourishing: Why We Need Religion in a Globalized World* (New Haven: Yale University Press, 2016); Miroslav Volf and Justin Crisp, eds., *Joy and Human Flourishing: Essays on Theology, Culture and the Good Life* (Minneapolis: Fortress, 2015).

나는 이상 여섯 차례 강연에서 인간의 영과 하나님의 영에 관한 자연신학을 개진하려고 시도했다. 강연의 시작 부분에서 나는 인간의 유한성과 취약성, 유혹받기 쉬운 본성과 스스로를 거대한 위험에 빠뜨리는 인간성, 공격성, 그리고 파괴적인 성향들은 인간이 "하나님의 형상으로 창조되었다."는 어떤 언급도 의심하게 만든다는 점을 확인했다. 이어지는 강연들은, 그렇다면 이런 낙담하게 하는 형편을 상쇄시킬 수 있는 인간의 영과 하나님의 영의 힘들이 있는지, 있다면 그것들이 무엇인지를 탐색하는 것이었다.

두 번째 강연은 다극양태적인 인간의 영과 하나님의 영의 자연적, 문화적, 그리고 종교적 잠재력에 대한 검토를 제시한다. 이 검토는 현실적합성이 있는 자연신학을 뚜렷하게 제시할 수 있는 관점들을 열어주었다.

다극양태적인 정의의 영으로 충만한 사람들은 근본적으로 불공정하고 불의한 삶의 상황들에서 말과 행위로 정의를 확산하는 과업에 참여할 수 있게 된다. 정확하게 이런 의미에서 그런 사람들은 실로 하나님의 형상으로 창조되었다고 지칭된다.

그들은 마찬가지로 다극양태적인 자유의 영으로 충만해 도덕적으로, 법적으로, 그리고 정치적으로 해방과 자유를 위해 투쟁하고, 억압과 자유 부재의 개인적이고 사회적 현상들로 가득 찬 세상에 있는 숱한 교육적 환경들에서 해방과 자유를 위해 투쟁할 능력을 덧입게 되는 경우에 하나님의 형상으로 만들어진 인간이라고 불린다.

마찬가지로 다극양태적인 진리의 영에 충만해, 여러 차원의 진리 추구 과정에서 비판적으로 그리고 자기비판적으로 진리를 자신의 삶과 세계에 상관시키려고 분투하는 사람들은 하나님의 형상으로 창조된 인간으로 불린다. 정의의 영 안에서 그들은 설득력 있게 논증되고 경험적으로 검증된 진리 주장들을 단호하게 옹호하고 방어한다. 늦게 말한다고 해서 결코 가장 덜 중요하게 취급되어서는 안 될 사실은, 이런 사람들은 진리의 영, 자유의 영, 그리고 정의의 영으로 상이하게 표현되지만, 동일한 그 영의 활동들 사이에 있는 내적 연관성들을 인지하고 있다는 것이다.

이 다극양태적인 영이 역사하는 이런 상호연결된 맥락들은 평화의 영이 자신을 드러낼 때 압축되어 표현된다. 이렇게 상호연결된 맥락에서 평화의 영은 적의, 증오, 그리고 전쟁 도발의 영을 부추기려고 시도하는 모든 세력들과 평화로운 투쟁을 감행하는 과정에 참여한 사람들을 하나님의 형상으로 빚어가는 활동을 통해 자신을 밝히 드러낸다. 가족과 친구들, 그리고 우리와 가까운 사람들 사이에 수수되는 따뜻한 사랑의 형식이든, 냉정하고 평온한 보편적인 인류애의 형식이든 평화의 영은 압도적으로 빛나고 반향을 불러일으키는 힘을 발출한다.

인간을 하나님의 형상으로 형성하는 조건들에 대한 자연-신학적 관점들은 또한 일반 학문적 맥락들(세속적)과의 연관성 속에서도 명료하게 규정될 수 있다. 세 번째 강연에서 나는 근본적으로 불공정하고 불의한 세상에서 정의와 평등을 위해 일할 때 요청되는 공감(empathy)을 촉발시키는 수많은 자원들(resources)뿐만 아니라, 정치적, 법적, 종교적, 그리고 가족적 기풍의 힘들을 활성화시키는 정의의 영에 대해 고찰했다. 네 번째 강연에서 나는 이 정의의 영은 자유와 존엄 안에서 인격적, 도덕적, 그리고 정치적 실존의 적절한 형식들의 출현을 촉진시키는 다극양태적인 자유의 영에 의해 동반되어야 한다고 제안했다. 다섯 번째 강연은 다극양태적인 진리의 영은 한 사회의 문화적이고 도덕적인 상황들에 대하여 그것들이 가진 문제가 무엇인지를 알려 주는 인지적 평가와 동시에 그것들에 대한 비판적이면서도 자기비판적인 평가를 반드시 수행해야 함을 논증했으며, 또한 다극양태적인 진리의 영은 인간실존에 대한 보다 더 확장적이고 철저한 이해를 위한 자극을 제공한다는 점도 논증했다.

여섯 번째 강연은 평화의 영이 정의와 자유 증진을 위한 국제적이고 국내적인 활동에 작동하는 기풍과, 진리 추구에 단호하게 투신된 과학, 학문, 교육, 그리고 언론 미디어에 작동하는 기풍 안에 있는 이 모든 자극들(impulses)을 서로 연결시키며, 그렇게 함으로써 개인의 삶 속에 그리고 사람들 사이에 공히 따뜻하고 냉정하고 평온한 사랑의 영과 그 사랑에 동반된 심오한 기쁨의 영을 일깨우고 지탱시킨다는 사실을 논증했다.

평화의 영 안에서 그리고 사랑 안에서 각각의 개인과 인류 전체는 모든 인간다움을 포함하는 존엄에 도달하며, 참다운 의미에서 하나님의 형상으로 창조되었다는 이 장엄한 운명에 걸맞은 삶을 사는 데 필요한 능력들을 갖추게 된다.

부록 : 요약과 해설, 그리고 논평

_김회권

1. 중심 개념 해설 : 다극양태적인 영(the Multimodal Spirit)

벨커의 『하나님의 형상으로 창조된 인간 : 영(靈) 인간학』을 관통하는 핵심개념은 다극양태적인 영이다. 우리는 다극양태적인 영을 중심으로 본서를 압축적으로 요약해 보고자 한다. 2강은 다극양태적인 영에 대한 정의와 그 용어 사용의 정당성을 논하고, 3~6강은 다극양태적인 영이 어떻게 정의, 자유, 진리, 평화 추구를 촉진시키는지 예해하고 있다.

다극양태적인 하나님의 영, 다극양태적인 인간의 영

2강에서 벨커는 헤겔의 『정신현상학』에서 차용된 이 개념이 하나님의 영과 인간의 영의 다극적이고, 다원적이며, 다방향적인 활동력들을 부각시키는 데 적합한 용어임을 주장한다. 헤겔 이전 시대의 하나님의 영과 인간의 영에 대한 이해는 대부분 양극적 관계(객체-주체와, 자기-관계 사이의 상호작용 형식)로 규정되었다. 벨커는 인간의 영의 다극양태성을 예증하기 위해 초기 아동기의 발달과정을 주목한다. 그가 사용하는 '다극양태'라는 표현은 오직 20세기 이후, 특히 디지털 혁명 이후부터 일반적으로 사용되는 개념으로 주로 언어학, 언론학, 심리학, 철학, 경제학 분야에서 의미있게 사용되고 있다. 기업홍보와 광고에서 말하는 다극양태성은 소비자와 기업 사이에 이뤄지는 쌍방향적 의사소통에서 예시된다. 기업은 소비자들에게 문자 메시지(SMS), 인터넷 채팅, 소셜미디어 같은 여러 가지 접촉 통로들을 제공함으로써 소비자 만족도를 높일 수 있다. 언론기관들이 문자와 같은 단일 매체만이 아니라, 전달하고자 하는 메시지를 구성하는 데 유용한 아이콘이나 이미지 같은 매체들도 활용한다면, 그런 미디어는 다극양태적인 미디어인 셈이다.

더 나아가 벨커는 하나의 펼쳐진 군집(constellation, 사람의 군집, 사회단체들의 군집, 혹은 심지어 신경세포들의 군집)이 여러 개의 중심이나 극점들을 가지는 경우를 '다극적'(multipolar) 군집(群集)이라고 말한다. 예를 들면 다극적 세계 질서는 다수의 권력중심들을 가진 정치 구조이다.[1] 벨커는 인간의 영과 하나님의 영, 그리고 그 둘 사이에서 이뤄지는 협력적 활동을 이해하기 위해서 하나님의 영과 인간의 영에 대한 다극양태적이고 다극적인 접근을 채택한다. 다극양태적이며 다극적인 하나님 영 및 인간의 영 이해는 전통적 영(靈) 이해와 다르다. 영과 그 활동들에 대한 재래적 관점들은 양극적 사고로 인해 왜곡되었다(예를 들면, 인간과 하나님 관계, 한 인간과 다른 인간의 관계, 나의 내적인 지적, 도덕적, 종교적 대화의 다양한 측면들의 관계, 사고 행위와 사유된 것의 관계).[2] 또 이런 양극적 영

---

[1] 미국은 미국 중심의 일극 세계체제를 원하지만, 푸틴이나 시진핑은 다극적 세계질서를 원한다. 동유럽은 러시아를 극점으로 운영되는 세계, 아시아는 중국을 극점으로 운영되는 세계를 의미한다(참조. 프랑스 국적의 러시아 언론인 Vladimir Pozner)(역자주).

[2] 참조. Michael Welker, *God the Spirit* (Philadelphia: Fortress, 1994; repr. Eugene, OR: Wipf & Stock, 2013), 279-302; Michael Welker, "The Spirit in Philosophical, Theological, and Interdisciplinary Perspectives," in *The Work of the Spirit: Pneumatology and Pentecostalism*, ed. Michael Welker (Grand Rapids: Eerdmans, 2006), 221-232.

이해를 극복하려고 나온 또 다른 재래적 영 이해는 신비주의적인 영 이해였다. 많은 종교적 공동체들이나 세속적 공동체들은 영을 신비스럽고, 모호하며, 불가해하고 범접불가한 힘으로 보았다. 특히 기독교 일각에서는 이런 양극성을 극복하려고 시도하는 과정에서, 하나님의 영을 바람과 비처럼 초월 영역으로부터 피조물들에게 강림하는, 신비하고 거룩한 초월적 힘으로만 생각했다(욜 2 : 28-32 ; 독일어/히브리어 성경 욜 3 : 1-5). 여기에는 하나님의 영은 주체적이고 인간의 영은 수동적인 객체라는 양극적 사고가 전제되어 있다. 벨커는 1979년에 요한 바오로 2세가 바르샤바에서 성령의 현존을 요청하여 불렀던 그 사건을 근거로, 하나님의 영에 대한 이 신비주의적 이해가 오도되었다고 비판한다. 하나님의 영에 강습(强襲)당하여 사로잡힌 사람들은 한편으로 다극양태적 연결망을 형성하고, 다른 한편으로는 균형과 균등화를 필요로 하는, 다극적이지만 유동적인 공동체들을 구성했기 때문이다. 즉, 이것들은 '일사불란한' 동질적 공동체들이 아니라, 오히려 고착된 위계질서들을 창조적으로 해체하는 경향을 보였던 역동적인 대안공동체들이다.

벨커는 오랫동안 인간 영(靈)의 지성적 역능(役能)들을 높이 평가하고 인간의 영을 주로 개인의 개별적 사고능력으로 이해했던 서구문화를 비판한다. 벨커는 인간의 역능(役能)들의 조직화와 관련된 영의 다극양태적 힘을 파악하기 위해서는 반드시 사고, 의지, 그리고 주변환경들에 대한 복합적이면서 심미적 지각의 직조체계와 그것과 밀접하게 관련된 의사소통 과정을 숙고해야 한다고 주장한다. 그럴 때에야 '신체화된 영(靈)' 수준에서 관찰된 인간 영의 압도적인 역량들을 제대로 이해할 수 있게 된다. 인간의 신체적 실존은 한편으로는 다극양태적인 감각적 연결망에 의해 인도되며, 또 다른 한편으로는 사회적 상호작용에 기반한 의사소통 과정 및 언어적으로 매개된 소통과정, 그리고 문화적인 환경들의 영향을 받으며 인도된다. 그리하여 이런 다극양태적인 영의 힘이 사회적, 정치적, 학문적, 그리고 종교적 영역들에서 활동할 수 있다는 것이다. 벨커는 다극양태적인 하나님의 영과 다극양태적인 인간의 영이 정의, 자유, 진리, 그리고 평화를 위한 협력적 활동의 틀을 창조한다고 주장한다. 따라서 수많은 역사적이고 경험적인 맥락들에서 이미 명백하게 활동하는 다극양태적 영(靈)과 같은 힘을 받아들이고 신뢰하자고 제안하고 있다. 이 종합하면서도 구별하는 영(靈)의 힘은 이미 무수한 인지적, 도덕적, 심미적 지각과 의사소통 과정들에 작용하고 있기 때문이다. 이 영의 힘은 단순히 모종의 인간적 정신역량으로 축소될 수는 없다. 인간의 정신활동들을 형성하고 지탱하는 것은 '자연'도 아니요 '문화'도 아니며, 오히려 수많은 자연적, 문화적 상황들과 사건들이며, 역으로 인간의 정신활동들이 이 다극양태적인 영에 의해 형성되고 한 단계 더 발전된다. 벨커는 인간의 인지적, 도덕적, 그리고 심미적 역량들과 부단히 상호작용해 온, 법 문화, 정치 문화, 가족윤리 기풍, 그리고 사회적 혁신 기풍 안에서 발견되는 그러한 특별한 다극양태적 영의 상호연결적 관계들을 주목한다.

다극양태적인 정의의 영

3강에서 벨커는 다극양태적 영이 사람들을 개인적, 가족적, 사회적, 그리고 정치적 상황들에서 정의와 자비를 더 민감하게 경험하게 만든다는 사실을 강조한다. 다극양태적인 영은 개인적 경험이나 혹은 그런 경

힘들을 발생시키는 활동에 참여하는 사람들을 정의와 자비 경험에 민감하게 만든다. 그 다극양태적 영은 개인들의 상호관계에 특별히 초점을 맞추며, 피조물의 세계에서 인간이 누리는 특권적 지위를 바라봄에 있어서도 엄정할 정도로 정직하다. 그리고 수많은 낙담 천만한 좌절들에도 불구하고, 다극양태적 영은 — 동료 인간들과 약자를 위한 감정들, 경험들, 그리고 참여활동을 조율하는 다성음악 안에서 — 자유의 기상, 진리에 대한 투신, 평화를 추구하는 데 동반되는 정의와 평등의 기상을 굳게 붙들고 있다. 낙관적인 인내와 인간존엄에 대한 깊은 감수성, 그리고 또한 잠잠한 신뢰와 기쁨은, 변함없이 사람들 사이에, 사람을 통하여 그리고 사람을 넘어 이 영의 활동을 지속시킨다.

벨커는 1948년의 유엔 인권헌장 가운데 들어 있는 평등 선언, 즉 "모든 인간은 천부적 자유권을 가지며 그 존엄과 권리에 있어서 동등하다."라는 선언에 대한 강력한 의심들을 불식시킬 수 있는 힘은 다극양태적인 정의의 영이라고 주장한다. 평등 실현 가능성에 대한 의심들은 사회적, 정치적 현실들의 변화를 통해서 뿐만 아니라, 철학적으로 그리고 윤리적으로도 다극양태적인 정의의 영에 호소함으로 불식시킬 수 있다고 본다. 자연법에 의해 지지되지 않는 평등윤리 감수성을 긍정할 수 있는 길은 다극양태적인 정의의 영에 대한 호소와 의존이라는 것이다. 단순한 지성으로 축소될 수 없는 다극양태적 영은 법, 정치, 그리고 도덕의 영역에서 정의에 대한 투신과 약자 보호를 위한 투신을 효과적으로 결합해 왔기 때문이다. 이 영(靈)은 가정의 윤리적 감수성으로부터 오는 다양한 자극들, 다양한 폭의 공감적 감정들, 수많은 세대들을 넘어 인류의 장엄한 소명에 이르기까지 우리의 주의를 집중시켜 주는 종교적 관점들 — 물론 이 종교적 관점들은 당연히 세속문학들에서 발견될 수 있는 어떤 것이기도 하다 — 에 의해 보양되고 활성화된다. 이런 역능 안에서 이 다극양태적 영은 정의를 위한 전 세계적이면서도 평화적인 투쟁과 그것의 결과로 인해 실현될 인간성의 고결한 교화와 승화를 위한 추진력을 제공한다.

다극양태적인 자유의 영

4강에서 벨커는 이웃이나 사회적 약자를 기꺼이 도우려는 이 문화, 즉 정의에 투신된 이 문화가 의존심을 만들어 내거나 영속시키는 데 악용되도록 방치되어서는 안 된다는 점을 강조하며 다극양태적인 자유의 영을 논한다. 서구 선진 복지국가들에서 쉽게 관찰될 수 있듯이 의존심이 어느 순간에 수혜자의 독립감과 자율성을 희생시키는 현실을 주목한 벨커는, 다극양태적인 정의의 영이 다극양태적인 자유의 영과 동역하는 것이 필수불가결하다고 주장한다. 벨커는 여기서 다극양태적인 자유의 영이 가진 필수적인 힘들이 복수의 형식으로 작동한다는 사실을 분별해야 하고, 평가해야 한다고 주장한다. 다극양태적인 자유의 영은 무슨 음식을 먹을까를 결정하는 초보적이고 소박한 선택 자유도 지지하지만, 자신들이 살 다원주의적이고 자유로운 의사소통 가능 공동체를 형성하는 시민들의 사회적, 정치적 자유도 촉진한다. 다극양태적인 자유의 영은 민주주의를 건설하는 데 결정적인 도덕적이고 정치적 자유들을 보증하며, 특정 도덕을 대표하는 개인들, 시민사회 집단과 연합체들 안에서 작동하는 공적 도덕들의 대표자들이 평화롭게 공존하도록 지지한다. 다극양태적인 자유의 영은 다원주의 사회 안에서 경쟁하고 협력하는 사회적 조직체들의 활동들이 힘의 분할과 균형을 성취하도록 이끈다. 이런 점에서 벨커는 자유의 영과 정의의 영 사이에 있는 관계를 외면해서는 안 된다는 점을 역설한다.

다극양태적인 진리의 영

5강에서 벨커는 다극양태적인 진리의 영의 활동들을 총망라해서 논한다. 진리의 영은 정확함과 올바름의 추구에서부터, 진리를 찾고 진리 주장들을 검증하는 모든 활동들에 참여하는 대학교의 과학자들과 학자들로 구성된 범세계적 연합체들의 진리 추구 활동까지 다 관여한다. 젊은 헤겔이 표현했듯이, 영은 결합활동과 구별화활동을 통해 '관계들'을 만들고 그것들에게 영향을 끼치는 능동적인 힘이다. 이 복합적인 힘을 의미있게 다루려는 재래적인 시도들은 양극적인 군집(群集)들 (constellations)로 현현(顯現)하는 영의 활동들에만 집중했다. 예를 들면, 주체와 객체, 인식과 인식대상, 나와 너, 인간과 동료 인간, 자아와 타자, 자아와 세계, 하나님과 인간 등으로 양극화된 구분을 통해 드러나는 영의 현현들이 그동안에 이뤄진 '영'(靈) 연구의 주요 초점이었다. 그러한 양극적인 군집(群集)들(constellation)은 진리에 대한 한 가지 이해를 촉진시키는 데만 기여해 왔다. 이 진리관에 따르면 진리는 사유와 그 대상의 일치로 이해되거나 주관적인 주장들과 객관적인 세계의 사실들의 일치로 이해되거나, 혹은 그것과 유사한 관계들로 이해된다. 벨커는 본회퍼의 '다차원적이고 다중음악적인 삶'이라는 사상에 의거하여 다극양태적 영의 현현들의 논리를 옹호한다. 본회퍼에 따르면, "인생은 단일한 일차원으로 퇴출되지 않는 그 무엇이다. 오히려 다차원적이고 다중음악적으로 영위되는 그 무엇이다. …… 우리는 일방통행적인 단일행로만 고집하는 사람들을 탈선시켜야 한다". 다극양태적인 영의 현현들의 논리에 의거해서 벨커는 '양극적 군집(群集) 중심의 진리 이해' 혹은 주지주의적(主知主義的) 진리 이해를 비판한다.

벨커는 자연신학은 정확하게 영의 다극양태적인 활동에 참여함으로써 하나님을 아는 지식을 세상에 확산시킬 수 있다고 주장한다. 이 목적을 성취하기 위해 "자연신학은 초월적 세계에 대한 종교의 과장된 집착을 공격할 뿐만 아니라, 도덕적, 사회적, 그리고 문화적으로 왜곡된 발전들을 초래하는 원천이자 그런 발전들과 제휴하는 제도화된 종교 그 자체를 비판하는 철학적, 신학적 비판들을 진지하게 받아들여야 한다". 자연신학에서 가장 중요한 열쇠질문은 하나님의 본질과 본성에 관한 물음이다. 자연신학이 주창하는 하나님의 본질은 '영이신 하나님이다'. 벨커는 계시신학의 하나님 담론을 자연신학의 개념 세계에 호응하는 진술로 번역함으로써 기독교 신앙 밖의 사람들에게도 하나님을 아는 지식을 보편적으로 전달할 수 있다고 주장한다.

"하나님은 영이시다. 하나님을 예배하는 자들은 영과 진리 안에서 예배해야 한다"(요 4 : 24, 역자 사역). 벨커는 이 진술을 기도와 예배강론과 연관시키는 계시신학이나 교회의 노선을 기포드 강연을 창설했던 기포드 경의 의도와 취지를 살려 재해석한다. 이 신적 능력을 영의 인간학적이고 윤리적 반향(反響)에 관한 자연신학의 맥락에서 이 진술을 해석한다. 하나님의 형상으로 창조된 인류에 대한 이해를 확장하는 데 영이신 하나님에 대한 진술을 활용하자는 것이다.

다극양태적인 평화의 영

6강에서 벨커는 다극양태적인 평화의 영이 다극양태적인 정의, 자유, 그리고 진리의 영과 얼마나 다양한 방식으로 교직(交織)되어 있는지를 자세히 논한다. 다극양태적인 평화의 영의 활동 중 하나는, 군수산업을 평화에 초점을 둔 정치적 틀로 구체적으로 전환하는 것을 증진시키는 데 긴급하게 요청되는 정치적, 법적, 그리고 도덕적 틀을 만드는 일이다. 다극양태적인 영(정의, 자유, 진리의 영)이 역사하는 상호연결된 맥락들은 평화의 영이 자신을 드러낼 때 압축되어 표현된다. 이렇게 상호연결된 맥락에서 평화의 영은 적의, 증오, 그리고 전쟁 도발의 영을 부추기려고 시도하는 모든 세력들과 평화로운 투쟁을 감행하는 과정에 참여한 사람들을 하나님의 형상으로 빚어간다. 이 사역이 다극양태적인 평화의 영의 현존이다. 다극양태적인 평화의 영의 더 근본적인 사역은 인류 사회 안에 사랑과 공유된 기쁨을 창조하는 일이다. 다극양태적인 평화의 영은 가족과 친구들, 그리고 우리와 가까운 사람들 사이에 수수되는 따뜻한 사랑의 형식으로든, 냉정하고 평온한 보편적인 인류애의 형식으로든 공히 압도적으로 빛나고 반향을 불러일으키는 힘을 발출한다. 결국 정의, 자유, 진리의 영은 '평화, 공유된 기쁨, 인류애'를 창조하는 다극양태적인 평화의 영으로 합목적적으로 활동한다.

결론

다극양태적인 영의 인간학을 정초하는 벨커의 자연신학에 따르면, 인간을 하나님의 형상으로 빚어가는 조건들에 대한 자연-신학적 관점들은 일반 학문적 맥락들(세속적)에서도 명료하게 식별되고 지지될 수 있다. 벨커는 근본적으로 불공정하고 불의한 세상에서 정의와 평등을 위해 일할 때 요청되는 공감(empathy)을 촉발시키는 수많은 자원들(resources)뿐만 아니라, 정치적, 법적, 종교적, 그리고 가족적 기풍의 힘들을 활성화시키는 정의의 영에 대해 고찰했다. '수많은 자원들' 중에는 세속문학, 고대 메소포타미아의 법전들도 포함된다. 약자옹호적 공감을 말하는 문헌이나 문화는 정의의 영의 발현과 무관할 수 없다는 것이다. 빈곤으로부터의 자유, 정치적 결사의 자유, 자유로운 다원공동체 창조의 자유는 종교, 특히 기독교 신앙의 반경 너머에서도 추구될 수 있다. 자유의 영이 다극양태적인 영이기에 인위적인 차이를 능히 뛰어넘기 때문이다. 학제적이고 국제적인 대학교의 연합적 진리 추구는 종교적이지도 않고 세속적이지도 않지만 얼마든지 인류에게 공익을 끼치는 활동이다. 다극양태적인 진리의 영은 교회와 대학의 울타리를 자유롭게 넘나들기 때문이다. 가족적인 친밀공동체의 따뜻한 사랑, 그리고 서늘하고 차분하지만 적과 동지, 내부자와 외부자를 구분하지 않는 보편적 인류애는 종교, 특히 기독교회의 울타리 너머에서도 얼마든지 추구될 수 있다. 다극양태적인 평화의 영이 이런 형식적 경계선을 자유롭게 넘나들기 때문이다.

결론적으로 정의, 자유, 진리, 그리고 평화를 추구하는 모든 인간의 활동들은 어떤 모양으로든지 다극양태적인 인간의 영과 다극양태적인 하나님의 영이 활동하는 현장이다. 3~6강에서 개진된 다극양태적인 영의 사역에 대한 벨커의 주장을 요약하면 다음과 같다.

첫째, 인류는 불의와 불평등으로 가득 찬 세상에서 정의의 기상으로 정의를 추구하고 실천하도록 미리 설계된 자들로, 실로 하나님의 형상으로 창조되었다. 다극양태적인 정의의 영으로 충만한 사람들은 근본적으로 불공정하고 불의한 삶의 상황들에서 말과 행위로 정의를 확산하는 과업에 참여할 수 있게 된다. 정의와 평등을 위해 일할 때 요청되는 공감(empathy)을 촉발시키는 수많은 자원들(resources) 안에, 그리고 정의를 진작시키는 정치적, 법적, 종교적 장치를 확정하고 정의를 추구하는 가족기풍을 활성화시키는 활동들 속에 다극양태적인 정의의 영이 활동하고 있다(3강).

둘째, 이 정의의 영은 자유와 존엄 안에서 인격적, 도덕적, 그리고 정치적 실존의 적절한 형식들의 출현을 촉진시키는 다극양태적인 자유의 영과 협력해야 한다. 자유를 가로막는 무수한 장애물들을 만들어 내는 세상에서 개인적 자유와 사회적 자유 둘 다를 추구하는 사명을 부여받았다는 점에서 인류는 실로 하나님의 형상으로 창조되었다. 다극양태적인 자유의 영으로 충만해 하나님의 형상을 체현하는 사람들은 도덕적으로, 법적으로, 그리고 정치적으로 해방과 자유를 위해 투쟁하고, 억압과 자유부재의 개인적이고 사회적 현상들로 가득 찬 세상에 있는 숱한 교육적 환경들에서 해방과 자유를 위해 투쟁할 능력을 덧입게 된다.

셋째, 다극양태적인 진리의 영에 추동되어 여러 차원의 진리 추구 과정에서 비판적으로 그리고 자기비판적으로 진리를 자신의 삶과 세계에 상관시키려고 분투하는 사람들은 하나님의 형상으로 창조된 인간으로 불린다. 그들은 정의의 영 안에서 설득력 있게 논증되고 경험적으로 검증된 진리 주장들을 단호하게 옹호하고 방어한다. 그들은 진리의 영, 자유의 영, 그리고 정의의 영 — 상이하게 표현되지만, 동일한 그 영 — 의 활동들 사이에 있는 내적 연관성들을 인지하고 있다는 것이다. 다극양태적인 진리의 영은 한 사회의 문화적이고 도덕적인 상황들이 처한 문제가 무엇인지를 알려주는 인지적 평가와 동시에 그것들에 대한 비판적이면서도 자기비판적인 평가를 반드시 수행하도록 압박한다. 또한 다극양태적인 진리의 영은 인간 실존에 대한 보다 더 확장적이고 철저한 이해를 위한 자극을 제공한다.

넷째, 인류가 하나님의 형상으로 창조되었다는 진술의 의미는 인류가 평화를 추구하는 사명을 부여받았다는 것이다. 평화의 영은 정의와 자유 증진을 위한 국제적이고 국내적인 활동에 작동하는 기풍과, 진리 추구에 단호하게 투신된 과학, 학문, 교육, 그리고 언론 미디어에 작동하는 기풍 안에 있는 모든 자극들(impulses)을 서로 연결시키며, 그렇게 함으로써 개인의 삶 속에 그리고 사람들 사이에 공히 따뜻하고 냉정하고 평온한 사랑의 영과 그 사랑에 동반된 심오한 공유된 기쁨의 영을 일깨우고 지탱시킨다. 다극양태적인 평화의 영 안에서 각각의 개인과 인류 전체는 모든 인간다움을 구현함으로써 하나님의 형상이라는 인간 본연의 장엄한 운명을 성취할 수 있는 능력들을 덧입게 된다. 인류는 하나님의 영적 능력들(정의, 자유, 진리, 평화 추구 능력)에 추동되며 정의, 자유, 진리, 그리고 평화를 창조하는 과정에 참여함으로써 정의, 자유, 진리, 그리고 평화를 동료 인간들과 동료 피조물에게 나눠주는 과업을 수행하도록 부름받고 있다.

2. 장별 요약과 해설

이제 역자는 여기에서 여섯 차례의 기포드 강연의 핵심내용을 각 장의 단원별로 요약함으로써 독자들의 이해를 돕고자 한다. 이 장별 요약과 해설은 많은 학자들, 인물들, 그리고 책이나 개념/술어들이 여기저기서 종횡무진 등장하기 때문에 자칫 느낄 수도 있을 어려움을 극복하고, 독자들이 저자 벨커의 핵심 메시지를 보다 명료하게 파악할 수 있도록 돕기 위함이다.

1강 인간존재의 폭과 심연(深淵)들

서론에서 벨커는 아담 기포드 경이 기포드 강좌 창설 시 남긴 핵심 유지를 언급하며, 자신의 여섯 차례 강연이 기포드의 유지를 따를 것임을 밝힌다. 하나님은 예수 그리스도 안에서 자신을 계시했다는 기독교의 중심신조에 의지하지 않고 하나님을 아는 지식을 정초하며 그것에 기반을 둔 윤리와 도덕을 도출해 달라는 것이 기포드의 취지이다. 이 취지에 따라 벨커는 인간존엄의 근거를 천착하기 시작한다. 그는 과학적, 역사적 연구를 먼저 한 후에 인간의 믿음들과 종교들로 연구범위를 넓혀가는 길 대신에, 인간존재의 사회적, 문화적 현실들을 먼저 주목한 후에 인간이 하나님의 형상으로 창조되었다는 기독교의 주장을 귀납적으로 논증하려고 한다. 그는 2, 3, 4강을 통해 인간의 사회적, 문화적 현상들에서 인간존재의 다양한 특수성들을 귀납적으로 관찰해, 아래로부터 위로 올라가면서 인간성의 토대를 찾아내려고 한다. 저자는 자신의 상향식 인간성 추구 작업을 현실 중시의 신학, '실재주의적 신학'(realistic theology)이라고 칭한다. 아담 기포드 경의 도전은 여전히 오늘날에도 유효하다고 말하면서, 벨커는 임마누엘 칸트의 『이성의 한계 안에서의 종교』(Religion within the Boundaries of Mere Reason)가 기포드 경의 자연신학 기획에 부응한다고 본다. 칸트의 이 책이 종교 간, 학제 간 대화와 소통을 추구하고, 진리와 평화의 조건들을 함께 찾아가려는 협력적 연구를 강화시키려는 사람들에게 활기찬 토론거리를 제공하기 때문이다. 이런 기여에도 불구하고 벨커는, 칸트의 접근이 다소 추상적인데다가 현대인들의 경험들과는 동떨어져 있다는 점을 의식하며, 스스로 기포드 경이 말한 일반적이고 대중적인 청중에게 와 닿는 자연신학을 착상해보겠다고 말한다.

그는 먼저 인간이 하나님의 형상이라는 서구 기독교 전통의 중심 주장 자체를 의심할 필요가 있다고 말한다. 역사적으로, 문화적으로 인류가 자행한 참혹한 죄악, 악행, 폭력, 인류혐오적 전쟁들은 인간이 하나님의 형상으로 창조되었다는 신학적 주장 자체를 반박하기에 충분하다는 것이다. 그는 여기서 인간이 하나님의 형상으로 창조되었다고 말할 때 도대체 어떤 하나님의 형상인가를 되물어야 한다고 주장한다. 그는 여기서 임마누엘 칸트의 『실천이성비판』 결론에 나오는 유명한 '하늘의 별처럼 빛나는 도덕률'을 상기시킨다. 그러면서도 칸트의 이 경구를 액면가로 받아들이기에는 인간실존의 변동 폭이 너무 크다는 점을 주지시킨다. 인간은 악마와 천사, 허무와 영생의 극단 사이를 어지럽게 방황하는 가변적 존재라는 것이다. "인간은 손쉬운 파쇄성과 숭고함, 유한성과 하나님의 동역자로서의 장엄한 사명 사이에서 방황하는 존재이다." 칸트 시대와 달리, 현대인들은 이 양극단의 긴장을 거의 못 느낀다고 본다. 대중문화는 인간존재의 폭을 어떻게 이해하는가?

이것을 논하기 위해 그는 세 단원으로 나눠 강의한다. 첫째, "인간의 카리스마와 광채를 발하는 능력, 그리고 감정적으로 치우친 대중정서의 위험들", 둘째, "위험, 비참, 그리고 파멸로 빠져들어 가는 길들(한나 아렌트)", 셋째, "해방과 자유에 대한 사실주의적 시각(視角)들?"이다.

1단원에서 그는 스포츠 경기나 정치적 시위, 퍼레이드 등 정치적 의사표시의 장들이 감정적으로 얼마나 조작되기 쉬우며 격앙된 대중정서에 점령당하는지 그 현상을 분석한다. 감정적으로 격앙된 대중정서가 왕 노릇 하는 정치적 의사표시나 시위들은 증오와 국수주의, 인종차별의 혐오 언동의 경연장으로 손쉽게 전락한다는 것이다. 인간의 카리스마와 광채를 발하는 능력의 열매가 감정적으로 격앙된 대중정서를 조작하고 오도해 인류공동체의 평화를 파괴하는 사태라는 점은 개탄할 만하다는 것이다.

2단원에서 벨커는 대중들과 나라들을 위험, 비참, 그리고 파멸로 끌려들어 가는 정치적, 도덕적 행정들을 검토한 한나 아렌트를 소개한다. 인류존엄을 고양하기 위한 아렌트의 진리 추구에 경의를 표하면서, 벨커는 독일 나치 치하에 있었던 공포정치의 출현 과정을 철저하게 연구하고 폭정의 극단적 양상을 연구해 준 아렌트의 연구를 인정한다. 특히 아렌트가 정치적 폭력의 초기 맹아 단계에서 그것이 전체주의적 공포정치로 귀결될 것인가를 어떻게 식별할 수 있을지를 집중 연구했다는 점을 주목한다. 더 나아가 아이히만의 재판 과정 연구를 통해 '악의 평범성'이라는 개념을 착상한 아렌트를 다룬다. 다음으로 벨커는 어떻게 아렌트의 발견들이 전체주의 체제 연구뿐만 아니라, '후기 현대 다원주의적 소비사회들을 구성하는 자유로운 시민들의 연합체들'의 활동양상들을 분석하는 데도 적용될 수 있는지에 대해서도 추가적으로 논의한다. 그가 한 단계 더 나아가 검토했듯이, "아렌트는 이기적이고 탈선된 개인주의에 압도된 공적 영역이 종국에는 폐기될 것을 두려워한다". 벨커는 더 나아가 막스 베버와 반대로 힘과 폭력을 구별하는 아렌트의 구분을 주목하고 "힘은 단지 행동하는 인간의 능력이 아니라, 함께 행동하는 인간의 능력에 비례적으로 상응한다."라는 그녀의 명료한 정의를 긍정한다. 하지만, 여기서 벨커는 정치적 결사체에 대한 그녀의 성찰에서 '힘의 전략적 행사'를 만족스럽게 통합시키기를 거부한 아렌트의 이 거부에 대해서는, 한편으로는 공감하면서도 여전히 비판적인 위르겐 하버마스의 평가를 소환한다. 벨커는 "힘의 전략적 행사는 정치적으로 필수불가결하다. 그것을 폭력의 현현(현상)이라고 비판하고 배제하면 불가피하게 현실 정치와의 접촉 상실을 초래한다."라고 진술하며 1강의 2단원을 마무리한다.

1강 3단원은 '해방과 자유에 대한 사실주의적 시각들'을 분석하는 데 할애된다. 여기서 다시 벨커는, 공포정치의 출현과 다양한 인도주의적 고통들에 대한 아렌트의 다양한 진단들이 "엄청나게 예리하며 큰 깨우침을 준다."는 것을 인정한다. 또한 철학자들이 인간의 삶이 처한 다원주의적 성격에 주목할 필요가 있다는 아렌트의 주장과 '양극적 사고'에 대한 그녀의 빈번한 비판에도 존중을 보였다. 아렌트는 "비록 개인 대(對) 개인의 관계들이 개인들의 일상생활에서는 중요할지라도, 그것들은 복합적인 사회 상황들을 파악할 수는 없다. 그런 양극적 관계들의 가설적인 복수성마저도 실제적 사회적 군집들에 대한 어떤 현실주의적인 이해를 산출할 수 없다."라고 말했다. 하지만 이처럼 아렌트에 동의하고 그녀를 존중함에도 불구하고, 벨커는 그녀의 건설적인 제안들의 충분성, 특히 그녀의 '출생성' 개념의 적합성을 의심했다. 21세기까지 계속

이어지는 많은 거친 현실들과 어두운 인간실존의 심연들(그중 많은 것은 아동복지 관련 문제)을 고려하면 "출생성의 자연신학이나 출생성의 이데올로기로는 충분하지 않다."는 것이다.

1강의 결론부는 "단지 사유하는 것과 의지를 갖는 것은 저항의 힘들로서는 붕괴되는 것처럼 보인다."라는 사실을 주목하며 '정신주의적이며 양극적인 마음 이해의 한계들'에 대한 아렌트 자신의 자기비판적 성찰을 언급하며 시작된다. 그는 "다음 강의는 하나님의 영과 인간의 영에 대한 더 깊은 이해를 모색할 것이며 하나님의 영과 인간의 영에 대한 더 깊은 이해는 하나님의 형상으로 창조된 인간의 소명(운명)을 더 분명하게 묘사하도록 도울 것이며, 이 황량한 상황으로부터 빠져나갈 탈출의 희망을 잠재적으로 제공할 수 있을 것이다."라고 말하며 1강을 마친다.

2강 인간의 영과 하나님의 영

2강은 서론에서는 영(靈) 인간학에 대한 벨커 자신의 자연신학적 기획을 간단히 알린다. 하나님의 영과 인간의 영을 다루는 2강의 1단원 "거룩한 영에 대한 우리 시대의 자연신학(요한 바오로 2세)"에서, 벨커는 자신이 기획한 자연신학의 착상 방법을 소개한다. 동시대의 사례를 바탕으로 하나님의 영에 관한 자연신학을 전개하면서, 2단원 "영(靈) : 다극양태적이며 다극적인 힘"에서 인간의 영과 하나님의 영을 공히 '다극양태적인 힘들'이라고 규정한다. 3단원 "초기 아동기의 다극양태적 정신 발달에 대한 평가"에서는, 인간의 영의 복합성과 풍요로움을 논증하기 위해 '초기 아동기 정신 발달(심리 발달)에 관한 관찰들'을 논한다. 마지막으로 4단원 "종교와 영 : 젊은 헤겔의 비옥한 자연신학"에서는, 벨커는 '궁극적으로 자유와 정의에 집중적 관심을 드러내는' 초기 헤겔이 하나님의 영과 인간의 영에 대한 신학적이고 도덕적인 개념을 다극양태적인 방식으로 발전시켰다는 점에 착안해, '인간의 영과 하나님의 영에 대한 헤겔의 자연신학'을 연구대상으로 삼을 것이라고 말한다.

"거룩한 영에 대한 우리 시대의 자연신학(요한 바오로 2세)"이라는 제목이 붙은 2강 1단원에서는, 1979년 바르샤바 방문 시 행한 교황 요한 바오로 2세의 '전설적 강론'에 초점을 맞춘다. 벨커는 공개적으로 드려진 교황의 다음과 같은 기도문에 집중한다. "저는 부르짖습니다. 폴란드 대지의 한 아들이자, 또한 교황 요한 바오로 2세이기도 한 저는 이 시대의 깊은 심연에서 부르짖습니다. 저는 오순절이 시작되는 저녁에 부르짖습니다. '당신의 성령이 강림하게 하소서! 당신의 성령이 강림하사 이 땅 지구를 새롭게 하소서! 아멘.'" 그 기도가 드려지고 수십 년이 지난 후, 그것은 진리, 정의, 그리고 자유에 대한 갱신된 인식을 점화시켰던, '폴란드와 세계 여러 곳에서의 지속적인 사회적, 정치적, 그리고 자유-기반적 변혁들'의 촉매제였다고 해석되었다. 더 나아가 벨커는, '정의, 진리, 그리고 자유는…… 평화와 사랑과 더불어 많은 문화권들에서 사람들의 심장을 일관되게 격동시키는 주제들'이며 '성서의 중심 주제들'이기도 하다는 사실을 주목했다.

이후 벨커는 하나님의 영의 부어 주심을 강청하고 호소하는 인간의 청원에 응답해 인간의 영 가운데, 인간의 영과 함께 역사하는 하나님의 영 부으심의 개념을 논한다. '하나님의 영 부음은 자연신학의 맥락에서 볼 때 사람들의 현실 상황에 끼친 효과 때문에 실제로 일어난 사건으로 전달될 수 있는 사건'이라는 것이다. 교황 바오로 2세와 폴란드 사례에서처럼 '하나님의 영 부어 주심'을 호소하고 부르짖었던 그 기도들을 뒤따랐던 무수한 헌신들이 이미 쌓여 있었다. 환언하면, 이런 사회적, 정치적, 경제적, 그리고 도덕적 변혁들을 구현하고 현실화하는 과정에서 인간의 영이 하나님의 영과 협력했다는 것이다. 그는 "어떻게 우리가 하나님의 영과 인간의 영의 협력적 활동을 보다 명료하게 이해할 수 있을까?"라는 질문을 제기함으로 1단원을 마친다.

이 질문에 답하기 위해 벨커는 2단원에서 영을 다극양태적이고 다극적인 힘으로 이해할 것을 제안한다. 다극양태성은 '언어학, 미디어학, 심리학, 철학, 그리고 경제학' 분야에서 공통적으로 사용되는 최신 학문용어이다. 다극양태성은 '다수의 접촉 가능성들'(contact possibilities)을 갖는 것을 의미한다. 예를 들어, "미디어가 문자, 말, 이미지를 동시에 사용해 정보 전달을 하는 경우 다극양태적이다". 문자, 말, 이미지는 메시지를 훨씬 구체화하며 실제로 그 메시지를 구성하기도 하는 수단들이다. 다극성은 별무리 같은 군집과 관련된다. '사람들이든, 사회적 단체들이든, 신경세포 배열망이든 상관없이', 여러 개의 중심이나 극을 가진 군집들은 다극적이라고 불린다. 예를 들어, 다극적 세계질서 때문에 다른 나라들이나 파워 블록들에 의해 세계가 안정화되든지 불안정화되든지, 그 중 하나로 기울어질 수 있다는 것이다.

벨커는 하나님의 영과 인간의 영 이해에 이 다극양태적이고 다극적인 사고를 통합하면, 양극적인 영 이해보다 하나님의 영과 인간의 영 관계를 더 견실하고 효과적으로 생각할 수 있다고 주장한다. 한 걸음 더 나아가 그는 하나님의 영은 결코 자의적이거나 애매모호하지 않음을 강조한다. 하나님의 영은 '항상 생명을 살리고 보양하는 영'이기 때문에 영

분별이 중요하다. 하지만 그에 따르면 하나님의 영을 '자연'(본성)과 '생명'이라고 보는 통상적인 이해는 너무 모호해서 거의 도움이 안 된다. '하나님의 영 부음을 청원하고 자신이 하나님의 영에 사로잡혀 충만케 되기를 간구하는 기도'는 그 자체로 '자연'이나 불분명한 '생명'의 힘들에 의존하는 것이 아니다. 그 청원들과 간구들은 오히려 정의, 자유, 진리, 그리고 인간존엄 옹호 현상에 연루된, 생명의 '제한된 창조의 힘들'에 초점을 맞춘다. 벨커에 따르면, "하나님의 영에 감화감동되어 사로잡힌 사람들은 한편으로는 다극양태적 연결망들을 구성하고 또 다른 한편에서는 균형과 균등화를 필요로 하는 다극적이지만 유동적인 집합체를 구성한다". 그는 어떻게 집단적인 인간의 영이 하나님의 영과 관계를 맺는 것으로 보여질 수 있는가에 대한 논의를 한 후 2강 3단원으로 넘어간다. 3단원은 '개인으로서의 인간의 영과 마음에 대한 평가'에 초점을 맞춘다.

여기서 벨커는 초기 아동기의 다극양태적인 정신 발달을 논한다. 그는 인간의 영과 인간의 사고의 다극양태적인 성격에 대한 보다 더 정확한 이해를 추구하기 위해, 영을 주로 '인간적 사고의 개별적 능력'이라고 보는 오래된 서구전통을 비판한다. 그의 주장의 요지는, "인간의 영은 통상적으로 객체-주체와, 자기-관계 사이의 상호작용 형식으로 이뤄지는 양극적 혹은 기껏해야 삼극적 완성으로 알려진 것보다 본질적으로 더 풍요롭고 더 복합적"이라는 것이다. 인간의 영에 대한 단순히 양극적 접근으로는 잘 파악되지 않는 다극양태적, 다극적 복합성을 예증하기 위해 벨커는 초기 아동기의 정신 발달 사례 중 아동의 지시 활동들을 분석한다. 3단원의 결론은 이것이다. "인간 역량들(능력들)의 조직화와 관련해 인간의 영의 다극양태적인 힘(능력)을 파악하기 위해 우리는 사고 행위, 의지 행위, 그리고 자신의 주변에 대한 심미적 지각의 교직물에 반드시 의사소통 과정들을 추가해야 한다. 오직 그럴 때만 우리는 심지어 가장 초보적인 신체화된 정신 수준에서 드러난 그 압도적 능력들(역량들)을 제대로 알 수 있다."

2강의 마지막 4단원에서는, '영의 다극양태적인 힘'이 '사회적, 정치적, 학문적, 그리고 종교적 환경들 안에서' 어떻게 이해될 수 있는지를 이해하기 위해 초기 헤겔 사상에 호소한다. 벨커에 따르면, "헤겔이 그의 친구들과 동료들 사이에서는 유한자와 무한자 사이의 관계에 대한 형이상학적 고찰들을 존중하는 것으로 알려졌으나, 실제로 헤겔 자신은 단지 형이상학 자체에만 몰입되지는 않았다". 그의 학문적 연구의 의도는 하나의 종교적, 도덕적 실재(실체)로서 생명의 영이 종교적, 도덕적, 정치적 영역에서 광채를 발하면 그 현존을 드러내는 그 양상에 대한 분별/식별/이해를 제공하려는 것이었다. 헤겔에 따르면, "하나님의 영은 인간의 생명을 소생시키는/활성화시키는 영이어야 한다". 게다가 "하나님의 영은 삶의 종교적, 도덕적, 그리고 정치적인 영역들에서 뿐만 아니라, 인간적 주체성(human subjectivity) 안에 살아 있으며, 인간의 다양한 정신적 역량들(능력들)을 통합시키는 능력이다. 그래서 그 영은 항상 변화 중인 문화적, 역사적 환경들 가운데서 다양한 형식으로 자신을 드러낸다". 벨커가 보기에는 영에 대한 초기 헤겔의 통찰들이, 하나님의 영이 어떻게 인간의 영과 유익한 방식으로 관계를 맺는가를 이해하는 데 가장 큰 도움이 된다(비록 후기 헤겔은 이상한 방향으로 튀지만). 그는 강의 말미에서, 다음 강연들에서 다룰 주제를 언급한다. 하나님의 다극양태적인 영과 인간의 다극양태적인 영이 정의, 자유, 진리, 그리고 평화를 위한 그들의 협력사역 안에서 어떻게 구체적인 윤곽들을 획득하는가를 탐구할 것이라고 말한다. 다음 강연들이 1강에서 묘사된 황량한 상황으로부터 벗어나게 할 희망을 줄 것이라는 암시를 덧붙인다.

3강 정의 추구의 소명

3강 서론은 제2차 세계대전 후 재건된 독일을 사회적 국가요 법치국가로 규정한 독일 헌법과 1948년에 발포된 유엔인권헌장에 대한 언급으로 시작한다. 법치국가는 보편적으로 유효한 법들을 창조하고, 모든 국가기관의 행위들과 활동을 헌법과 그것의 부대 법률들에 결속하는 자기의무를 진 국가이다. 사회적 국가는 모든 시민들에게 정의와 안전보장을 확보해 줄 정치적 자기의무를 진 국가이다. 특히 혜택받지 못한 자들과 보호가 필요한 사람들을 지원할 정치적 자기의무를 진 국가이다. 법치국가와 사회적 국가의 목표는 모든 사람들에게 평등을 보장하는 것이다.

하지만 벨커는 사람들의 평등에 대한 개념에는 논란거리를 만드는 어마어마한 문제들이 있음을 주목한다. 구체적인 너무 많은 사람들이 여러 가지 면에서 불평등한 (기회, 재능, 조건의 불평등) 세상에서 살고 있는 것은 명백하다. 벨커에 따르면 사회적 국가와 법치국가의 두 가지 원칙은 다극양태적인 영의 창조적 잠재력이 불평등한 세상에서 정의를 확립하는 방향으로 활동하도록 중요한 틀을 제공한다. 이처럼 3강 서론은 '정의로운 법의 발전에 추진력과 안정감'을 제공하기 위한 법치와 약자보호의 관계를 통합하는 것이 얼마나 중요한가를 강조하면서 마무리된다.

1단원 "정의와 약자 보호 : 수천 년이나 된 오래된 윤리적 감수성"은 수천 년이나 된 장구한 정의와 약자 보호 기풍을 밝히는 데 집중한다. 법과 자비, 정의와 법제화된 약자 보호를 결합시키는 장구한 전통이 있다는 것이다. 벨커는 먼저 보편적 인권선언을 말하고 하나님을 정의롭고 자비로운 하나님이라고 말하는 성서 전통을 다룬다. 정의와 자비, 약자보호 등의 주제들은 유대교와 기독교 전통뿐만 아니라 다른 종교 전통들에서도 발견된다. 이 단원은 사회변혁을 장려하는 법적 발전들이 적어도 자유와 평등에 도움이 되는 사회 출현에 확실히 기여한다는 것을 인정해야 한다고 말하며 마무리된다.

여기서 이제 벨커는 3강의 2단원 "자연법의 장엄한 약속들과 결핍들"로 넘어가 자연법 개념을 논한다. 자연법을 이상화하는 통속적 경향을 경고하기 위해 "자연법은 모든 생명체는 다른 생명체의 희생으로 살아간다."라고 말하며 "자연법이 모든 사람들이 무시하기를 선호하는 이 사실을 흐린다."라고 말한다. 그는 자연과 생명을 거리낌없이 '구원적 개념으로' 생각하는 사람들에게 문제 제기를 한다.

대신 벨커는 3강 3단원 "다극양태적인 정의의 영(靈)"에서 자연법에 대한 자신의 대안적 접근을 개괄적으로 제시한다. 그는 "우리가 수많은 역사적, 경험적 맥락들에서 이미 자명하게 드러난 다극양태적인 영과 같은 류의 힘을 받아들이고 신뢰하여야 한다."라고 제안한다. 다극양태적인 영의 힘이 자연법에 대한 개념들과 다른 것 중 하나가, 다극양태적인 영의 힘은 단지 어떤 인간의 정신적 능력으로 축소될 수 없으며, 단지 '자연' 혹은 '문화'로도 축소될 수 없다는 점이다. 이 단원의 끝부분은 정의로운 사회를 구현하는 데 관계되는 이 다극양태적인 영을 어떻게 이해할 수 있는가에 대한 확장된 논의에 바쳐진다.

여기서 그는 인간이 하나님의 형상으로 창조되었다고 말하는 창세기 1 : 26~28을 해설한다. 칼 바르트와 몰트만 등이 하나님의 형상을 남-여 동반자 관계, 나-너 관계, 그리고 평화로운 세상에 적용되는 개념으로 이해하는 것을 넘어, 벨커 자신은 하나님의 형상을 단지 관계지칭적 개념이 아니라, 기능적 개념(인간이 수행하는 기능)이라고 이해하고자 한다. 이 창세기 구절에 대한 현실적인 해석은 인간에게 부여된 특권도 인정하고 지구와 동물계에 대한 인간의 통치 위임도 간과하지 않는, 하나님 형상 관련 통치 위임을 포착하는 것이다. 하지만 이 통치 위임은 폭력적 지배가 아니라 보호, 돌봄, 질서정연한 관리를 의미한다는 점을 더 강조한다.

벨커는 여기서 우리 스스로 초래한 생태계 위기 시대는 인간의 통치 위임 실패를 개탄하는 최초 세대가 아니며 고대의 문서들도 이 실패를 낙담하며 개탄하는 증언을 남겼다고 말한다. 인간이 하나님의 형상을 지녔다는 주장은 비판적으로 정밀하게 검토되고 해석되어야 한다는 것이다. 그러면서도 벨커의 마지막 말은 희망의 음조를 드러낸다. "우리는 인간이 하나님의 영과 인간의 영을 통해 이 장엄한 소명에 부응해 사는 데 필요한 능력들을 부여받았다는 사실을 유념해야 한다." 데이빗 퍼거슨에 따라 그는 하나님의 형상은 인간의 삶에 대한 섭리적 질서 부여를 주심으로써 정립되는 복합적 정체성이라고 말한다. 그것은 단지 관계적이고 기능적인 측면들뿐만 아니라, 또한 실천적 요소들을 통합하는 복합적 정체성이라는 것이다. 강의를 마무리하면서 그는 이 다극양태적인 영이 정의를 구현하고 지탱하여야 하는 인간의 소명과 어떻게 관계되는지(그는 4-6강에서 이 다극양태적인 영이 자유, 진리, 평화의 구현에 어떻게 관련되는지를 암시했다.)에 대해 다시 말한다.

다극양태적 영은 사람들이 개인적, 가족적, 사회적, 그리고 정치적 상황들에서 정의와 자비 경험에 더 민감하게 만든다. 다극양태적인 영은 개인적 경험이나 혹은 그런 경험들을 발생시키는 활동에 참여하는 일을 통해서 사람들을 정의와 자비 경험에 민감하게 만든다. 그 다극양태적 영은 개인들의 상호관계에 특별히 초점을 맞추며, 피조물의 세계에서 인간이 누리는 특권적 지위를 바라봄에 있어서도 엄정할 정도로 정직하다. 그리고 수많은 낙담 천만한 좌절들에도 불구하고, 다극양태적 영은 — 동료 인간들과 약자를 위한 감정들, 경험들, 그리고 참여활동을 조율하는 다성음악 안에서 — 자유의 기상, 진리에 대한 투신, 평화를 위한 의지를 동반하는 정의와 평등의 기상을 굳게 붙들고 있다. 낙관적인 인내와 인간존엄에 대한 깊은 감수성, 그리고 또한 잠잠한 신뢰와 기쁨은, 변함없이 살아있는 사람들 사이에, 사람을 통하여 그리고 사람을 넘어 이 영의 활동을 지속시킨다.

그는 "단지 지성으로 축소될 수 없는 다극양태적인 영에 대한 이 호소가 명백한 불평등에 대한 근본적 의심들을 물리치는 것을 도와줄 수 있다."(자연법에 대한 호소를 피해가는 방식으로)는 점을 반복적으로 주장하며, 이 다극양태적인 영이 정의를 위한 범세계적인 평화로운 투쟁에 추진력을 제공하며, 결과적으로 인간의 교화와 도덕적, 영적 승화를 위한 추진력을 제공한다고 진술한다.

4강 자유 추구의 소명

서두에서 벨커는 자신이 3강에서 이미 소개했던 정의 추구에 관여하는 다극양태적인 정의의 영에 관한 주장들을 요약해서 말한 후 4강이 다룰 세 가지 주제를 소개한다. 첫째, 다극양태적인 자유의 영의 초보적 형식들을 개관한다. 둘째, 도덕적, 정치적 현실에서 경험되는 자유와 자유 부재 상황을 분석한다. 마지막으로 그 자유의 영과 대립하는 제도화된 종교를 비판하면서도, 자유의 영과 동역하며 개인과 공동체의 자유 확장에 기여할 수 있는 종교의 가능성을 논한다. 자유의 영에 호응하는 자기비판적인 종교만이 타자와 연대하고 협력하며 인류 전체의 자유를 확산하는 데 기여할 수 있다는 것이다.

4강 1단원 "초보적인 자유의 형식들"은 개인이 누리는 소박한 선택의 자유에서부터 사회주의적인 국가들이 추구했던 생존의 자유, 굶주림과 실업의 공포로부터의 자유 등을 구분한다. 초보적인 자유는 매일 먹을 음식을 선택하거나 매일 입을 옷을 선택하는 자유를 가리킨다. 벨커는 초보적인 자유가 중요하지만, 이러한 최소주의적이고 소박한 자유들이 사람들로 하여금 특별히 그들의 사회적, 정치적 삶을 구성하고 성취해 나갈 더 큰 자유들이 박탈당하는 상황을 용납하는 핑계가 되어서는 안 된다고 역설한다. 다극양태적인 자유의 영은 단일한 현현이나 행동양식으로 축소될 수 없기 때문이다. '다극양태적인 자유의 영'은 소박한 개인적 자유들을 옹호할 뿐만 아니라, 민주주의적이고 다원주의적이며 정의로운 사회를 건설하는 데 결정적으로 필요한 도덕적이고 정치적인 자유들 또한 촉진한다.

2단원 "사회적 다원주의와 도덕적 자유의 취약성"에서 '자유'란 정치적, 영적 존재로서의 인간이 누려야 할 더 고등한 자유를 의미한다. 정부를 비판할 수 있는 학문 연구, 언론집회 결사의 자유, 양심의 자유, 다원주의적인 민주사회에서 안전하게 살 수 있는 자유 등이 '고등한 자유'이다. 이 고등한 자유는 '정의의 영을 지속적으로 의식하는 자유의 영'에 의해 촉진되고 구현된다. 이와 관련해서 벨커는 위르겐 하버마스에 기대어 자유추구의 소명을 수행함에 있어서 도덕과 도덕적 의사소통이 얼마나 중요한지를 자세히 논한다. 도덕적 판단, 분별, 그리고 개인들 사이의 도덕적 의사소통은 자유 추구의 소명 수행을 위해 필수적이라는 것이다. 이 맥락에서 벨커는 도덕과 도덕적 의사소통이 다양한 사회체제들(정치, 법, 미디어, 시장〈市場〉, 과학과 학문, 교육, 가정, 종교, 의료복지, 그리고 국방 체제들)로 구성된 다원주의적 사회들과 어떻게 관련되는지를 자세히 설명한다. 벨커는 구서독의 자유와 구동독의 자유를 비교하면서 구동독이 소박하고 초보적인 자유를 보장했을지 몰라도, 이런 고등한 자유를 억압하고 박탈했음을 은근히 비판한다. 억압적 사회주의 국가들은 고도의 사회적 자유를 부정하거나 약화시켰다. 벨커는 이런 구동독의 선전선동의 힘에 의한 개인들의 정치적, 사회적 자유 박탈 사례를 히틀러의 나치체제와 전 미국 대통령 트럼프의 대중선동 정치에서도 본다. 그는 하버마스의 의사소통이론에 입각해 오늘날은 매스미디어가 공적 영역에서 너무 과도한 영향력을 행사함으로써 개인이 누려야 할 사회적이며 정치적 자유를 위협하고 있음을 예리하게 지적한다. 매스미디어는 주도면밀한 뉴스토픽 선택, 다른 중요한 토픽 배제, 기만적인 시민 참여가 있는 것처럼 조작하는 기사를 통하여, 정의와 자유를 추구하는 도덕적 의사소통을 저해할 수 있으며 저해하고 있다. 이 지점에서 벨커는 자유로운 다원주의적 사회들 안에서 작동되는 힘의 순환 과정에서 기구화되고 제도화된 종교가 수행하는 역할이 무엇인지를 묻는다.

4강 마지막 3단원 "종교의 힘 : 도대체 무슨 종류의 힘인가?"에서 벨커는 자유에 대한 다극양태적 추구에서 종교가 맡은 역할을 냉철하게 평가한다. 우선 그는 종교의 잠재적 순기능을 말한다. 벨커에 따르면 종교의 최대 순기능은 정부조직도 아니고, 이익을 추구하는 기업도 아닌, 공공 이익을 우선시하는 시민단체 역할을 하는 교회공동체를 형성하는 것이다. 하지만 벨커는 이 종교의 순기능을 무색하게 할 정도의 역기능도 지적하며, 그것을 극복하기 위한 종교 자체의 자기갱신적 노력을 촉구한다. 벨커는 제도권 종교 자신이 무조건적으로 선한 도덕의 보증자로서, 자유의 영을 촉진시키는 자극자로서의 공적 역할을 제대로 수행한 적이 없었음을 비판적으로 성찰한 후에, 자기비판은 물론이며, 타종교/타교파, 그리고 무신론자들과 불가지론자들과도 대화하는 것이 얼마나 중요한지에 대해서도 눈을 떠야 한다고 주장한다. 종교가 자유의 영과 동역하려면 세계의 종교들은 각각 자신의 종교들 자체 안에서 은밀하게 진행되는 소외와 세속화 과정들에 대한 자기비판적인 검토를 수행해야 한다는 것이다. 고등종교들은 이러한 자기비판적 성찰을 통해 하나님이 세상 역사를 추동할 때 부리는 자유의 영에 민감하게 반응하고 호응할 수 있으며, 하나님의 자유의 영에 공명하는 종교야말로 세상을 향해서도 자유의 촉진자로서 자기 위상을 확정해 갈 수 있다는 것이다. 제도화된 종교들과 종교집착적 공동체들이 스스로에 대해 부단히 자기비판을 수행하여 정의, 자유, 진리, 그리고 평화의 다극양태적 영에 의해 창조되고 갱신됨으로써, 자유 실현을 위한 강력한 참여자가 될 잠재력을 갖고 있다는 것이다.

결론적으로 벨커는 다극양태적이고 다면적인 자유의 영에 노출되고 영향을 받는 종교들은 비록 기구화되고 제도화되었다고 할지라도 자유의 촉진자와 주창자가 될 수 있다고 말한다. '자유, 정의, 진리, 그리고 평화의 이 다극양태적인 영'이 "하나님은 예수 그리스도 안에서 자신을 계시하셨다."라는 특별계시에 의존하지 않고도 세상 사람들로 하여금 역사 속에 일하는 하나님을 인정하도록 설득하는 모범적인 자연신학을 촉진시키기 때문이다.

5강 진리 추구의 소명

서론에서 벨커는 다극양태적이고 다극적인 진리의 영 이해가 인간의 진리 추구 소명의 필수적 선결과제임을 말한다. 1단원 "정확성 추구부터 국제적으로 조직화된 과학적 및 학문적 진리 추구까지 다 포함하는 포괄적인 활동에서 말하는 '진리'란 무엇인가?"에서 벨커는 진리와 정확성, 올바름의 연관성을 논한 후 진리와 확실성의 관계를 다룬다. 그 후 대학교 차원의 진리 추구의 장점을 이야기한다. 대학교 밖의 진리 추구의 성과들도 있지만 대학교의 체계적인 연구, 교육체제의 가치가 감소되는 것은 아니라는 것이다. 그에 따르면 진리의 영은 단지 평가하고 검증하고 진리 주장들을 확증하는 데만 관여하지 않으며, 새로운 지식의 창의적 확장에 관여하기도 한다. 특히 과학과 학문의 영역을 넘어 사회 일반에까지 빛을 발하는 진리의 영이 고결한 윤리와 도덕을 창조하는 데도 관여한다는 것이다. 이 문제를 상론하기 위해 벨커는 자신의 이미지 제고를 위해 거짓말들을 서슴지 않는 미국 트럼프 대통령 같은 사람들의 진리 무시 현상을 언급한 볼케르 게르하르트의 말을 인용한다. "진리의 형이상학적 지위는 과대평가하면서도 진리의 도덕적 의미를 과소평가했다." 진지하고 복원력 있는 진리 주장들을 내세우려는 의지가 포기되는 때는, 우리가 사유와 행동과 상호적 행동을 의미있게 만드는 사회생활의 안정성을 상실한다는 것이다. 벨커는 세계에 대한 인간들의 경험이 너무나 다양하고 심지어 파편적이고 상대적이기 때문에 다양하고 상호대립적이며, 심지어 화해불가능해 보이는 견해와 주장들이 학문의 세계를 점령할 수밖에 없다고 말한다. 이런 무정부주의적 상황이 진리 추구를 무가치하고 소용없는 일이라고 생각하도록 압박할 수도 있다. "진리는 알 수 없다."는 불가지론적인 입장, "진리는 없다."는 허무주의적인 입장도 이런 압박 아래 생성된다. 이 대목에서 벨커는 학제 간 진리 추구와 그것이 이룬 세분화된 자연-신학적 인간학의 학문적 노작이 이런 진리허무주의나 진리불가지론을 극복하는 데 도움이 된다고 말한다.

2단원 "진리에 대한 학제적 추구와 그 결과인 세분화된 자연신학적 인간학의 발견"에서 벨커는 자신이 참여했던, 물리학, 생물학, 심리학, 철학, 종교학, 조직신학, 윤리학, 성서신학 등의 전문가들과 학제적이고 국제적인 연구를 통해 얻은 중간 결론을 말한다. 즉, 인간학적 연구의 복합성을 가장 잘 다루려면 '다차원적인 입장'이 필요하다는 것이다. 벨커는 또한 게르트 타이센의 통찰에 기대어, 인간의 영과 몸에 대하여 통전적 접근을 증진시켰다고 여겨지는 사도 바울에게서 영 인간학의 토대를 찾을 수 있다고 말한다. 바울의 통전적인 인간 이해에 따르면 "몸은 단순히 자기 보전에 혈안이 된 약탈적인 육체와 동일시될 수 없으며, 오히려 혼과 영과 관련된 다양한 에너지들의 거소(居所)이며 동시에 모든 신체 지체들과 다차원적인 정신-육체적 공명이 창조되는 곳이며, 따라서 정신과 육체, 지성과 의지의 다중음악적인 상호작용이 일어나는 거소"이다. 벨커는 바울의 이런 통전적인 인간 이해가 인간의 영을 지성적 활동에만 국한시키는 지성주의적 환원주의를 비판할 근거를 제공한다고 본다. 벨커는 영은 정신적 활동이나 지적 활동에만 관여하고 육체에는 관여하지 않는다고 보는 지성주의적 환원주의에 빠지면 인간에 대한 이해가 왜곡된다고 본다. 이런 환원주의는 동물들에게는 영이 없다거나 말과 글의 세계에 입문하지 못한 노예들에게도 영이 없다고 주장하는 플라톤-아리스토텔레스 같은 철학자들의 인간론이 득세하게 만든다. 하지만 벨커는 구약성경의 인간학에 대한 베른트 야노브스키의 연구에 기대어, 인간의 영을 단지 정신이나 지성으로 축소하는 이해가 어떤 점에서 성경의 인간 이해를 충분히 반영하지 못하는지를 지적하며, 인간을 영(靈)과 육의 통일체로 이해하는 바울의 인간 이해가 자연신학을 착상할 수 있는 적합한 실마리가 된다고 말한다.

마지막 3단원 "영이신 하나님 : 계시신학의 진술을 자연신학에 상응하는 진술로 번역하는 과업"에서 벨커는 영이신 하나님을 다루는 데 계시신학의 진술을 자연신학에 걸맞은 진술로 번역하는 과업이 왜 중요한지를 논한다. 벨커는 볼프하르트 판넨베르크로부터 자연신학의 정의를 이어받으며 '자연신학'이라는 용어의 기원을 추적한다. '사변적 형이상학과 개연성 없는 우주론'을 자연신학에 통합시키려는 재래적인 과거 시도들을 비판한 후, 벨커는 칼 바르트, 디트리히 본회퍼, 그리고 폴 틸리히의 종교비판(종교에 대한 신학적 응답들)뿐만 아니라, 칼 마르크스와 니체의 종교비판들을 긍정적으로 수용한다. 그럼에도 기독교 자체에 대한 종교비판에만 치우친 니체와는 반대로 벨커는 제도화된 종교로서의 기독교에 대한 신학적 비판들이 가능하지만, 그래도 기독교의 신학적이고 윤리적인 실체와 효능을 결코 외면해서는 안 된다고 말한다. 벨커는 기독교가 칼 마르크스나 니체 같은 학자들의 '현대적 종교비판을 감내해야' 하지만, 기독교 신학 안에 내재한 자기비판적 관점을 더욱 주목해야 한다고 말한다. 그래서 벨커는 이런 세속적 학자들의 종교비판을 바탕으로 하되 그들의 종교비판을 무색하게 할 급진적 종교비판을 시도한 본회퍼를 긍정적으로 인용한다. "우리 모두는 대부분 사람들의 사고를 특징짓는 '단일 차원성과 직선성'보다는 '다차원적이고 다성음악적 사고'를 필요로 했다."라는 본회퍼의 깨달음을 상기시키며 본회퍼의 말을 길게 인용한다.

또 다른 한편 기독교는 매우 상이한 차원들로 우리를 동시에 몰아넣는다. 어떤 면에서 우리는 하나님과 전 세계마저 우리 사유 안에 쑤셔넣는다. 우리는 즐거워하는 사람들과 함께 즐거워하고 우는 사람들과 함께 운다. 우리는 …… 우리 인생을 걱정하며 두려워한다. 하지만 동시에 우리는 우리의 삶보다 훨씬 더 중요한 생각들을 생각해야 한다. …… 인생은 단일한 일차원으로 퇴출되지 않는 그 무엇이다. 오히려 다차원적이고 다중음악적으로 영위되는 그 무엇이다. 우리가 생각들 안에서라도 이 다차원적인 삶의 양상을 *생각하며* 그것들을 붙들고 있는 것이 얼마나 대단한 해방인가! …… 우리는 일방통행적인 단일행로만 고집하는 사람들을 탈선시켜야 한다.

한 걸음 더 나아가, 벨커는 진리의 양극적 군집들과 진리 이해의 접근들은 '다극양태적인 진리의 영의 현현들'로 이해되는 것이 더 좋다고 주장한다. 진리가 일방통행적인 단일행로가 아니라, 숱한 교차로가 있는 다성음악적 대화와 소통 속에서 발견될 가능성이 크기 때문이다. 이런 점에서 말과 사유를 독점하거나, 사유하고 말하는 자유를 홀로 독점하거나 선택적으로 허용하는 권력집중체가 존재하는 일사불란한 지시명령 사회에서는 진리는 질식되고 은닉될 수밖에 없다. 벨커는 기독교 진리를 세상 사람들의 언어와 용어로 납득시키려는 자연신학은 영의 다극양태적인 활동에 참여함으로써 자신의 사유를 확장하는 이득을 누릴 수 있다고 믿는다. 더 나아가 그는 하나님의 본질과 성격에 대한 질문이 자연신학 기획에 가장 중요했으며, 계속 가장 중요할 것이라고 말한다.

5강 결론에서는 계시신학의 유명한 신학적 진술(요 4 : 24, "하나님은 영이시다. 하나님을 예배하는 자들은 영과 진리 안에서 예배해야 한다."〈저자 사역〉)을 자연신학의 용어들로 번역함으로써 하나님의 본질과 성격에 대답을 제공할 수 있을 것이라고 말한다. 벨커는 여기서 인간이 하나님의 형상으로 창조되었다는 말이 무엇을 의미하는지를 더 잘 이해하기 위하여 '이 거룩한 힘, 즉 영의 인간학적이며 윤리적 반향(resonance, 反響)'을 천착해야 한다고 주장한다. 마지막으로는 1~5강까지 강의에서 나온 핵심적 발견들 중 몇 가지를 요약한다.

1. 인류는 불의와 불평등으로 가득 찬 세상에서 정의의 기상으로 정의를 추구하고 실천하는 사명을 부여받았다는 점에서 실로 하나님의 형상으로 창조되었다.
2. 자유를 가로막는 무수한 장애물들을 만들어 내는 세상에서 개인적 자

유와 사회적 자유 둘 다를 추구하는 사명을 부여받았다는 점에서 인류는 실로 하나님의 형상으로 창조되었다.
3. 인류는 진리의 사유와 행동 모두에서 정확성, 확실성, 합의성, 일관성, 비교 가능성(공통기준성), 풍요롭고 해방적인 지식을 얻기 위한 다면적인 — 취약하기는 하지만 — 노력들을 경주하는 진리 추구자의 사명을 부여받았다는 점에서 실로 하나님의 형상으로 창조되었다.

결론에서 벨커는 "인류는 한편으로는 세상적이고 덧없는 삶을 사는 데 필요한 힘들을 부여받았으면서도, 동시에 또 다른 한편에서는 하나님의 능력들로부터 추동되어 살며 그 거룩한 능력들"을 동료 인간들과 동료 피조물에게 나눠주는 과업을 수행하는 소명을 받았다고 주장한다. 하나님의 영으로 자유롭게 된 인간은 동료들과 다른 피조물들의 자유를 옹호하는 사명을 받았다는 것이다.

6강 평화 추구의 소명

마지막 6강의 중심논지는 "'인간은 평화 추구의 소명을 통해서 하나님의 형상으로 창조되었다'는 사실을 입증하도록 부름받았다."이다. 강의 서두에서 벨커는 스톡홀름 국제평화연구소의 통계에 기대어 전쟁 준비에 몰두하는 황량한 세계를 보여주며, 온 세계가 광적인 군비 경쟁에 매몰되어 있는 상황을 개탄한다. 더 나아가 그는 "부유한 1세계 국가들이 막대한 군비를 감축해 저개발 국가를 돕는 국제협력에 전용할 수 있다면, 기아와 죽음, 가난 그리고 난민들의 참상을 막을 수 있다."라고 말한 게르트 뮐러의 개탄을 상기시킨다.

1단원 "영구평화에 관하여 : 칸트 대(對) 베게티우스"에서 벨커는 플라비우스 베게티우스 레나투스(Flavius Vegetius Renatus)의 전쟁대비론(384-389년 저작된 전쟁론[Rei militaris instituta, also called Epitoma rei militaris] : "Si vis pacem, para bellum"⟨if you want peace, prepare for war⟩)과 대비되는 칸트의 영구평화론을 다룬다. 벨커는 칸트의 영구평화론 요지를 서너 문장으로 요약한다. "만일 그대가 평화를 원한다면, 진리에 대한 존중을 증진시키고 진리를 추구하는 의사소통에 투신하라." "만일 그대가 평화를 원한다면, 그대 자신의 자유는 물론이거니와 다른 사람들의 자유도 인정하고 증진시켜라." "만일 그대가 평화를 원한다면, 정의를 실천하라." 벨커에 따르면, 이 필수적 과업은 다른 사람들의 권리들과 관련된 행위들은 공공성과 양립되어야 한다는 칸트의 요구 안에 내재되어 있다.

벨커는 '다극양태적인 평화의 영'은 아주 다양한 방식으로 다극양태적인 정의, 자유, 그리고 진리의 영과 상호작용한다는 사실을 강조한다. 그는 "어떻게 정확하게 우리가 사람들 마음속에 '영구평화'에 대한 열정적 관심을 점화시킬 수 있을까? 어떤 원천들이 영구평화에 대한 투신과 용기를 보양해 줄 수 있을까?"라는 질문을 던짐으로써, 2단원 인간과 문명 안에 내면화된 성향으로서의 평화로 넘어간다.

벨커는 이 질문들에 대한 답을 찾기 위해 인간과 문명 안에 내면화된 성향으로서의 평화에 대해 말하며, 자신의 논지를 뒷받침하기 위해 알프레드 노스 화이트헤드의 사상에 호소한다. 화이트헤드는 "평화란 고요한 평정, 질서정연함, 그리고 든든한 안전보장감" 이상이라고 말함으로써, 개인이나 사회적 집단(entity)의 현저한 자아소실과 동시에 동등하게 인상적인 자아 확장을 생성하게 하는 '감정의 확장'(broadening of feeling)이라고 규정한다. 평화에 대한 이런 이해에 근거해서 벨커는 평화를 "정의가 지배하기 때문에 형성된 교란되지 않는 질서"라고 말하는 아우구스티누스의 평화 이해도 불충분하다고 비판한다. 하나님을 질서의 주재자로 보는 아우구스티누스의 견해는 평화와 정의 실현을 유기적으로 상관시키는 데 역부족을 드러내기 때문이다. '교란되지 않는 질서'를 세우겠다는 명분으로 '질서의 유지자'(중앙정부든, 지방정부든 상관없이)는 평화유지의 명분에 숨어 정의의 요구를 얼마든지 억누를 수 있기 때문이다. 평화를 명분으로 사랑과 정의를 해칠 수 있었던 나치주의자들의 실례가 벨커의 우려를 정당화한다. 벨커가 보기에는 인간의 영과 관계하는 하나님의 영에 대한 보다 현실주의적 묘사는 이런 애매모호한 개념을 넘어가야 한다. 그래서 벨커는 평화를 자기초월과 자아억제를 통한 자아확장이라고 규정함으로써 사랑을 주고받는 경험과 평화를 연관시키는 화이트헤드의 평화 이해가 자신의 자연신학 착상에 유익하다고 말한다. 벨커는 어떤 점에서 사랑이 평화를 정의하고 평화를 구성하는 핵심요소인지를 논한다.

3단원 "인류에 대한 자애와 공유된 기쁨 : 참된 내적 평화에 관하여"에서 벨커는 참된 내적 평화와 그것과 관련된 인류를 향한 자애와 공유된 기쁨을 다룬다. 벨커는 사랑을 "다른 사람들을 위한 자유롭고 창의적인 자기억제와 자기부인"이라고 정의하며 "사랑을 주고받음을 통해서 사람은 심지어 이 현생에서도 자연적-지구적 생활 상황들 너머를 가리키는 '영원한 삶'에 부분적으로 참여할 수 있다."고 말한다.

다음으로 벨커는 마르다 누스바움, 마틴 노왁, 사라 코클리, 지그리드 브란트의 연구들을 바탕 삼아 진화의 역사에서 협력과 협동이 얼마나 중요했는지를 자세히 다룬다. 세포들의 협력과 협동이 생명 진화의 핵심일 뿐만 아니라, 어떻게 인류공동체의 역사에서 내적 평화, 희생, 그리고 사랑이 창조되고 성취되었는지를 설명한다는 것이다. 여기서 벨커는 감정들과 정서들이 사랑의 다양한 형식들에 대한 우리의 이해를 어떻게 도와주는지를 논한다. 그는 '뜨거운, 따뜻한, 서늘한, 그리고 차가운 사랑'을 구분하고 '내적 평화'와 연결될 수 있는 사랑은 '뜨거운'이라기보다는 '따뜻한 사랑'이라고 주장한다. 따뜻한 사랑이야말로 부모와 자식 간의 사랑 같은 친밀한 관계 안에서 우리 인간이 주고받고 경험하는 사랑이기 때문이다. '따뜻한 사랑'은 같은 가족, 혈족 같은 친밀교제권에서 수수되고 경험되는 사랑이다. 이 사랑은 내부자를 위해서는 평화를 창조할 수 있지만, 외부자들에게는 공격성향이나 냉담, 혹은 적의로 나타날 수 있는 애매모호성을 갖고 있다. 그래서 벨커는 한 차원 더 깊은 사랑을 소개한다. 이 사랑은 "내적인 평화는 물론이요 외적인 평화까지 보장하는 보편적인 능력으로 변화시키는 장엄한 마력"을 보유한 사랑이다. 그것은 "따뜻한 사랑의 힘들 너머에 있는 냉정하고 평온한 사랑, 즉 인류를 향한 자애"이다. 따뜻한 사랑과, 냉정하고 평온하고 서늘한 사랑, 즉 이 인류애가 평화를 창조하고 지탱하는 두 기둥이라는 것이다. 사람들이 이 세상 모든 사람들에 대해서 따뜻한 사랑은 행하지 못할지라도 평온하고 서늘하고 차분한 인류애는 실천할 수 있다고 보기 때문이다.

이 논의를 마친 후 벨커는 다성음악적 기쁨의 형식들을 인정하는 것의 중요성에 대해 이야기한다. 그는 공개적이고 환희를 터뜨리는 감정 방출적인 형식들에서만 아니라, 조용하고, 심지어 냉정하며 자기망각적인 외양으로 표현되는 기쁨도 인정되고 존중되어야 한다고 역설한다.

이런 점에서 극적으로 쇠약해진 노인들이 느끼는 평화에 대한 논의가 가능하다. 신체적이고 영적-지성적 힘들이 쇠약해져 가는 중에도 노인들이 느끼는 기쁨은, 생명의 자연적 에너지들이 소진되어 가는 바로 그 경계선들(노화)에서도 사랑의 자애로운 방출과 반향(反響), 곧 평화가 경험될 여지를 확보해 준다는 것이다.

이후에 벨커는 전체 결론 단락에서 하나님의 영과 인간의 영에 대한 자신의 자연신학이 갖는 의의를 말한다. 인간의 유한성과 취약성, 유혹받기 쉬운 본성과 대규모로 스스로를 위험에 빠뜨리는 인간성, 공격성, 그리고 파괴적인 성향들을 아무리 인정한다고 하더라도, 벨커 자신은 여전히 이런 낙담케 하는 형편을 상쇄시킬 수 있는 인간의 영과 하나님의 영의 힘들을 믿고 자신의 자연신학을 탐색했다고 말한다. 자신이 개진한 '실재적 자연신학'이 어떤 의미에서 인간이 하나님의 형상으로 창조되었는지를 천착하는 데 기여했으리라고 자평했다. 그는 다극양태적인 정의의 영, 자유의 영, 진리의 영, 그리고 평화의 영에 호소함으로써, 인간이 하나님의 형상으로 창조되었음을 귀납적으로 옹호하려고 노력했다는 것이다. 벨커는 다음과 같은 몇 가지 명제로 자신의 결론을 압축적으로 진술한다.

첫째, "다극양태적인 정의의 영으로 충만해 불공정하고 불의한 세상에서 말과 행위로 정의를 확산하는 과업에 참여하는 사람들이야말로 하나님의 형상으로 창조되었다".

둘째, "다극양태적인 자유의 영으로 충만해 도덕적으로, 법적으로, 그리고 정치적으로 해방과 자유를 위해 투쟁하며 더 나아가 억압과 자유

박탈을 경험하고 있는 개인들과 사회적 공동체들에게 해방과 자유를 선사하기 위해 투쟁하는 역량을 갖춘 사람들이야말로 하나님의 형상으로 만들어진 인간이라고 불린다".

셋째, "여러 차원의 진리 추구 과정에서 비판적으로 그리고 자기비판적으로 진리를 자신의 삶과 세계를 분석하고 평가하는 데 상관시키려고 분투하는 사람들은 하나님의 형상으로 창조된 인간으로 불린다.", "하나님의 형상으로 창조된 사람들은 진리의 영, 자유의 영, 그리고 정의의 영으로 각각 다르게 표현되지만, 동일한 그 영의 활동들 사이에 있는 내적 연관성들을 인지하고 있다".

넷째, "다극양태적인 평화의 영이 적의, 증오, 그리고 전쟁 도발의 영을 부추기려고 시도하는 모든 세력들과 평화로운 투쟁을 감행하는 과정에 참여한 사람들을 하나님의 형상으로 빚어간다.", "평화와 따뜻한 사랑과 인류에 대한 차분한 자애는 긴밀하게 서로를 견인한다.", "가족과 친구들, 그리고 우리와 가까운 사람들 사이에 수수되는 따뜻한 사랑의 형식으로든, 냉정하고 평온한 보편적인 인류애의 형식이든 상관없이 평화의 영은 압도적으로 빛나고 반향을 불러일으키는 힘을 발출한다".

여섯 차례 강연을 총결산하는 벨커의 결론은 큰 울림을 준다. "평화의 영 안에서 그리고 사랑 안에서 모든 각각의 개인과 인류 전체는 모든 인간이 누리도록 예정된 존엄에 도달하며 참다운 의미에서 하나님의 형상이라는 이 장엄한 운명에 걸맞은 삶을 사는 데 필요한 능력들을 갖추게 된다."

3. 평가와 질문

벨커는 이 책에서, 자신의 중심 저작 중 하나인 『하나님의 영』(*Gottes Geist*)을 단 한 번도 의미있게 인용하거나 언급하지 않았다(2강 각주 14 주변적 언급). 뿐만 아니라, 그는 이렇게 집중적으로 빈번하게 하나님의 다극양태적인 영을 말하면서도 신약성경의 성령이나 삼위일체의 3위인 성령에 대해 일절 언급하지 않는다. 왜? "예수 그리스도 안에서 하나님이 자신을 특별하게 계시하셨다."라는 계시신학의 어떤 전제에도 호소하지 않는 귀납적인 방식으로 자연신학을 논하려고 하는 이 책의 원래 기획의도 때문이며, 아담 기포드가 남긴 자연신학의 유지에 대한 존중 때문이다. 19세기 스코틀랜드의 변호사요 법관이자 정치가였던 아담 기포드(1820-1887)는 기독교적 특별계시나 그것과 관련된 개념이나 용어, 전제 도움 없이 상식적인 사람들의 경험에 호소하는 자연신학이 절실히 요청된다고 주장했다. 이런 아담 기포드의 유지를 살려 기포드 재단은 1888년부터 스코틀랜드의 네 대학(에딘버러, 아버딘, 세인트 앤드류즈, 글라스고)에서 순차적으로 기포드 강연을 열어 오고 있다. 기포드 강연 창설의 취지에 호응해 벨커는, 서구문명에서 태어나 자란 청중들에게 "하나님의 형상으로 창조된 인간"이라는 주제를 선택해 자신의 자연신학을 개진한다. 그런데 우리 한국 독자들이 보기에는 "하나님의 형상으로 창조된 인간"이라는 개념 자체가 자연신학이 아니라, 특별계시신학의 모토처럼 들린다. 그래서 한국 독자들에게 벨커의 자연신학 취지가 어느 정도 공감과 동의를 얻어낼지는 불확실하다.

그럼에도 불구하고, 벨커는 개인의 삶뿐만 아니라, 인간의 문화, 역사, 그리고 인간의 공동체 생활을 자세히 관찰하고 분석하는 데서부터 자신의 자연신학을 시작한다. 이 과정에서 벨커는 개인의 삶과 사회의 진보, 그리고 인류 전체의 역사 발전과 문화현상들 안에서 공통적으로 활동하는 인간의 영을 포착했고, 그 영은 영이신 하나님과 감응하고 호응하는 인간의 존재론적 토대라는 점을 발견했다. 이 책에서 벨커는 "인간의 영은 단지 지적인 사유역능이나 현상보다 훨씬 풍요로우며, 하나님의 영은 단지 범접불가한 신비한 힘 그 이상이다."라는 진술을 후렴구처럼 사용한다. 그는 정의, 자유, 진리, 평화, 그리고 박애를 창조하는 다성음악적이고 다극양태적인 영의 역사(役事)를 옹호한다. 하나님의 다성음악적이고 다극양태적인 영은 기독교나 심지어 아브라함 전통의 또 다른 상속자들인 유대교와 이슬람에게만 매여 활동하지 않는다. 많은 다른 종교들과 세상의 여러 상황과 맥락들에서 하나님의 다성음악적이고 다극양태적인 영의 역사는 식별될 수 있다는 것이다.

이처럼 벨커의 자연신학을 착상하는 데 동원된 원천자료들은 실로 다양하다. 신학, 철학, 역사, 정치학, 심리학, 법학, 미디어학, 문화사, 인류학, 그리고 자연과학 분야의 학문적 발견들과 통찰들이 벨커의 자연신학에서 합류하고 있다. 이 모든 학문 분야에서 그려내는 인간들에 대한 벨커의 평가는 비관적이다. "개인의 삶, 사회의 작동방식, 인류역사의 행로를 거시적으로 조망하거나 미시적으로 분석하면, 하나님의 형상으로 창조된 인간이라는 기독교신학의 명제는 더 이상 지탱되기 어렵다." 이런 비관론에서 출발했지만, 벨커는 이 책에서 이 명제가 정당화될 수 있는 여지가 있다고 주장한다. 즉, 자유, 정의, 진리, 평화를 추구하는 인간들과 인류 역사의 진보를 견인하기 위한 그들의 줄기찬 투신

속에서 인간이 스스로를 하나님의 형상으로 창조된 피조물임을 입증할 수 있다는 것이다. 벨커는 인간의 자유, 정의, 진리, 평화 추구가 영이신 하나님에 의해 지지되고 보양되고 견인된다는 점 또한 확인했다. 벨커는 자유, 정의, 진리, 평화(인류애)를 실천하는 과정에서 자기부인과 자아억제를 통해 자아확장을 경험하며 인류애를 발현하는 사람들 속에서 하나님의 형상을 보았다. 이 다극양태적인 영의 활동들만 추적하여 영 인간학을 구축한 것이다. 이런 점에서 이 책은 영 인간학을 귀납적으로 개진하는 인간의 본질 탐구서이지만 궁극적으로는 영이신 하나님을 증거하는 신학저작이다.

결국 자유, 정의, 진리, 평화를 추구하게 만드는 이 다극양태적인 인간의 영, 그리고 다극양태적인 영의 궁극적 발출점이 되는 영이신 하나님에 대한 바른 이해가 벨커의 논지 핵심으로 들어가는 열쇠개념이다. 이 책의 결론은, 벨커가 정교하게 정의한 자유, 정의, 진리, 평화를 추구하는 모든 인간의 활동에는 이 다극양태적인 영의 현존을 간취할 수 있고, 그 다극양태적인 영의 활동에 참여하는 사람들은 하나님의 영에 감응하는 하나님의 형상으로 창조된 자들이라고 불릴 수 있다는 것이다. 개인의 삶이나 인류의 역사 전체 행로는 자유, 정의, 진리, 평화(인류애)라는 궁극적인 목적지를 지향하며 움직이고 있다. 그런 점에서 하나님은 역사의 주관자이다. 자유, 정의, 진리, 평화를 추구하는 모든 개인의 삶, 사회적 공동체의 삶, 그리고 인류 역사의 행로에는 '하나님'이 계시다는 것이다. 남은 우리의 질문은 이것이다. 벨커의 자연신학은 전통적인 벨커의 계시신학과 어떻게 조우하는가? 자유, 정의, 진리, 평화의 다극양태적인 영과 삼위일체의 성령은 어떤 관계인가?

참고문헌 목록(BIBLIOGRAPHY)

Abramowitz, Michael J. "Freedom in the World 2018 : Democracy in Crisis." In Freedom House, *Freedom in the World 2018 : The Annual Survey of Political Rights and Civil Liberties*, 1-9. New York : Rowman, 2019.

Arendt, Hannah. *Essays in Understanding, 1930-1954*. Edited by Jerome Kohn. Translated by Robert Kimber and Rita Kimber. New York : Harcourt Brace Jovanovich, 1994.

_____. "The Freedom to Be Free." In Hannah Arendt, *Thinking without a Banister : Essays in Understanding*, vol. 11, edited by Jerome Kohn, 368-394. New York : Schocken Books, 2018.

_____. *The Human Condition*. 2nd ed. Chicago : University of Chicago Press, 1998.

_____. *The Life of the Mind*. Vol. 1, *Thinking*. Vol. 2, *Willing*. 2 vols. in 1. New York : Harcourt Brace Jovanovich, 1978.

_____. *On Violence*. New York : Houghton Miffllin Harcourt, 1970.

_____. *The Origins of Totalitarianism*. 2nd ed. New York : Harcourt Brace Jovanovich, 1958. German edition : *Elemente und Ursprünge totaler Herrschaft : Antisemitismus, Imperialismus, totale Herrschaft*. 20th ed. München, Berlin, Zürich : Piper, 2017.

_____. *Thinking without a Banister : Essays in Understanding*. Vol. 11. Edited by Jerome Kohn. New York : Schocken Books, 2018.

Aristotle. *Metaphysica*, Vol. 8 of *The Works of Aristotle*. Translated by W. D. Ross. Oxford : Clarendon, 1928.

Assmann, Jan. *Ma'at : Gerechtigkeit und Unsterblichkeit im Alten Ägypten.* Munich : Beck, 1990.

Augustine. *The City of God.* Vol. 1 of *The Works of Aurelius Augustine.* Edited by Marcus Dods. Edinburgh : T & T Clark, 1871.

———. *S. Augustine's City of God (De civitate Dei) and Christian Doctrine.* In *A Select Library of the Nicene and Post-Nicene Fathers of the Christian Church,* vol. 2, ed. Philip Schaff. Edinburgh : T & T Clark, 1887.

Aulfinger, Michael. *Urukagina, der gerechte König.* Neckenmarkt : Edition Nove, 2007.

Barbour, Ian. *Religion in an Age of Science : The Gifford Lectures 1989-1991.* Vol. 1. San Francisco : Harper, 1990.

Bedford-Strohm, Heinrich. *Gemeinschaft aus kommunikativer Freiheit : Sozialer Zusammenhalt in der modernen Gesellschaft. Ein theologischer Beitrag.* Gütersloh : Gütersloher Verlagshaus, 1999.

Bieri, Peter. *Das Handwerk der Freiheit : Über die Entdeckung des eigenen Willens.* Munich : Hanser 2001.

Bird, Phyllis. "'Male and Female He Created Them' : Gen 1 : 27b in the Context of the Priestly Account of Creation." *Harvard Theological Review* 74 (1981) : 129-159.

Bittner, Rüdiger. "Augustinus über Frieden." In *Gegenwart des lebendigen Christus,* edited by Günter Thomas and Andreas Schüle, 479-495. Leipzig : EVA, 2007.

———. *Bürger sein : Eine Prüfung politischer Begriffe.* Munich : de Gruyter, 2017.

———. "What It Is to Be Free." In *Quests for Freedom : Biblical, Histori-cal, Contemporary,* 2nd ed., edited by Michael Welker, 98-114. Eugene,

OR : Wipf & Stock, 2019.

———. "Without Laws." In *Concepts of Law in the Sciences, Legal Studies, and Theology*, edited by Michael Welker and Gregor Etzelmüller, 339-353. Tübingen : Mohr Siebeck, 2013.

Bonhoeffer, Dietrich. *Letters and Papers from Prison*. Vol. 8 of *Dietrich Bonhoeffer Works*. Translated by Isabel Best et al. Minneapolis : Fortress, 2009.

Brandt, Sigrid. *Opfer als Gedächtnis : Auf dem Weg zu einer befreienden theologischen Rede von Opfer*. Münster : LIT, 2001.

Brown, Warren, Nancey Murphy, and H. Newton Malony, eds. *Whatever Happened to the Soul? Scientific and Theological Portraits of Human Nature*. Philadelphia : Fortress, 1998.

Butler, Judith. *Bodies That Matter : On the Discursive Limits of "Sex."* London : Routledge Classics, 2011.

———. "My Life, Your Life : Equality and the Philosophy of Non-Violence." Gifford Lectures, Glasgow, 2018. https ://www.giffordlectures.org/lecturers/judith-butler-o.

Coakley, Sarah. "Sacrifice Regained : Evolution, Cooperation and God." 2012 Gifford Lectures. https ://www.giffordlectures.org/lecturers/sarah-coakley.

The Code of Hammurabi. Translated by Theophile J. Meek. In *Ancient Near Eastern Texts Relating to the Old Testament*, 3rd ed., edited by James B. Pritchard, 163-180. Princeton : Princeton University Press, 1969.

Dalferth, Ingolf. *Naturrecht in protestantischer Perspektive*. Würzburger Vorträge zur Rechtsphilosophie, Rechtstheorie und Rechtssoziologie 38. Baden-Baden : Nomos, 2008.

Diessel, Holger. "Deixis and Demonstratives." In *An International Handbook of Natural Language Meaning*, vol. 3, edited by Claudia Maienborn, Klaus von Heusinger, and Paul Portner, 2407-2431. Berlin : de Gruyter, 2012.

Elshtain, Jean Bethke. *Sovereignty : God, State, and Self.* New York : Basic Books, 2008.

Fensham, F. Ch. "Widow, Orphan, and the Poor in Ancient Near Eastern Legal and Wisdom Literature." *Journal of Near Eastern Studies* 21 (1962) : 129-139.

Fergusson, David. "Humans Created according to the IMAGO DEI : An Alternative Proposal." *Zygon* 48 (2013) : 439-453.

―――. *The Providence of God : A Polyphonic Approach*. Cambridge : Cambridge University Press, 2018.

Fuentes, Agustín. "Why We Believe : Evolution, Making Meaning, and the Development of Human Nature," https : //www.giffordlectures.org/lecturers/agust%C3%ADn-fuentes.

Gallagher, Shaun. *How the Body Shapes the Mind*. Oxford : Clarendon, 2006.

Generali Deutschland AG, ed. *Generali Altersstudie 2017. Wie ältere Menschen in Deutschland denken und leben*. Berlin : Springer Verlag, 2017.

Gerhardt, Volker. "In Vergessenheit geraten : Über die Unverzichtbarkeit der Wahrheit." *Forschung und Lehre* 24 (2017) : 754-756.

Goshen-Gottstein, Alon, ed. *Friendship across Religions : Theological Perspectives on Interreligious Friendship*. Eugene, OR : Wipf & Stock, 2018.

Gregersen, Niels Henrik, Willem B. Drees, and Ulf Görman, eds. *The Human*

Person in Science and Theology. Edinburgh : T & T Clark, 2000.

Gregersen, Niels Henrik, and Wentzel Van Huyssteen. *Rethinking Theology and Science : Six Models for the Current Dialogue.* Grand Rapids : Eerdmans, 1998.

Habermas, Jürgen. *Between Facts and Norms : Contributions to a Discourse Theory of Law and Democracy.* Cambridge, MA : MIT Press, 1996.

_____. *Philosophical-Political Profiles.* Cambridge, MA : MIT Press, 1983.

Halfwassen, Jens. "Gott im Denken : Warum die Philosophie auf die Frage nach Gott nicht verzichten kann." In *Gott-Götter-Götzen : XIV. Europäischer Kongress für Theologie,* Veröffentlichungen der Wissenschaftlichen Gesellschaft für Theologie, vol. 38, edited by Christoph Schwöbel, 187-196. Leipzig : EVA, 2013.

Harakas, Stanley. "Human Rights : An Eastern Orthodox Perspective." *Journal of Ecumenical Studies* 19 (1982) : 13-26.

Härle, Wilfreid. "Das christliche Verständnis der Wahrheit." In *Wahrheit, Marburger Jahrbuch Theologie,* vol. 21, edited by Wilfried Härle and Rainer Breuel, 61-89. Leipzig : EVA, 2000.

Harris, Mark. "The Biblical Text and a Functional Account of the *Imago Dei.*" In *Finding Ourselves after Darwin : Conversations on the Image of God, Original Sin, and the Problem of Evil,* edited by Stanley Rosenberg, 48-63. Grand Rapids : Baker Academic, 2018.

Hegel, G. W. F. "Differenz des Fichte'schen und Schelling'schen Systems der Philosophie." In G. W. F. Hegel, *Jenaer Kritische Schriften, Gesammelte Werke,* vol. 4, edited by Hartmut Buchner and Otto Pöggeler, 1-92. Hamburg : Felix Meiner, 1968.

_____. *Elements of the Philosophy of Right.* Edited by Allen W. Wood. Translated by H. B. Nisbet. Cambridge : Cambridge University Press,

1991.

———. "Fragmente einer Kritik der Verfassung Deutschlands." In G. W. F. Hegel, *Gesammelte Werke*, vol. 5, *Schriften und Entwürfe* (1799-1808), edited by Manfred Baum and Kurt Rainer Meist, 1-24. Hamburg : Felix Meiner, 1998.

———. *Frühe Schriften, Werke 1*. Theorie Werkausgabe. Frankfurt : Suhrkamp Verlag, 1971.

———. "Glauben und Wissen." In G. W. F. Hegel, *Jenaer Kritische Schriften, Gesammelte Werke*, vol. 4, edited by Hartmut Buchner and Otto Pöggeler, 313-414. Hamburg : Felix Meiner, 1968.

———. *Hegels theologische Jugendschriften*. Edited by Herman Nohl. Tübingen : J. C. B. Mohr Siebeck, 1907. Reprint, Verlag der Wissenschaften, 2018. English translation : *Early Theological Writings*. Translated by T. M. Knox and Richard Kroner. Philadelphia : University of Pennsylvania Press, 1975, 8th ed., 1996.

———. *Hegel : The Letters*. Translated by Clark Butler and Christiane Seiler. Bloomington : Indiana University Press, 1984.

———. *On Christianity : Early Theological Writings*. Translated by T. M. Knox and Richard Kroner. New York : Harper Torchbooks, 1961.

———. *Phänomenologie des Geistes, Gesammelte Werke*, vol. 9, edited by Wolfgang Bonsiepen and Reinhard Heede. Hamburg : Felix Meiner, 1980. English translation : *The Phenomenology of Spirit*. Translated by Terry Pinkard. Cambridge : Cambridge University Press, 2019.

———. *Three Essays, 1793-1795 : The Tubingen Essay, Berne Fragments, The Life of Jesus by G. W. F. Hegel*. Translated by Peter Fuss and John Dobbins. Notre Dame, IN : University of Notre Dame Press, 1984. https ://www.scribd.com/document/227694655/Life-of-

Jesus-Das-Leben-Jesu-G-W-F-Hegel.

Henrich, Dieter. *Hegel im Kontext.* Frankfurt : Suhrkamp, 1971 ; new ed. Berlin : Suhrkamp, 2010.

Höffe, Otfried. "Einleitung : Der Friede-ein vernachlässigtes Ideal." In *Immanuel Kant, Zum ewigen Frieden, Klassiker auslegen,* vol. 1, 3rd ed., edited by Otfried Höffe, 1-19. Berlin : Akademie Verlag, 2011.

Höhl, Stefanie. "Frühkindliches Lernen in sozialen Interaktionen. Welche Rolle spielt Verkörperung?" In *Verkörperung : Eine neue interdisziplinäre Anthropologie,* edited by Gregor Etzelmüller, Thomas Fuchs, and Christian Tewes, 33-55. Berlin : de Gruyter, 2017.

Huber, Wolfgang. *Ethik : Grundfragen unseres Lebens.* Munich : Beck, 2013.

———. *Von der Freiheit : Perspektiven für eine solidarische Welt.* Munich : Beck, 2012.

Hurd, Elizabeth Shakman, and Winnifred Fallers Sullivan. "Symposium : Re-Thinking Religious Freedom, Editors' Introduction." *Journal of Law and Religion* 29 (2014) : 358-362.

Ignatieff, Michael. *The Lesser Evil : Political Ethics in an Age of Terror.* Edinburgh : Edinburgh University Press, 2005.

The Institutes of Justinian. In *The Roman World,* vol. 3 *of The Library of Original Sources,* edited by Oliver J. Thatcher, 100-166. Milwaukee : University Research Extension, 1907.

Iverson, Jana M., and Susan Goldin-Meadow. "Gesture Paves the Way for Language Development." *Psychological Science* 16 (2005) : 367-371.

Janowski, Bernd. *Anthropologie des Alten Testaments : Grundlagen-Kontexte-Themenfelder.* Tübingen : Mohr Siebeck, 2019.

Jarausch, Konrad H. *Broken Lives : How Ordinary Germans Experienced the Twentieth Century.* Princeton : Princeton University Press, 2018.

Jaster, Romy, and David Lanius. *Die Wahrheit schafft sich ab : Wie Fake News Politik machen.* 2nd ed. Stuttgart : Reclam, 2019.

Jeeves, Malcolm, ed. *From Cells to Souls—and Beyond : Changing Portraits of Human Nature.* Grand Rapids : Eerdmans, 2004.

Jüngel, Eberhard. "Zum Wesen des Friedens. Frieden als Kategorie theologischer Anthropologie." *In Ganz werden : Theologische Erörterungen V,* 1-39. Tübingen : Mohr Siebeck, 2003.

Kant, Immanuel. *Critique of Practical Reason and Other Works on the Theory of Ethics.* Translated by Thomas Kingsmill Abbott. 5th rev. ed. London : Longmans, Green, 1898.

_____. *Religion within the Boundaries of Mere Reason.* Translated by Allen Wood. Cambridge : Cambridge University Press, 1998.

_____. "Toward Perpetual Peace : A Philosophical Sketch." In *Toward Perpetual Peace and Other Writings on Politics, Peace, and History.* Edited by Pauline Kleingeld. Translated by David L. Colclasure. New Haven : Yale University Press, 2006. = "Zum ewigen Frieden." In *Kants Werke : Akademie Textausgabe,* vol. 8, *Abhandlungen nach 1781.* Berlin : de Gruyter, 1968.

_____. *Toward Perpetual Peace and Other Writings on Politics, Peace, and History.* Edited by Pauline Kleingeld. Translated by David L. Colclasure. New Haven : Yale University Press, 2006.

Kelsey, David. *Eccentric Existence : A Theological Anthropology.* 2 vols. Louisville : Westminster John Knox, 2009.

Kemmerling, Andreas. "Was macht den Begriff der Person so besonders schwierig?" In *Gegenwart des lebendigen Christus,* edited by Günter

Thomas and Andreas Schüle, 541-565. Leipzig : EVA, 2007. ="Why Is Personhood Conceptually Difficult?" In *The Depth of the Human Person : A Multidisciplinary Approach,* edited by Michael Welker, 15-44. Grand Rapids : Eerdmans, 2014.

Kessler, Wolfgang. "Wider die gefährliche Spaltung : Warum Deutschland eine gerechtere Verteilung des Reichtums braucht." *Zeitzeichen* 2015 (2019) : 33-36.

Kirchhof, Paul. "Einführung in die Tagung." In *Die Menschenwürde als Verfassungsgrundlage, Essener Gespräche zum Thema Staat und Kirche,* vol. 51, edited by Burkhard Kämper and Klaus Pfeffer, 1-4. Münster : Aschendorf, 2019.

Kruse, Andreas. *Lebensphase hohes Alter : Verletzlichkeit und Reife.* Berlin : Springer Verlag, 2017.

Küng, Hans. *Global Responsibility : In Search of a New World Ethic.* Chestnut Ridge : Crossroad, 1991.

Lege, Joachim. "Die Herzkammer der Wissenschaft : Das Wissenschaftssystem brauchte in Zentrum, das bahnbrechende Erfindungen mit dem wissenschaftlichen und gesellschaftlichen Konsens vermittelt. Das können nur die Universitäten sein." *Frankfurter Allgemeine Zeitung,* September 19, 2019, N4.

Łuczewski, Michał. *Solidarity : Step by Step.* Warsaw : Centre for Thought of John Paul II, 2015.

Luhmann, Niklas. *Die Gesellschaft der Gesellschaft.* Frankfurt : Suhrkamp, 1997.

_____. *Ökologische Kommunikation : Kann die moderne Gesellschaft sich auf ökologische Gefährdungen einstellen?* Opladen : Westdeutscher Verlag, 1986.

———. *Soziale Systeme : Grundriss einer allgemeinen Theorie.* Frankfurt : Suhrkamp, 1984.

———. "Soziologie der Moral." In *Theorietechnik und Moral,* edited by Niklas Luhmann and Stephan H. Pfürtner, 43-63. Frankfurt : Suhrkamp, 1978.

———. *Soziologie des Risikos.* Berlin : de Gruyter, 1999.

Luhmann, Niklas, and Stephan H. Pfürtner, eds. *Theorietechnik und Moral.* Frankfurt : Suhrkamp, 1978.

Luther, Martin. *Werke, Kritische Gesamtausgabe.* Vol. 56. Weimar : Böhlau, 1938.

Marx, Karl. *Selected Writings.* Edited by Lawrence H. Simon. Indianapolis : Hackett, 1994.

Moltmann, Jürgen. *The Spirit of Life : A Universal Affirmation.* Minneapolis : Fortress, 1992.

———. *Sun of Righteousness, Arise! God's Future for Humanity and the Earth.* Minneapolis : Fortress, 2010.

Müller-Armack, Alfred. *Wirtschaftslenkung und Marktwirtschaft.* Hamburg : Verlag für Wirtschaft und Sozialpolitik, 1947.

Naudé, Piet. *Pathways in Ethics : Justice—Interpretation—Discourse—Economics.* Stellenbosch : Sun Media, 2016.

Nida-Rümelin, Julian. *Demokratie und Wahrheit.* Munich : Beck, 2006.

Niebuhr, Reinhold. *Human Nature.* Vol. 1 of *The Nature and Destiny of Man.* New York : Scribner, 1964.

Nietzsche, Friedrich. *The Will to Power.* Translated by Walter Kaufmann and R. J. Hollingdale. Edited by Walter Kaufmann. New York : Vintage Books, 1968.

Nowak, Martin A. *Evolutionary Dynamics : Exploring the Equations of Life.*

Cambridge, MA : Harvard University Press, 2006.

———. "God and Evolution." In *The Science and Religion Dialogue : Past and Future,* edited by Michael Welker, 47–52. Frankfurt : Peter Lang, 2014.

———. *Super Cooperators : Why We Need Each Other to Succeed.* New York : Free Press, 2011.

Nussbaum, Martha C. *Upheavals of Thought : The Intelligence of Emotions.* Cambridge : Cambridge University Press, 2001.

Pannenberg, Wolfhart. *Anthropology in Theological Perspective.* Edinburgh : T & T Clark ; Philadelphia : Westminster, 1985.

———. *Systematic Theology.* Translated by Geoffrey W. Bromiley. 3 vols. Grand Rapids : Eerdmans, 1994.

Parsons, Talcott. *The Social System.* New York : Free Press, 1951.

———. *Sociological Theory and Modern Society.* New York : Free Press, 1967.

Peters, Ted. "Entheokaric Freedom : Clarifying Confusions." In *Risiko und Vertrauen= Risk and Trust : Festschrift für Michael Welker zum 70. Geburtstag,* edited by Heike Springhart and Günter Thomas, 339–348. Leipzig : EVA, 2017.

Polkinghorne, John. "The Search for Truth." In *The Science and Religion Dialogue : Past and Future,* edited by Michael Welker, 53–59. Frankfurt : Lang, 2014.

Polkinghorne, John, ed. *The Work of Love : Creation as Kenosis.* Grand Rapids : Eerdmans ; London : SPCK, 2001.

Polkinghorne, John, and Michael Welker. *Faith in the Living God : A Dialogue.* London : SPCK, 2001 ; 2nd ed., Eugene, OR : Cascade, 2019.

Pollack, Detlef, and Gergely Rosta. *Religion in der Moderne : Ein internationaler Vergleich.* Frankfurt/New York : Campus Verlag, 2015.

Pritchard, James B., ed. *Ancient Near Eastern Texts Relating to the Old Testament.* 3rd ed. Princeton : Princeton University Press, 1969.

Prodi, Paolo. *Eine Geschichte der Gerechtigkeit. Vom Recht Gottes zum modernen Rechtsstaat.* Munich : Beck, 2005.

Pröpper, Thomas. *Theologische Anthropologie.* 2 vols. Freiburg : Herder, 2011.

Ratzinger, Joseph. "What Keeps the World Together." In Jürgen Habermas and Joseph Ratzinger, *Dialectics of Secularization : On Reason and Religion,* edited by Florian Schuller, translated by Brian McNeil, 67-72. San Francisco : Ignatius, 2006.

Sauter, Gerhard. *Das verborgene Leben : Eine theologische Anthropologie.* Gütersloh : Gütersloher Verlag, 2011.

Schüssler Fiorenza, Elisabeth. "Slave Wo/men and Freedom in the Pauline Tradition : Some Methodological Reflectons." In *Quests for Freedom : Biblical, Historical, Contemporary,* 2nd ed., edited by Michael Welker, 46-71. Eugene, OR : Wipf & Stock, 2019.

Schweiker, William. "Presenting Theological Humanism." In *Theological Ethics and Global Dynamics : In the Time of Many Worlds,* 199-219. Oxford : Blackwell, 2004.

Smit, Dirk J. "'Hope for Even the Most Wretched'? On Remembering the Reformation." *Stellenbosch Theological Journal* 4, no. 2 (2018) : 703-725.

Soodalter, Ron. "A Blight on the Nation : Slavery in Today's America." In *Quests for Freedom : Biblical, Historical, Contemporary,* 2nd ed., edited by Michael Welker, 14-25. Eugene, OR : Wipf & Stock, 2019.

Soulen, R. Kendall, and Linda Woodhead, eds. *God and Human Dignity.* Grand Rapids : Eerdmans, 2006.

Springhart, Heike. *Aufbrüche zu neuen Ufern : Der Beitrag von Religion und Kirche für Demokratisierung und Reeducation im Westen Deutschlands nach 1945.* Leipzig : EVA, 2008.

Taupitz, Jochen. "Das hohe Gut der Wissenschaftsfreiheit : Forschung zwischen Erkenntnisgewinn und Risiko problem." *Forschung und Lehre* 26 (2019) : 446-447.

Taylor, Charles. *Hegel.* Cambridge : Cambridge University Press, 1975.

―――. *Sources of the Self : The Making of the Modern Identity.* Cambridge : Cambridge University Press, 1989.

Theile, Gustav. "Das neue Jahrhundert der Religionen." *Frankfurter Allgemeine Zeitung,* October 27, 2019.

Theissen, Gerd. "*Sarx, Soma,* and the Transformative *Pneuma* : Personal Identity Endangered and Regained in Pauline Anthropology." In *The Depth of the Human Person : A Multidisciplinary Approach,* edited by Michael Welker, 166-185. Grand Rapids : Eerdmans, 2014.

Thomas, Günter. *Gottes Lebendigkeit : Beiträge zur systematischen Theologie.* Leipzig : EVA, 2019.

―――. *Implizite Religion : Theoriegeschichtliche und theoretische Untersuchungen zum Problem ihrer Identifikation.* Würzburg : Ergon, 2001.

―――. "Vertrauen und Risiko in moralischen Hoffnungs grossprojekten." In *Risiko und Vertrauen = Risk and Trust : Festschrift für Michael Welker zum 70. Geburtstag,* edited by Heike Springhart and Günter Thomas, 55-85. Leipzig : EVA, 2017.

Thomas, Günter, and Michael Welker. "Einleitung : Religiöse Funktionen des Fernsehens?" In *Religiöse Funktionen des Fernsehens? Medien-, kultur-und religionswissen schaftliche Perspektiven*, edited by Günter Thomas, 9-25. Opladen : Westdeutscher Verlag, 2000.

Thomas Aquinas. *Summa Theologiae*. Rochester : Aquinas Institute, 2012.

Tomasello, Michael. *The Cultural Origins of Human Cognition*. Cambridge, MA : Harvard University Press, 2001.

_____. *Origins of Human Communication*. Cambridge, MA : MIT Press, 2008.

Tomasello, Michael, Malinda Carpenter, and Ulf Liszkowski. "A New Look at Infant Pointing." *Child Development* 78 (2007) : 705-722.

Volf, Miroslav. *Flourishing : Why We Need Religion in a Globalized World*. New Haven : Yale University Press, 2016.

_____. *Free of Charge : Giving and Forgiving in a Culture Stripped of Grace*. Grand Rapids : Zondervan, 2005.

Volf, Miroslav, and Justin Crisp, eds. *Joy and Human Flourishing : Essays on Theology, Culture and the Good Life*. Minneapolis : Fortress, 2015.

Weber, Max. *Economy and Society : An Outline of Interpretive Sociology*. Edited by Guenther Roth and Claus Wittich. Berkeley : University of California Press, 1978.

Weidinger, Nicole. *Gestik und ihre Funktion im Spracherwerb bei Kindern unter drei Jahren*. Wissenschaftliche Texte. Munich : Deutsches Jugendinstitut, 2011.

Weiler, Rudolf, ed. *Die Wiederkehr des Naturrechts und die Neuevangelisierung Europas*. Vienna : Verlag für Geschichte und Politik, Oldenbourg Verlag, 2005.

Welker, Michael. *Creation and Reality*. Minneapolis : Fortress, 1999.

———. "Die Anthropologie des Paulus als interdisziplinäre Kontakttheorie." In *Jahrbuch der Heidelberger Akademie der Wissenschaften für 2009*, edited by Heidelberg Akademie der Wissenschaften, 98-108. Heidelberg : Universitätsverlag, Winter 2010. = "Flesh-Body-Heart-Soul–Spirit : Paul's Anthropology as an Interdisciplinary Bridge-Theory." In *The Depth of the Human Person*, edited by Michael Welker, 45-57. Grand Rapids : Eerdmans, 2014.

———. "Flesh-Body-Heart-Soul-Spirit : Paul's Anthropology as an Interdisciplinary Bridge-Theory." In *The Depth of the Human Person*, edited by Michael Welker, 45-57. Grand Rapids : Eerdmans, 2014.

———. "God's Justice and Righteousness" In *Responsibility and the Enhancement of Life : Essays in Honor of William Schweiker*, edited by Günter Thomas and Heike Springhart, 179-190. Leipzig : EVA, 2017.

———. *God the Revealed : Christology*. Translated by Douglas Stott. Grand Rapids : Eerdmans, 2013.

———. *God the Spirit*. Philadelphia : Fortress, 1994. Reprint, Eugene, OR : Wipf & Stock, 2013.

———. "Habermas and Ratzinger on the Future of Religion." *Scottish Journal of Theology* 63, no. 4 (2010) : 456-473.

———. "Hans Küngs 'Projekt Weltethos' : Gutgemeint-aber ein Fehlschlag." *Evangelische Kommentare* 26 (1993) : 354-356.

———. "Holy Spirit and Human Freedom : A John Paul II Memorial Lecture." *International Journal of Orthodox Theology* 8, no. 1 (2017) : 9-30. Polish : "Duch święty iludzka wolność." *John Paul II Memorial Lectures*, 181-196. Warsaw : Centrum Myśli Jana Pawła II / Konrad

Adenauer Stiftung, 2018.

———. "Introduction," 1-12. In *The Depth of the Human Person*, edited by Michael Welker, 45-57. Grand Rapids : Eerdmans, 2014.

———. "Justice-Mercy-Worship : The 'Weighty Matters' of the Biblical Law." In *Concepts of Law in the Sciences, Legal Studies, and Theology*, edited by Michael Welker and Gregor Etzelmüller, 205-224. Tübingen : Mohr Siebeck, 2013.

———. *Kirche im Pluralismus*. 2nd ed. Gütersloh : Kaiser Verlag, 2000.

———. "The Power of Mercy in Biblical Law." *Journal of Law and Religion* 29, no. 2 (2014) : 225-235.

———. "Relation : Human and Divine." In *The Trinity and an Entangled World : Relationality in Physical Science and Theology*, edited by J. Polkinghorne, 157-167. Grand Rapids : Eerdmans, 2010.

———. "Romantic Love, Covenantal Love, Kenotic Love." In *The Work of Love : Creation as Kenosis*, edited by J. Polkinghorne, 127-136. Grand Rapids : Eerdmans ; London : SPCK, 2001.

———. "Security of Expectations : Reformulating the Theology of Law and Gospel." *Journal of Religion* 66 (1986) : 237-260.

———. "The Spirit in Philosophical, Theological, and Interdisciplinary Perspectives." In *The Work of the Spirit : Pneumatology and Pentecostalism*, edited by Michael Welker, 221-232. Grand Rapids : Eerdmans, 2006.

———. *Theologische Profile : Schleiermacher, Barth, Bonhoeffer, Moltmann*. Edition Chrismon. Frankfurt : Hansisches Druck- und Verlagshaus, 2009.

———. "Was ist Pluralismus?" In *Wertepluralismus*, Studium Generale der Universität Heidelberg 1998/99, edited by Christopher Balme, 9-23.

Heidelberg : C. Winter, 1999.

Welker, Michael, ed. *The Depth of the Human Person : A Multidisciplinary Approach*. Grand Rapids : Eerdmans, 2014.

Welker, Michael, ed. *Quests for Freedom : Biblical, Historical, Contemporary*. 2nd ed. Eugene, OR : Wipf & Stock, 2019.

Welker, Michael, and Gregor Etzelmüller, eds. *Concepts of Law in the Sciences, Legal Studies, and Theology*. Tübingen : Mohr Siebeck, 2013.

Welker, Michael, and William Schweiker, eds. *Images of the Divine and Cultural Orientations : Jewish, Christian, and Islamic Voices*. Leipzig : EVA, 2015.

Whitehead, Alfred North. *Adventures of Ideas*. New York : Free Press, 1967.

———. *Process and Reality : An Essay in Cosmology*. Gifford Lectures 1927–1928. Corrected ed. New York : Free Press, 1978.

———. *Science and the Modern World*. Cambridge : Cambridge University Press, 1953. Paperback ed., 2011.

Witte, John, Jr. *Church, State, and Family : Reconciling Traditional Teachings and Modern Liberties*. Cambridge : Cambridge University Press, 2019.

———. "Introduction." In *Christianity and Human Rights : An Introduction*, edited by John Witte Jr. and Frank S. Alexander, 8–43. Cambridge : Cambridge University Press, 2010.

———. "Law, Religion, and Metaphors." In *Risiko und Vertrauen = Risk and Trust : Festschrift für Michael Welker zum 70. Geburtstag*, edited by Heike Springhart and Günter Thomas, 177–194. Leipzig : EVA, 2017.

Wittgenstein, Ludwig. *Über Gewissheit, Werkausgabe*. Vol. 8. Frankfurt : Suhrkamp, 1984.

Zukowski, Tomasz, ed. *Values of Poles and the Heritage of John Paul II : A Social Research Study*. Warsaw : Centre for Thought of John Paul II, 2009.

인물과 주요 용어 및 개념 색인(INDEX)

Abramowitz, Michael J., 117

Alighieri, Dante, 177

Antonius, Marcus, 166

Aquinas, Saint Thomas, 137

Arendt, Hannah, 35-47, 63, 111, 125

Aristophanes, 177

Aristotle, 43, 62, 76, 113

Assmann, Jan, 84

Augustine, Saint, 45, 173-174, 177

Barbour, Ian, 146

Barth, Karl, 102, 155, 160

Bedford-Strohm, Heinrich, 113

Bieri, Peter, 112

Bird, Phyllis, 102

Bittner, Rüdiger, 96-116, 133, 174

Bolt, Usain, 32

Bonhoeffer, Dietrich, 155, 159-160

Brandt, Sigrid, 178-179

Brontë, Charlotte, 177

Brown, Warren, 147

Butler, Judith, 43, 86

Carpenter, Malinda, 63

Cicero, 166, 174

Coakley, Sarah, 178-179

communication(의사소통), 28, 41, 55, 63, 65-67, 82, 96-97, 99, 118, 120-122, 126, 134, 149-150, 170

    communicative(의사소통적), 63, 67, 113, 184, 187

cooperation(협력), 27, 33, 164, 168, 177-178
creation(창조), 90, 93, 102-103, 119, 125, 147, 154, 180

Dalferth, Ingolf, 91
Diessel, Holger, 63
dignity(존엄/존엄성), 52, 60, 69, 71, 81, 105, 148, 168, 186
    human dignity(인간존엄), 37, 54, 60, 97-98, 110, 119, 148
Dilthey, Wilhelm, 68
Drees, Willem B., 147

Elshtain, Jean Bethke, 119
emotions(감정들), 34, 99, 108, 118, 150, 157, 172, 179, 183
    empathy(공감), 99, 105-108, 186
equality(평등/공평), 80-81, 86, 89-90, 96, 98-100, 105-106, 111, 119-120, 157, 162, 169, 186
ethos(윤리적 감수성/윤리/기상/기풍), 81-83, 86-87, 89, 93, 98, 100, 105, 108-109, 113, 134, 143, 146, 151, 157-159, 162, 167, 184-187
Etzelmüller, Gregor, 65, 85, 91, 97
existence(존재/실존), 28-31, 36, 59, 100, 127, 183, 186

Fensham, F. Charles, 84
Fergusson, David, 104
Feuerbach, Ludwig, 76, 97, 156
Fichte, Johann Gottlieb, 69, 72, 74-75
freedom(자유), 37, 40, 42-44, 47, 50-54, 58, 60, 69-72, 74-77, 80, 86, 89-90, 96-100, 105, 107-120, 124-134, 137, 157, 162, 168-170, 185-187

Galilei, Galileo, 139-140
Gallagher, Shaun, 65
Gerhardt, Volker, 145-146
Gifford, Adam Lord, 26-27, 29-31, 161
Goldin-Meadow, Susan, 66
Görman, Ulf, 147
Grabka, Markus, 110

Gregersen, Niels Henrik, 147

Habermas, Jürgen, 41-42, 44, 91, 125-126
Halfwassen, Jens, 153
Harakas, Stanley, 132
Härle, Wilfried, 141
Harris, Mark, 102
Hegel, G. W. F., 50, 68-77, 137-138
Henrich, Dieter, 68
Heß, Moses, 76
Höffe, Otfried, 166
Höhl, Stefanie, 65
Huber, Wolfgang, 111-112
human rights(인권), 90, 105, 131-132
Hurd, Elizabeth Shakman, 130-131

identity(정체성), 57, 60-61, 104
Ignatieff, Michael, 126
image of God(하나님의 형상), 28-29, 77, 101-103, 162, 185-186
    Imago Dei(하나님의 형상), 28, 101-104
Iverson, Jana M., 66

Janowski, Bernd, 85, 151
Jarausch, Konrad H., 34
Jaspers, Karl, 35, 37
Jaster, Romy, 145
Jeeves, Malcolm, 147
Jesus Christ, 26, 70-72, 93, 161
Joel(prophet), 53
John Paul II, 51-52, 54, 56, 60
Joyce, James, 177
Jüngel, Eberhard, 173
justice(정의), 50-54, 60, 77-87, 88-96, 98-100, 104-110, 126, 131, 133-134, 151, 153,
    159, 162, 165-170, 173-174, 185-187

Justinian I, 93

Kant, Immanuel, 28-30, 39, 69-70, 118, 165-170
Kelsey, David, 26, 104
Kemmerling, Andreas, 55, 148-149
King, Martin Luther, Jr., 100
Kirchhof, Paul, 119
Kruse, Andreas, 183
Küng, Hans, 57

Lanius, David, 145
law(법/율법), 30, 37, 71-72, 80-83, 86-98, 105, 109, 119, 122, 129, 157, 165, 169, 174
    natural law(자연법), 91-97
Lege, Joachim, 143
Liszkowski, Ulf, 63
love(사랑), 52, 158-159, 175-177, 179-181, 186-187
Łuczewski, Michał, 52
Luhmann, Niklas, 34, 121, 123, 126
Luther, Martin, 95

Mahler, Gustav, 177
Malony, H. Newton, 147
Marx, Karl, 76, 97, 154-156
media(미디어/언론/매체), 31-34, 54-55, 108, 115-117, 122-126, 145, 150, 169, 179, 187
Messi, Lionel, 32
Moltmann, Jürgen, 58, 85, 102, 160
morality(도덕성/도덕), 71-73, 82-83, 96, 120-122, 127, 155-157
morals(도덕들), 26, 30-31, 34-37, 40, 42, 50, 54, 56, 57, 59, 61-63, 66-67, 74, 81-83, 85, 91, 92, 96-101, 105-109, 114, 118, 120-124, 126, 132-134, 155, 157-158, 161, 167, 169, 185-187
Mother Teresa, 100
Müller, Gerd, 164
Müller-Armack, Alfred, 110

Murphy, Nancey, 147

natural theology(자연신학), 26-28, 50, 54, 133, 136, 151-155, 161, 185
nature(자연/본성), 26-27, 98, 60-61, 76, 91-93, 98, 134, 138, 152-154, 161, 172, 174, 183
Naudé, Piet, 85
New Testament(신약성경), 53, 71, 85, 149
Nida-Rümelin, Julian, 141
Niebuhr, Reinhold, 118
Nietzsche, Friedrich, 97, 154-155, 157-159
Nowak, Martin, 177-178
Nussbaum, Martha, 99, 176-177

Old Testament(구약성경), 53, 85, 88, 151

Panaetius, 152
Pannenberg, Wolfhart, 26, 152
Parsons, Talcott, 123
Paul, Saint, 53, 59-60, 149-150, 159
peace(평화), 28, 43, 52, 77, 84, 106, 109, 127, 132-133, 134, 150, 162-170, 172-175, 179-184
person(인간), 31, 35, 43-47, 56, 71, 89, 101, 111, 116, 137, 148-150, 159, 172, 175-176, 184, 187
Peters, Ted, 176
Plato, 166, 177
pluralist, pluralistic(다원적/다원주의), 39, 120-124, 127, 134
plurality, pluralism(개성/다원성), 37, 43, 56, 122-123, 131
politics(정치), 33, 40, 42, 69, 76, 87, 98, 108, 122-125, 130-131, 145, 157, 165-170
Polkinghorne, John, 142-143, 147, 180
Pollack, Detlef, 128
power(능력/힘), 28, 30-37, 40-42, 44, 54-57, 61, 63, 67, 72, 74-76, 82, 87, 89, 95-98, 100, 104, 109, 112-113, 124-125, 127-134, 137, 145, 150, 158-159, 165-167, 169, 174-175, 180, 183, 185-187
Pritchard, James B., 84

Prodi, Paolo, 94

Proust, Marcel, 177

Ratzinger, Joseph, 91

religion(종교), 26-28, 58, 72-73, 76-77, 96-97, 100, 108-109, 116, 122, 127, 129, 132-133, 136, 140, 142, 146, 153-159, 161

    Christian religion(기독교), 155

Rosta, Gergely, 128

Ruge, Arnold, 76

Sauter, Gerhard, 26

Schelling, F. W. J., 69-70, 72, 75

Schüssler Fiorenza, Elisabeth, 113

Schweiker, William, 28, 90, 119, 123

Schweitzer, Albert, 100

Smit, Dirk J., 85

social(사회적/사회), 27-28, 38, 40, 43-44, 50-55, 66-67, 72, 80-83, 86, 87-88, 96, 98-99, 104-105, 109-110, 112, 120-125, 126, 134, 151, 161-162, 171-173, 176, 183, 185

society(사회/공동체), 59, 68, 72, 76, 81-82, 91, 96, 108-109, 118-119, 123-125, 126, 129, 134, 143-144, 156-157, 187

Soulen, R. Kendall, 148

Spinoza, Baruch de, 177

spirit(정신/영/성령), 37, 47-51, 55-57, 59-66, 68-69, 72-74, 76-81, 86-87, 95-98, 113, 129, 136-137, 149-151, 159-162, 167, 170, 172, 173, 176, 185-187

    divine Spirit(하나님의 영/거룩한 영), 49, 53, 54-57, 60-61, 76, 106, 162

    God's Spirit(영이신 하나님), 136, 152, 161

    Holy Spirit(하나님의 영/성령), 51-52, 60

    human spirit(인간의 영), 50, 55, 62-64, 95, 98, 105, 151

    multimodal spirit(다극양태적인 영), 77, 97-98, 104-109, 116, 118, 127, 133, 136, 143, 185-187

Springhart, Heike, 82, 90, 92

Sullivan, Winnifred Fallers, 130-131

Taupitz, Jochen, 144
Taylor, Charles, 57, 61, 76, 83
Theile, Gustav, 128
Theissen, Gerd, 60, 149
Thomas, Günther, 28, 90, 126, 158
Tillich, Paul, 155
Tomasello, Michael, 63, 65
Trump, Donald, 145
truth(진리/진실), 28, 36-37, 44, 52-54, 60, 77, 105, 109, 127, 133-134, 152-154, 158, 161-162, 170-171, 175, 186-187

Ur-Nammu, 84
Urukagina, 84

Van Huyssteen, Wentzel, 147
Varro, Marcus Terentius, 89
Vegetius, 165, 166
Volf, Miroslav, 184

Weber, Max, 40
Weidinger, Nicole, 66
Weiler, Rudolf, 91
Welker, Michael, 28, 40, 51, 56, 60, 63, 85, 88, 91-92, 97, 102-103, 110, 113-114, 123, 126, 138, 142-143, 148-150, 160, 176, 180, 182
Whitehead, Alfred North, 59, 92, 139, 171-172, 175
Whitman, Walt, 177
Witte, John, Jr., 87, 92, 123, 131-132
Wittgenstein, Ludwig, 141
Woodhead, Linda, 148

Zukowski, Tomasz, 52

2019/2020년 에딘버러대학교 기포드 강연록

하나님의 형상으로 창조된 인간:
영(靈) 인간학

초판발행	2022년 11월 4일
지은이	미하엘 벨커
옮긴이	김회권 이강원
펴낸이	박창원
발행처	PCKBOOKS
주　소	03128 / 서울시 종로구 대학로3길 29, 신관 4층(연지동, 총회창립100주년기념관)
편집국	(02) 741-4381 / 팩스 741-7886
영업국	(031) 944-4340 / 팩스 944-2623
홈페이지	www.pckbook.co.kr
인스타그램	pckbook_insta　　　카카오채널 한국장로교출판사
등　록	No. 1-84(1951. 8. 3.)

책임편집	정현선		
편집	이슬기 김은희 이가현	디자인	남충우 김소영
경영지원	박호애	마케팅	박준기 이용성 성영훈

ISBN 978-89-398-8001-6
값 20,000원

PCKBOOKS 는 한국장로교출판사의 출판 브랜드입니다.

※ 이 출판물은 저작권법에 의해 보호를 받는 저작물이므로 무단전재와 무단복제를 할 수 없습니다.